鄱阳湖上都昌县,湖光山色添锦绣

都昌是中国淡水珍珠之乡

鄱湖湿地——丹顶鹤的乐园

成群的天鹅在天鹅湖边翩翩起舞

老爷庙水域被誉为"东方百慕大""魔鬼三角"

鹤舍古村，满眼尽是古风韵

灯火楼台一万家，东湖夜景分外美

千眼桥，鄱阳湖上一道亮丽的风景线

鄱阳湖花海，风情别样浓

梦里小庐山,都昌三尖源

石树围屋，别有洞天

鄱湖古战场，留下多少刀光剑影和惊心动魄的传说

文化都昌丛书

主编◎李 懋 李辉柱

文化
都昌

旅游 卷

WENHUA DUCHANG
LÜYOU JUAN

江西高校出版社
JIANGXI UNIVERSITIES AND COLLEGES PRESS

图书在版编目(CIP)数据

文化都昌. 旅游卷/李懋,李辉柱主编. ——南昌:江西
高校出版社,2019.10(2022.3重印)

(文化都昌丛书)

ISBN 978 - 7 - 5493 - 8313 - 9

Ⅰ. ①文… Ⅱ. ①李… ②李… Ⅲ. ①文化
史—都昌县 ②旅游资源—介绍—都昌县 Ⅳ. ①
K295.64 ②F592.756.4

中国版本图书馆 CIP 数据核字(2019)第 017748 号

出 版 发 行	江西高校出版社	
社 址	江西省南昌市洪都北大道 96 号	
总编室电话	(0791)88504319	
销 售 电 话	(0791)88522516	
网 址	www.juacp.com	
印 刷	天津画中画印刷有限公司	
经 销	全国新华书店	
开 本	700mm×1000mm 1/16	
印 张	22	
字 数	300 千字	
版 次	2019 年 10 月第 1 版	
	2022 年 3 月第 2 次印刷	
书 号	ISBN 978 - 7 - 5493 - 8313 - 9	
定 价	58.00 元	

赣版权登字 -07 -2019 -62

编委会名单

主　任　钟有林

副主任　樊珈妤　刘　红　江期论　陈长虹

主　编　李懋　李辉柱

副主编　潘敏祚　段温泉

委　员　汪国山　李文艳　曹开东　伍菁华

　　　　王志群　傅鸿剑　王毅群　曹晓东

　　　　董晓霞　高秋霞　占礼军　江承纹

秀美都昌　等你点赞

——写在《文化都昌丛书》出版的时候

中华民族优秀的传统文化,深深地烙上了五千多年中华文明的印记。这些民族文化,是当代中国、当代中华民族的魂,是习近平新时代文化思想形成的根基和源头。党的十九大报告指出:"没有高度的文化自信,没有文化的繁荣兴盛,就没有中华民族伟大复兴。"弘扬和传承民族、民间的优秀传统文化,是国家的战略,是民族的呼唤。《文化都昌丛书》这套书的问世,恰逢其时。

《文化都昌丛书》展示的是都昌民间优秀传统文化的渊源和底蕴。

都昌,历史悠久,文化灿烂。汉武帝之初立鄡阳,唐武德五年(622年)置都昌。都昌有两千多年的沧桑变迁历史,是江西十大古县之一。古鄡阳、古彭蠡泽、古刹老爷庙、古道都景路等,无不留下都昌古老的风骨,见证都昌久远的辉煌。都昌承彭蠡泽的精魂,沐鄱阳水的灵气,孕育出一代又一代的精英人杰:陶母,以"截发筵宾、锉席喂马"名闻天下,成为中国古代三贤母之一;其子陶侃忠守孝悌,以"垂钓侍母"而流芳百世;南宋刘锜以寡敌众,以抗金名将载入史册;南宋江万里以身许国,举家赴止水而殉国;黄灏、曹彦约以弘扬理学的研究成就垂名于中国古代教育史。国士学子,为"举国兴邦平天下"慷慨激昂,勇于担当,铸就了都昌灿烂的名人文化。没有精英模范、英雄豪杰的国度是贫瘠的、软弱的。都昌的先贤为中华民族挺身于世界民族之林,撑起了一方天地。

"鄱阳湖上都昌县",苏东坡的千古绝句确立了都昌在鄱阳湖上的优越地位。她是鄱阳湖的"中流砥柱","北门之钥匙",位居南昌、九江、景德镇的金三角中心地带,昌九、九景高速紧绕两侧,九景衢铁路穿境而过。都昌发展再造前景,光明远大。这里有八百里鄱阳湖五分之二的水域,有"落霞与孤鹜齐飞,秋水共长天一色"的湖光山色,有凶险莫测的魔鬼湖"东方百慕大",有"沉鄡阳,浮都昌"传说中的古鄡阳遗址,有道教五十一福地苏山,有千年古村和迷宫围屋,有三尖源绵延百里的原始森林,有皖鄂赣革命根据地旧址望晓源……都昌有了风景独好的山水,就有了历代文人墨客的流连忘返。都昌的名山名水、胜景胜地、古建古迹,到处印刻着谢灵运、舒元舆、李白、苏东坡、欧阳修、黄庭坚、文天祥等人寻山问水时醉迷惊叹的吟唱。

"百里不同风,千里不同俗","入乡问俗",说的就是民风民俗因地而异的特点。都昌的民风民俗古朴淳厚、多姿多彩,极富都昌地域特色。鄱阳湖传统的湖渔风情浓郁纯真,"祭网开渔"、"栽须祭船"、祈求平安的"河灯、渔火"、闹端午的"花龙船"等彰显的尽是古朴的湖风渔俗;都昌的民风民俗以人为本,至今还在沿袭的生日、戏周、寿庆、嫁娶、丧葬、上梁、安座、出天方、拜谱年等全都是成套的人生礼仪习俗,在日常生产、生活中还传承着"宜陶则陶,宜稻则稻"的环保习俗。民风民俗是草根文化,有着最接地气、最原生态的韵味和魅力。民风民俗是一个地区、一方民众所创造的生活文化,随着社会的进步、文化的积淀,有的在继往开来,有的在隐没淡逝。这是文化长河的必然流向。

都昌的民间演艺,是一朵奇葩,是都昌非物质文化遗产的宝贵财富。都昌老戏"高腔"(即青阳腔)已被列入国家保护名录,清末发展至鼎盛;源于宋盛于清的"都昌鼓书"是都昌独有的特色乡音,成为盛行的说古道今、颂唱英模人物的民间文艺形式;百年文词戏是都昌遍地演唱的乡戏,剧本家存户有,演唱妇孺皆通;源于隋末的都昌《打伞》等六个民间舞蹈入选《中国民族民间舞蹈集成·江西卷》;都昌民歌《奉香茶》《红绣鞋》唱进了中南海,享誉华东六省一市。都昌的民间演艺,折射着都昌的风土人情,反映了民众的喜怒哀乐。跳一曲民舞《扎花子》,便再现了旧社会花子乞讨的苦楚;一句鼓书开唱"万贯家财都在鼓板中",道出了说书人的无奈;一首"日头哥哥快下山,俺打长工好不难"的民歌,诉说着旧社会长工的艰难。都昌不少的民间歌、舞、戏精品成了地方经典。

都昌的传统技艺,名目繁多,工艺精湛,影响深远。瓷都景德镇的文化脉根在都昌。都昌瓷业人创造了景德镇瓷业的举世辉煌。始于民国初年的珠贝业,让都昌成了闻名全国的"珍珠之乡",孕育出都昌的百年珠贝文化,珠贝产品享誉东南亚;起业于明末清初的都昌九山村的木雕工艺传授到塞北江南,能工巧匠的精湛雕技走进了人民大会堂;"都昌豆参"是独特的地方美食辅料,独有工艺绝招,入选国家地理标志保护产品,从舌尖上感动了中国。流传在都昌的传统技艺,大多出于民间匠人之手,他们不仅构思缜密独到,而且制作精益求精,其"勿精不舍,勿妙不弃"的精神,就是大国工匠精神。

都昌的民间传说，丰富多彩，流传广泛。鄱阳湖的传说是一道最绚丽的风景，最显都昌地域特色；都昌的一山一水，都有一歌一传说，鄱阳湖中一鱼一禽，都有一叹一故事；人文陈迹的传说是最亮色彩中的"精彩"，其中最有影响的是红色故事、名人逸事、元末明初的鄱阳湖大战和风俗传说，具有深厚的文史内涵；"都昌味道"是都昌民间传说中最值得"点赞"的，它的内涵绝不只是一道美食佳肴，更是独具特色的鄱阳湖菜肴文化。一个地方的民间传说，与民风民俗紧密相连，或许可以说是一个地域的文化名片。有幸听讲一回都昌的民间传说，你可以得到一次田园味的身心愉悦。

《文化都昌丛书》囊括了"闻人""山水""风俗""演艺""技艺""传说"六大板块，将都昌传统的自然美和人文美完美统一。她的美不可以复制，但可以激活，可以传承，可以再造，可以发扬光大。我们编纂出版这套书，就是要留下都昌优秀的文化因子，植下都昌的文化大树，再造新时代都昌文化大繁荣、大发展的明天；就是要让《文化都昌丛书》成为开怀扬臂、迎接八方来宾的名片。

醉美了，我的都昌！这个美，在这套书里读得到，品得到，就等着你来点赞。

梦里水乡等你来

"茫茫彭蠡杳无地,白浪春风湿天际。东西掭柂万舟回,千岁老蛟时出戏。"这便是南宋大教育家朱熹《彭蠡湖》一诗中的鄱阳湖。鄱阳湖,地处长江中下游,位于江西北部,是中国最大的淡水湖。她西倚名山匡庐,东邻名镇景德镇,南至英雄城南昌,北通母亲河长江,南北长170公里,东西最宽处达74公里,周际湖线1300公里,面积为3580平方公里,赣江、抚河、信江、饶河、修河五水注入湖内。一年四季,鄱阳湖湖阔水丰,水质清澈,空气清新,气候宜人。鄱阳湖古称"彭蠡泽"。南北朝时,由于地壳的升降运动,地壳裂变,蠡水南侵,古鄡阳沉没,湖域增大,湖域内天然造化出无数怪山奇水、断崖峭壁和残垣遗迹,演绎出许多妙趣横生的神奇传说,蕴藏着丰厚的自然景观和人文景观资源。

"鄱阳湖上都昌县",宋代诗人苏东坡一首千古绝唱确立了都昌县在鄱阳湖的重要位置。都昌,位于鄱阳湖腹地,"自江藩论之乃中流砥柱,从外境望之为北门之钥匙"。都昌,从"沉鄡阳,浮都昌"的远古走来,沐鄱湖水之灵气,承武山之精魂,造就了一代代人杰精英:东晋矶钓奉母的陶侃,北宋抗金十将之首刘锜,南宋忠义殉国的江万里,弘扬理学研究的古代教育家黄灏、曹彦约等……他们是都昌的骄傲。

都昌,得"三面环水居湖上"的得天独厚的优越位置,占尽了鄱阳湖的湖光山色,蕴藏着鄱阳湖有代表性的可供开发的丰富的旅游资源,山水风光原生原貌,自然风貌密集成群,有"东方百慕大魔鬼湖""江南戈壁""江南大草原""鄱湖花海""风场""古建迷宫""千眼古桥""神奇小庐山"等许多怪山奇水和人文景观,让历代文人墨客流连忘返。陶侃、谢灵运、王勃、李白、苏东坡、黄庭坚、文天祥等游历至此,皆醉迷惊叹,吟唱不已。都昌是江西十大古县之一,历史悠久,文化灿烂:古鄡阳城遗址,演绎出久远的千古传奇;南山野老泉边,尚有汉武帝刘彻夜梦野老的靴痕;元辰山苏仙庙,传说是汉文帝时苏耽奉母结庐、修炼成仙的地方,道书称之为"天下道家第五十一福地"……

都昌,历史上时起烽烟:晋代卢循驻军阻左蠡;元初,杜可用号称"天王",第一个揭竿造反,反抗忽必烈;元末,朱元璋与陈友谅大战于鄱阳湖,"定江王庙显应鼋将军""水面天心""插剑池"都记下了当年朱、陈大战的金鼓号角;清同治年间,太平军驻阳储山、屏峰湖与清军团练血战……都昌更有古雕刻八百多处、古墓三十多座。

具有鄱阳湖特色的湖渔风情、生产和生活习俗更加突显出都昌湖渔文化的特性。风网挂树梢,拉网晒洲头,湖上渔舟点点,湖畔渔歌唱晚,"河水煮河鱼"让人感受到味道十足的渔家风味。走进湖畔的铺前秦村、鹤舍村、南边圈、花屋,我们就仿佛走进了一座座明清古建迷宫,在历史的隧道里感受都昌那衔山含水的古建筑文化的艺术魅力。

都昌水之丰,居全国之首——有水域183万亩,万亩以上的湖泊有23个,是水产养殖的天然基地;鱼之丰,名冠省内外——品种多达

12 目 25 科 138 种,盛产鲤鱼、鲫鱼、鳊鱼、鳜鱼、鲢鱼,尤以鳝、蟹、龟、鳖、银鱼、凤尾鱼、针工鱼、青虾等特种水产闻名全国。鄱阳湖上各具特色的原生态岛屿都昌独占 34 座,也使得都昌成为全国少有的自然风景区。

都昌水秀山也秀。原生态的苍山幽壑、古老村落显现出都昌原始的自然风貌。荡舟在海拔 400 米的大港水库,漫步在当年陈毅老总指挥游击战的望晓源,穿行在洞壁洞套洞、洞压洞的燕子涧,跋涉在溪流潺潺、绿荫蔽日的土目源,徜徉在红桃夹岸、村舍阡陌交错、鸡犬相闻的十里陶家冲,走进绿树合顶、形似林洞的候鸟保护区李洞林村……都会让人真切地感受到大自然的美妙和神奇,使人如入梦幻仙境,超尘脱俗。山、水、花、洞、庙、观、古村、小吃、渔歌、民舞,还有清新的空气,养眼养颜,养心养身。

山清水秀春常在,梦里水乡等你来。

李辉柱

二〇一八年十一月二十八日

目录

旅游名胜景观

第一章 名山名岛

南 山

　　南山位于鄱阳湖之滨、县城以南，有集观光、休闲于一体的东湖大坝与之相连，西北两端各有一条由宽阔麻石铺成的道路蜿蜒而上，直达山顶。山体面积1.3万平方米，最高海拔184米，是集自然风光、人文胜迹为一体的旅游休闲场所。南山曲径通幽，古木参天，倚城临湖，声名远扬。

　　从古至今，南山令许多文人墨客流连忘返。南朝著名的山水诗人谢灵运曾面壁翻经，读书作诗，《入彭蠡湖口》响彻彭蠡两岸。宋代大文豪苏东坡驻足挥毫，《过都昌》成为千古绝唱。南寺晓钟悠悠远扬，余音召唤黄庭坚和声而来。黄庭坚欣然写出《清隐禅院记》赞道："升南山而望之，如李成、范宽得意图画！"

　　古朴的南山集历史、文化、大自然景观于一体，主要景点有仿古建筑文物展厅、野老泉、碑廊（东翻经台）、清隐禅院（唐代）、八仙石、集贤亭、爱乡亭、古心文化园和灵运塔等。驻足山顶,放眼南眺,南北鄱阳湖浩渺八百里,"湖光山色尽收眼底,让人胸臆顿开,大气中来;北望之处,都昌县城湖光群山抱邑城,绿拥花簇满城新";远处云山隐约可见,阡陌纵横。在这里,游人能感受到其他任何一个地方所没有的观湖瞰城、极目水天之感。

链接:

苏东坡游南山

相传,苏东坡遭贬之后,携爱妾碧桃去天南,途经都昌,碧桃患病,无奈滞留。一日,苏东坡听闻南山古寺灵验,便匆匆带上香烛纸马,驾小舟过湖到南山。刚祷告完毕,忽起狂风,苏东坡无法返城,只得继续在山上小憩。苏东坡想起自己年迈受贬,仕途潦倒,天南路遥,而爱妾又重病卧床,今日本想祷告完后即赶回照料爱妾,偏偏又遇狂风,处处受阻,心绪烦乱,伤感万分,便登临山巅,遥望县城,信口吟成一诗:"鄱阳湖上都昌县,灯火楼台一万家。水隔南山人不渡,东风吹老碧桃花。"南山寺长老惟湜不解东坡之愁,只说这大诗人在咏景,慌忙命沙弥预备文房四宝,恳请苏东坡将此诗写下。尽管苏东坡此诗原意人难以知,但是他那如椽巨笔却无意间为都昌留下了一首千古绝唱。在庙中写完诗后,苏东坡又在随行人员的陪同下游览了野老泉,感慨野老超脱,又喜那泉水清澈,遂再次提笔,于泉旁崖壁,书上"野老泉"三字,以抒发他对野老超然飘逸的钦慕之情。东坡下山后,惟湜即请来工匠,将"野老泉"三字镌刻于崖壁。"野老泉"一直流传至今,成了"都昌八景"之首。

大矶山与小矶山

大矶山位于都昌城西偏南 5.6 公里处,西面和南面伸入鄱阳湖中,最高海拔 200.6 米,因山势陡峻,从湖中望去,峥嵘巍峨,似一雄鸡傲踞湖崖,搏击风浪,

　　千年不移。大矶山东与钓矶山相望,西与小矶山对峙,大、小矶山中间为宽约1公里的矶池。船行此处,风大浪急,水涌波翻。池中有一乌石墩,七石排列如星,故称"七星墩"。相传,唐代诗人罗隐即葬于此处。春夏水涨,墩入水中,浑然不见。大矶山尾处一山石缝罅很多,秋冬时节,是一个理想的钓鱼场所。山顶有一古庙,祭祀陶侃。庙边一石有马蹄痕,依然清晰可辨。父老相传,朱元璋与陈友谅大战鄱阳湖时,朱元璋驻马山顶观阵,马踏石上,留下此痕。他在此凭高远眺,百里湖水尽收眼底,气象万千,形势凶险。明末,星子(今庐山市)举人吴江起兵抗清,屯驻于大、小矶山,扼制鄱湖通道;抗日战争时期,日本侵略军驻于山顶,用迫击炮和重机枪控制湖面,至今山顶上还留有日军挖的战壕,都昌人睹壕思耻,爱国之情不禁油然而生。大矶山中遍布松竹,木杂草茂,溪水淙淙。居民入山砍柴,常以山歌互答,山回谷应,形成了著名的"都昌八景"之一——矶山樵唱。古人有诗吟道:"斤斧随身入翠微,前歌后答兴遄飞。乍疑古寺传仙梵,绝异登山赋采薇。"

　　小矶山位于县城西南6.6公里处的鄱阳湖中,最高海拔为73.1米,孤耸于

湖中，与大矶山遥相呼应，状若一小雄鸡。两山旧名又为大、小鸡山，因山处湖滨，多石激水，故又名矶山。大、小矶山隔八里湖面与湖中松仙遥相对望，松仙逶迤十余里，似一条硕大蜈蚣盘旋于湖中。传说大、小雄鸡与蜈蚣相斗，终于制服了蜈蚣。二鸡化山两座，永别蜈蚣于鄱阳湖内。三座奇山相伴相依，为鄱阳湖又添一处佳景。小矶山麓旧有石室，现已难寻。站在小矶山山顶，北可望匡庐飞云，南可览赣水蜿蜒。目光所及之处，时而巨浪激山，时而晴空飞鹤，湖天在目，心旷神怡。明代李万实有诗盛赞此景："散愁凌绝顶，逸兴逐云物……长啸落鱼蓑，天风吹斗笠。"（罗水生）

芙 蓉 山

县城东北面耸立着一座山，似九叠云屏，这就是芙蓉山。芙蓉山位于北山乡与汪墩乡交界处，六座峰峦似六朵花瓣，错落有致地排开，秀丽的山形犹如山水莲花，清新而富有诗韵。唐朝著名诗人刘长卿在一个冬天的黄昏路过此处，

投宿于一户人家,写下了脍炙人口、流传千古的《逢雪宿芙蓉山主人》一诗:"日暮苍山远,天寒白屋贫。柴门闻犬吠,风雪夜归人。"诗人凝练的诗笔凸显了唐代芙蓉山的荒寒。我们如果沿着山中小路攀登,可见树木青翠,涧水淙淙,怡人心怀;到了海拔 241.1 米的山顶,远处湖光波影,近处车水马龙的热闹街区,尽收眼底,一览无余。今天的芙蓉山成了都昌县城的一个天然公园,一个令人流连忘返的休闲游览的好去处。(罗水生)

遇 驾 山

遇驾山位于汪墩乡。汪墩乡的魏家山村东、南、北三面环山。魏家山村南面的高山原名篁竺峰,山高势险,面朝鄱湖,遥望吴城,居高临下,一统大军,是历代战略要地。元朝末年,天下大乱,朱元璋与陈友谅灭元立朝互争皇位,大战鄱阳湖十八年,陈友谅兵驻吴城,朱元璋兵驻魏家山一带山冲里。后来魏家山村改名为"遇驾山村"。

战乱中,朱元璋夫妻失散,马秀英经百般周折,终于在魏家山和朱元璋相遇。朱元璋当上明太祖皇帝后,为纪念夫妻相逢,便将马氏寻夫所经之处和相逢

之地赐名为记,将魏家山村赐名为"遇驾山村"。后人将朱元璋指战而立的篁竺峰改名为"龙望垴",把朱元璋做事的地方命名为"皇议冲",将朱元璋坐骑休养的地方命名为"下驹冲",将朱元璋驾战鼓的地方命名为"鼓岭",等等。如今,遇驾山遗留下来的古迹有立战旗的旗杆石、朱元璋的马蹄印、朱元璋用宝剑所刻的"石天下"三字以及麻石条构造的战将墓一座。

龙 望 垴

龙望垴位于大树乡北部,距县城7公里,最高海拔264.9米,为附近山脉的最高峰,峰峻岭峭,松竹满山,故又称"篁竺峰"。站在峰顶,村舍田园,鄱湖洲岛,尽收眼底。元朝末年,朱元璋与陈友谅在鄱阳湖大战,朱元璋一度屯兵于篁竺峰前。他常站在峰顶观望,了解鄱阳湖作战情况,故后人又称此峰为"龙望垴"。此峰脚下至今仍留有方园近一里的平坦宽阔的演兵场。上篁竺峰的路中的坡石上有两个酷似马蹄印的痕迹,相传为朱元璋驻马篁竺峰时留下的。山顶上有一棵700余年的银杏树。从山下望去,此树犹如一雄鸡昂首峰顶,向东啼晓。此树在20世纪70年代遭雷击,后又从根部萌生新枝,至今又长成为一棵

蓬勃向上的大树。树旁有一庙，灰瓦粉墙，庄严气派。庙后山峰如削，山石犹如城墙，极难攀缘，春来杜鹃盛开，遍山火红。（罗水生）

多宝沙山

鄱湖北岸都昌县境内自大、小矶山起到多宝西山，绵延约50公里的湖岸旁边，有一片黄灿灿的沙滩，这片沙滩是鄱阳湖边一道独特的景观，被称为"江南

戈壁滩",闻名全国的江南铸造型砂基地就建在这片沙滩上。定江王庙旁的沙山上,多宝的沙滩(山)以其绵延20余公里的长度、20余米的深度,成为江南戈壁第一滩,总面积达28.8万亩,沙山平均海拔13.25米。这些沙地有的黄灿灿一片,一望无垠;有的沙地,一株株马尾松、一片片蔓荆子、一丛丛山楂灌木夹杂其中,黄绿相间;有的浪冲成滩;有的风卷成丘,高低起伏,形状各异。多宝黄灿灿的沙滩与隔河相望的葱绿庐山形成了两条独具特色的色带,颇为壮观。"扼五水一湖于咽喉",朱元璋御封的老爷庙倚山镇湖,气势恢宏。此处湖域云天阔水,漩流湍急,风云变幻,神秘莫测,号称鄱阳湖上的"百慕大三角"。由此,老爷庙西部形成了似戈壁滩的中国南方最大的沙山。

文 笔 峰

文笔峰位于苏山乡政府所在地南2公里处,峰形上窄下宽,底部方圆约一平方公里,为一孤峰,峰顶约十平方米,最高海拔高达172米,周围仅有低矮小丘。文笔峰平地突起,山势陡峻,状如宝塔,俗称"尖山"。山顶有古松数株,如虬龙盘旋,傲视苍穹,远远望去,如生花妙笔,故人们又称此峰为"文笔峰"。

传说八仙之一的张果老有一天至元辰山与苏耽对弈,见天高云淡,风景清丽,便挥毫赋诗,兴尽将笔往东北方一甩,遂成此峰。峰顶有巨石一块,长约2米,平坦如床,张果老常来此处睡卧,石上至今还留有一人身睡痕。据说读书人至此一卧,便文思泉涌,下笔千言。

峰腰有一石洞，幽深莫测，洞内隐约有泉叮咚作响，洞口怪石巍峨，人们称呼其为"果老洞"，和与此地相距十余里的神仙岭侧的果老洞遥相对应。

此洞传说为张果老修真之处，清代诗人胡雪抱有一首《果老洞听泉》诗，十分逼真地描绘了此洞。诗云："何年穴罅却天成，竟日潺潺碎玉声。闻冷深心多寄托，幽奇大致称游情，洞中炼石丹疑死，岩上遣溲绿更生，拼掷铁函沉不见，空山翻怕有龙惊。"（罗水生）

阳 储 山

阳储山位于城东20公里的阳峰乡境内，因地处都昌腹地，昔人谓"阳气所钟"，故被称为"阳储山"。全山层峦叠嶂，峰势极峻，草木繁茂，浓绿成荫，植被覆盖率达98%，奇花异草烂漫盛开，白鹇、画眉、鹧鸪等鸟类出没其间，环境十分清幽。

最高峰阳储山岭,海拔 467.4 米。每当丽日晴天,游者站在峰顶可一览百余里外的沃野平田、鄱湖云帆和城镇村舍,东可望饶州,西可瞰星子(庐山市),北可顾九江,南可窥吴城。东北山麓有禅师马祖道一于唐代创建的汉传佛教的道场——禅山寺。此寺殿宇楼阁鳞次栉比,暮鼓晨钟,响彻山中,成为都昌最早和最大的佛教丛林。由于风景秀丽,多山水之胜,昔日有人将山中景致概括为八景:白云古院、碧洞仙坛、荣恩方丈、延英精舍、藏春竹坞、通济石桥、龙潭胜水、关口灵泉。清人徐相曾诗吟山中美景:"新竹忽看随雨茂,野花空自对人开。禅山春意知多少,莫负东风一变来。"清同治年间,太平军一度驻此,遂使闻名遐迩的禅山寺毁于战火之中。20 世纪 80 年代,一张完好的全国仅有的太平天国征粮布告被发现于此处,现被收藏于南京太平天国博物馆中。

山之南麓有一寺庙,名为"清凉室",与禅山寺相隔仅三里余。此处绿竹婆娑,井水甘洁清甜,庙内常年供应茶水,游客至此,饮用此茶,遍体生凉,燥渴顿消。据说此井水有保健强体之功效,故而拜佛求茶者甚众,香火极盛。

陶　家　山

陶家山,又名"十里陶家冲",位于县城西北的苏山西麓,南北贯通,全长 5公里,是一座千古名山,也是陶渊明创作的《桃花源记》的生活原型。

陶家冲两侧,奇峰秀岭,绵亘蜿蜒:东面峰高涧深,与苏山形成一脉;西面山低林密,连罗城山、团峰山、曾家山诸峰,盘亘在彭蠡湖边。冲内涧水成溪,石土成径,狭窄处方可通人,宽阔处可筑舍建楼。冲底先有栈道,后逐渐辟成道路,是先前冲南冲北两地村民密切往来的必经之路。途中建有 3 座凉亭,供过往行人歇脚躲雨。陶家冲南端山口位于今左里镇清辉村,北端山口位于今苏山乡徐港村。出西边牧业巷,是苏山乡土目村。沿罗城山脉西行 2.5 公里,山嘴止于鄱阳湖畔,与庐山五老峰遥首相望。山嘴上有一山坡,坡上翠竹成林,独领灵秀。陶侃祠,也称"桓公庙",当地人称"老庙"。老庙南边300米处,是陶侃府邸和子孙聚居成村的秆林的十里陶家冲。这是千年陶家村的历史见证。

出入陶家冲的是3条与鄱阳湖相连的水路。按照《桃花源记》中的故事情节,武陵渔人撑一条小船,任意走哪条小路都可以沿着小溪(港郡是小溪)捕鱼,两岸可见桃花林(港西边有村庄,有桃树林),到了林尽水源之处,但见一山(陶家冲),舍船从山口入,"初极狭,才通人,复行数十步,豁然开朗"(陶家冲即两头狭,中段宽,出口处开阔)。渔人见到的桃花源中的桃林、房屋、田地、池塘、桑竹、小路、鸡鸣狗吠等景物,在各出口处的村中,应有尽有。

《桃花源记》所述景致与陶家冲的自然景物天工巧合,绝非偶然。陶渊明是陶侃的曾孙。陶侃故里陶家冲一带在陶渊明时代属彭泽县五柳乡,后来,彭泽县的部分土地被分割出来用以设置都昌、湖口两县。明朝万历庚戌年(1610年)的《陶氏会宗谱序》云:"我祖自鄱阳往五柳乡,其处也彭泽,则我祖故所。令次子俟止焉。"陶俟是陶渊明次子,居秆林陶林,是继陶侃之后的秆林陶氏之

祖。由此可见,秆林与陶家冲是陶渊明故所。现在,陶家冲满山林木葱郁,花果飘香,两座水库大坝耸立在陶家冲南北两端。明镜似的水库映照着蓝天、白云,波光粼粼。游人穿行在两边的树荫道上,寻幽探古,别有一番情趣。陶家冲林场和水库管理所若被扩建成休闲度假村,开设登山、钓鱼狩猎等娱乐活动,必能吸引四方游客纷至沓来。

凤　凰　山

　　万户镇的最南端,南依烟波浩渺的鄱阳湖,东靠塘美湖汊,西邻鄱阳湖大汊——西湖,很久以前是座山,四壁陡峭。春夏湖水上涨时,其四面环水,成了一个小岛,山清水秀,风光秀美,地势险要,所以成了万户的屏障。

　　清康熙版《都昌县志》有九都凤凰山的记载。可见,凤凰山在那时就是都昌的名山之一。

　　凤凰山之所以成为名山,是因为它给人们留下了许多美丽神奇的传说:据说,明朝末年崇祯皇帝曾派人压军粮途经此地;抗日战争时期,国民革命军某团曾驻扎于此,并保护了当地百姓的安全。此外,这里还流传着许多动人的爱情故事。

　　自从段家咀村从这里搬迁后,人们在这里种植了大片的杨树、桑树、梧桐树,引得大批候鸟到这里栖息。

元 辰 山

　　元辰山位于苏山乡境内,距县城约 30 公里,位于袁(宣)多(宝)公路西侧,交通十分便利。此山因位于县北,拱辰而居,且海拔为 384.7 米,为都昌西北群山之首,故名"元辰山",后人又称之为"苏山"。山西北群岭葱绿,林木茂密,似披甲之蛟龙逶迤而去;山东南,岭峭坡陡,数里开外,村舍棋布,平涛如茵。山中翠竹摇曳,奇木异草,鸟声啁啾,时有云雾腾起,空蒙灵幻,人人其中,顿生离迷脱俗之感,道书称之为"天下道家第五十福地"。山腰处有马蹄洞,洞中虚旷深广,传说苏耽曾在此驻马飞升。山南一平坦巨石头上有靴迹印痕,传说亦为苏耽所留。(罗水生)

旧　山

　　旧山位于左里镇西南 5 公里处,距县城约 20 公里。此山犹如一头东尾西、作势欲扑的雄狮,故又名"狮子山"。此山最高海拔为 144.1 米,山虽不高,但有仙则名。晋代吴猛曾在山上练功修道,后得道飞升成仙。山顶留有吴猛的修道石,石上吴猛练功的印痕依然清晰可见。后人为祭祀吴猛,遂于山顶建造一座吴猛祠。千余年来,祠内香火不断。1939 年,日本侵略军侵占这里。因旧山峙临鄱阳湖,控扼着西南方向通往县城的要道,日寇便占据吴猛祠,将祠内道士活埋,挖掘战壕,修筑炮楼,对附近村庄烧杀抢掠,鱼肉百姓达六七年之久。时至今日,山顶上的道士坟墓和掩盖在荆棘丛中的战壕依然向人们控诉着当年日寇的滔天罪行。为了保存道教文化和进行爱国主义教育,旧山上原被日寇损毁的吴猛祠被重新修建,祠庙红墙灰瓦,朱柱巨梁,飞阁流丹,十分气派。焕然一新的吴猛祠被更名为"凌云阁"。游人到此,不但可领略源远流长的道教文化,而且爱国之情和强我中华的凌云壮志亦会油然而生。(罗水生)

马 鞍 山

马鞍山位于马鞍岛西南。此山南北走向,长约2.5公里,犹如奔驰的骏马。南首山嘴,崖石峭壁,巨浪冲激土石成孔,故名"土目嘴";山尾有独石,矗立于湖面,名为"马尾石",周长千余丈,高于水面2米,石面平缓倾斜,顶部宽敞,可站立数十人。鄱阳湖的主航道在山的西南依山而过。马鞍山最高海拔123米,登高望远:东有尖山、苏山峰峦起伏,蜿蜒10余里;东南左蠡沙山,绵延苍莽,通向水际天边;西南南康古城,楼塔参差,映入眼帘;西面庐山五老峰,如屏如障,隔湖相望;北面石屏翠山、蛤蟆石、鞋山一览无余。(胡东春)

云 顶 山

云顶山坐落在春桥乡云山村委会,距县城30公里,在袁多公路旁。整座山贯通徐埠、春桥、苏山三个乡,其顶峰常年云雾缭绕,山清水秀,风光旖旎。攀山顶高处,举目远望,东边武山山脉近在咫尺,西边巍峨庐山一览无遗,村庄错落

有致,湖泊、港汊纵横交错,星罗棋布,马鞍岛、鞋山尽收眼底。

云顶山自古以来就是周边颇有名气的佛教圣地。相传古代有青龙与蜘蛛精斗法于此,青龙被蜘蛛精困在山顶的水牛潭中,后被云游至此的法力高深的云顶道士所救,后人便将此山称作"云顶山",并在山上建造了两座庙宇——白云庵、青云庵,以作纪念。相传,水牛潭中水源长年流淌,为周围群众的生存繁衍提供了保障,使他们世世代代在这里安居乐业。白云庵被建在半山腰。"文化大革命"期间,这两座庙宇一度遭到破坏、拆除。改革开放后,村民共同努力,在原庙址上重建白云庵,重塑金身。目前,这两座庙宇香火鼎盛,信徒盈门。

青云庵门前有竹林近两百亩。竹林对面山旁有一块顽石凸起,犹如一只蛤蟆蹲坐在那里,双目微睁,凝望着前来朝拜的香客,故名"蛤蟆石"。蛤蟆石脚下山涧小溪终年流水不断,名为"蛤蟆尿"。蛤蟆尿清澈见底,味道甘醇,每位上山的信徒都要在蛤蟆石上拍照留念,饱饮"蛤蟆尿"泉水解渴,并在竹林里漫步,呼吸天然氧吧中的清新空气,以解困乏。

云顶山山脚有水库三座——雾塘涧水库、蓬泉山水库、王山涧水库。水库明清如镜,是天然的休闲垂钓基地。

云顶山和老台山原本连在一起,后被宽阔、笔直的袁多公路于懒石岭拦腰切断,从而成了两座山。老台山有一个血腥的历史遗迹,那里原是侵华日军在春桥的基地。山顶上还有明显的日军战壕的痕迹。如果在山地里开挖,我们还能挖出多种军用零件。

佛 殿 山

佛殿山位于土塘镇西北部,最高海拔 364 米。清康熙版《都昌县志》载:"其山行回曲折,上有清泉四出,源源不竭。"佛殿山山形奇丽,林木茂盛,早在元代就有僧人在此建造长庆寺。寺庙规模宏大,殿堂众多,民众遂称此山为"佛殿山"。明朝万历年间(1573 年—1620 年),僧古愚重修长庆寺,名僧憨山大师释德清为其撰写了《都昌县重兴佛殿山长庆寺记》,记中的"慈山……奇峰绝壑,唯草木蒙茸,猿啸鹤唳"等词句形象地描绘了佛殿山的山景。1925 年,释直来又重建了长庆寺。历经风雨变化，佛殿山至今依然"松声泉响，皆演法音，永为菩提道场"。该山实为都昌的一座佛教名山。

马 矶 山

马矶山位于县良种场与徐埠镇交界处。此山中间有一处断颈，两山前后相随，断而复连，形若麒麟，故名"马麒麟山"；山石多赤黄，似玛瑙珠玑，故又称"马矶山"，俗称"高矶山"（因与高元村相近）。马矶山最高海拔 96.6 米，南北走向，多马尾松，现造有松林和橘园。山顶原有一庙，祭祀秦将白起。

棠 荫 岛

棠荫岛位于周溪镇南端的鄱阳湖中，是鄱阳湖上一座由多个山岛连成的湖上群体岛，也是一座渔村岛。岛上山坡 300 余亩。岛上人主要以捕鱼为生，兼事

运输业,每户都有大号的座船、中号的小船、小号的雁排三种渔船。那一望无际的湖面上的无数小黑点都是棠荫岛的渔船。棠荫水文站在南边鄱阳湖主航道的小岛上,是鄱阳湖水文局4个自办站点之一。棠荫岛地处鄱阳湖水运的交通要道上,自古是航运重地。据史料记载,南宋时此地设有棠荫寨,说明这里曾经有过一段繁华时期。如今的棠荫是一个山清水秀、鱼肥粮丰的新渔村。一条建造于20世纪70年代的湖上主坝和三条附坝将诸岛连成一体,150来户近500岛上人用双手绣岛,使岛上成了观鱼赏鸟、居岛览湖的家园。棠荫岛远离繁华,环境优美,景致宜人,宛如鄱阳湖里的"世外桃源"。

马 鞍 岛

马鞍岛与鄱阳湖畔的青山相距不过7公里水程,人们在青山老码头前就可远观马鞍岛。鄱阳湖中的岛屿大多以山为名。马鞍岛又名"马鞍山",因形似马

鞍而得名,最高海拔123米。鄱阳湖上的40多座岛屿大多位于南湖——松门山以南,北湖仅有鞋山岛、马鞍岛等少数岛屿。马鞍岛是北鄱阳湖最大的岛屿,岛上设有行政村。2011年,九江最大的农村渡改桥项目——都昌苏山马鞍大桥全面完工。苏山马鞍大桥的建成,让马鞍岛上一千多名居民告别了单纯依靠坐船过湖的历史。

马鞍岛位于苏山乡境内的鄱阳湖中,与庐山市火焰山,湖口县屏峰,濂溪区的长岭、青山相望,面积约为4.8平方公里。马鞍岛风景秀丽,宁静悠远。

清代乾隆至嘉庆年间(1736年—1820年),这里先后出过举人(载高)和进士(载凤祥),而且两人为父子关系。现岛上尚存进士第石匾、石柱、石狮等遗迹,书香遗韵犹存。近代庐山有名的海会寺住持普超和尚也是马鞍岛人,岛上有普超出家的寺庙——青云寺,寺前有千年古樟,另湖滨有定江王庙遗址。岛上最有名的要算大片的沙山。

马鞍岛位于古代鄱阳湖和如今京广线的主道上,与驰名中外的庐山五老峰、海会寺、白鹿书院隔湖相望。马鞍岛民风淳朴,生态环境原始,阳光沙滩绵延无际,名人古迹甚多,是人们向往的休闲之地。

印　山

　　印山,原名"小团山""宝塔山",位于城南的鄱阳湖中,最高海拔30.6米,是镶嵌在鄱阳湖畔的一座珍珠小岛,山底面积约800平方米,山顶约400平方米。鄱湖水位在15.5米时,印山与陆地隔绝。从山下顺阶而上,踏近60级台阶便至山顶。山顶苍松挺拔,绿树成荫。山上有一株大松树,树身要两人合抱才围得住。山间道路崎岖,怪石林立,远远望去,宛如蓬莱仙岛。站于山巅,眺望鄱阳,白鸥翻飞,水际连天,令人流连忘返。因特殊的地理位置和自然风光,此山被江西省水文部门选定。1960年,山顶原有的一座小庙被拆,取而代之的是都昌县水文站。今天,这里仍然吸引着不少市民前来抒情写生。

朱　袍　山

　　朱袍山为鄱阳湖中一座长形孤岛,与都昌和合黄金嘴隔水相望。相传当年朱元璋与陈友谅大战鄱阳湖时曾于此歇马晒袍,朱袍山因而得名。朱袍山玉立湖面,是个地沃水阔、粮丰鱼肥的湖上"鱼米之乡"。山上翠竹如烟,樟枫如盖,满山郁郁葱葱;山下是渔家农舍,阡陌小道,鸡犬相闻。山的东边是一片梯田,谷豆瓜果,四季飘香,村头湖沿,风网挂树梢,拉网晒洲头,鱼钩、拖网、鸬鹚船、

敲网船随处皆是。朝霞满天时,湖面上渔舟点点;余晖飞泻时,湖岸边渔歌唱晚,扑鼻而来是浓烈的鱼腥味,拥面相迎的是义重如山的鄱湖村渔人。这里是最典型的渔村,是所有鄱阳湖上打鱼人的"停歇码头"和给养站,是饶河、信江的流经之地,是修河、赣江的回流水域,还是古时南北彭蠡湖的分界处,可以说是"五水一湖"的中心,是鄱阳湖各类鱼群生养繁衍的集散地。所以,东上西下、南来北往于鄱阳湖的各种渔船常于此收网过宿,避风待讯。上有鄱阳县强山、余干县、康山及都昌棠荫、泗山等地的渔船于此发散捕捞收获,下有永修松门山、何枸垅的渔船于此添补给养,可以说,朱袍山是鄱阳湖渔家风情的大观园。

都昌县政府正在着手开发当地具有鄱阳湖特色的民俗旅游资源,让一个更具古老捕捞方式、更显传统渔村景观、更有渔家风味的"老"渔村呈现在游人面前,到时,你尽可以与渔人同舟放钩、合力撒网,共享"河水煮河鱼"的美好滋味。

(詹玉新)

花　山

　　花山位于与朱袍山相距约 300 米的西北方湖面上,是一座形如莲花的山。花山满山怪石狰狞,陡峭嶙峋,相传是天上七仙女身边一位名叫"莲花"的丫鬟因帮七姐私自下凡,被王母娘娘打入鄱阳湖水牢演化而成的。

　　当年,朱元璋与陈友谅在鄱阳湖康郎山大战失利后,逃至此山歇息,却赶上湖水猛上涨,小小孤山眼看就要沉入湖中。此时,一道闪电,一声炸雷,小石山即绽开一朵莲花,湖水上涨,小石山也随着上涨,怎么也淹没不了。朱元璋安然无事,顺利离去。朱元璋称帝后,便赐名此山为"花山"。

第二章　名水名湖

鄱　阳　湖

　　鄱阳湖是中国最大的淡水湖,是镶嵌在神州大地上的一颗璀璨明珠。鄱阳湖烟波浩渺,候鸟云集,周边峰峦叠秀,田园阡陌,凝翠缀红,牧童笛晨,渔舟唱晚,引得无数文人墨客流连忘返并留下大量脍炙人口的诗篇。

　　鄱阳湖历史悠久。据考证,大约在 8.5 亿年前至 7000 万年前,鄱阳湖还是一片汪洋大海,经历了亿万年风雨沧桑。鄱阳湖于公元前 2020 年左右又经历了一次地壳运动,大禹治水后逐渐演变成彭蠡古泽。大约在商代,鄱阳湖周边就有人渔猎耕耘,随着彭蠡南移,千里沃野遂成万顷碧波。鄱阳湖正式立名至今已 1750 年之久。

　　鄱阳湖的自然地理特征是"高水是湖,依水是河,洪水一片,枯水一线"。汛期五河洪水入湖,湖水漫滩,湖体扩大,水体平缓;冬春季节,湖水落槽,湖滩显露,湖面缩小,水流湍急,湖与河流无异。因此,洪水期和枯水期时,鄱阳湖湖面相差极大,高程为 22 米时,湖面积为 3993 平方千米,容积为 296×10^8 立方米;高程为 11 米时,湖面积仅为 340 平方千米,容积为 7×10^8 立方米。湖盘自东西向中、由南向北倾斜,湖底高程一般由 12 米降至湖口约 1 米,褚溪口、鞋山湖底高程为 -1 米至 -3 米,蛤蟆石附近为最深处,高程为 -7.5 米。

　　鄱阳湖北湖狭窄,较深;南湖为主湖区,湖面宽广,较浅。入江水道最窄处是庐山市以下的屏峰卡口,宽度仅 3 千米。

环湖区地貌由丘陵岗地、圩水田、水道洲滩、岛屿内湖、汊港组成,洲滩有沙滩、泥滩、草滩三种类型。全湖现有岛屿41个,面积最大的莲湖山岛有近42平方千米,此外较大的岛屿还有鞍山岛、长山岛、棠荫岛、泗山岛、三山岛、马鞍岛、南山岛、矶山岛、沙岛、岩岛等。

鄱阳湖承接五大水源及博阳河、西河等沿湖小河流的来水,调蓄后由湖口注入长江。鄱阳湖径流和水位还受长江之水的影响,长江水有倒灌入湖的现象,因此,鄱阳湖生态系统受制于整个大系统的影响。鄱阳湖的水质总体来说还是比较好的。据2000年的监测,鄱阳湖全年水质优于Ⅲ类水的天数占全年总天数的89.1%;4~9月富营养化评分值为40,属中营养。

鄱阳湖是国际重要湿地,其生物种类极为丰富,有浮游植物800余种,浮游动物607种,鱼类140种,鸟类310多种。鄱阳湖有世界上最大的白鹤群,2002年,到此越冬的白鹤种群总数达4000多只,鄱阳湖因而被称为"白鹤世界""珍禽王国"。都昌有"小天鹅之乡"的美誉,每年到都昌越冬的小天鹅有10000余只,而鄱阳湖是全球候鸟迁徙途中的重要越冬湿地之一。

都昌拥有鄱阳湖1/3的水域面积,湖中41座岛屿中有37座在都昌水域。鄱阳湖中最宽、最窄、最险、最中心的水域均在都昌,都昌有得天独厚的水域环境和水资源。

沙山在鄱阳湖畔分布较为广泛,比较突出的有都昌的多宝沙山和庐山市蓼花池的沙山。多宝沙山有"江南戈壁滩"的美誉,是开发旅游项目的理想之地。

现在的鄱阳湖仍在不断演变,主要因素有三。首先,地壳运动时,地壳抬升沉降。其次,长期以来,大别山继续缓慢升高,鄱阳湖盆地相对下沉,泥沙继续严重淤积。沉积的主要位置在松门山前后,河水携带泥沙入湖,入湖的主要河流是赣江,黄沙主要来源于江西、福建两省交界的武夷山、大庾岭。据1986年考察统计,30多年来,按22米水位计算,鄱阳湖实际水面减少了1185平方千米,平均每年萎缩38.2平方千米。最后,三峡水库的修建使长江下游水位降低,增大了长江水位与鄱阳湖水位的落差,使湖水迅速排泄,减少了水灾,加快了泥沙排泄。在每年的枯水季节,鄱阳湖基本上水落老港,沿湖地区基本干涸。初春时节,鄱湖滩则又成为片片花海。

泗山位于鄱阳湖东北,与都昌周溪镇隔港相望,由十几处大、小湖中山岛隔水组成。过去,这里是鄱阳湖上的交通要道,是从都昌去饶州、景德镇的必经之地;这里又是渔埠港湾,渔火船灯,甚是热闹。泗山相传叫"死山",精卫填海时,秦始皇曾赐赶山鞭,欲将这一片湖中山岛赶去填海,然而这些山岛巍立湖中,一动不动,气得精卫咒之为赶不动的"死山"。后人不愿接受这个名字,以其中较大的山岛取名为泗山。汉高祖刘邦派灌婴追杀淮南王英布于"死山",便将此处立县为鄡阳。鄡阳一度十分繁荣,光打金店就有72家。后来的"沉鄡阳,浮都昌"的美好传说也源于此。

"东方百慕大"——老爷庙水域

在鄱阳湖北部,县城西北角的多宝龙头山首,有一片被称为"东方百慕大"的水域——老爷庙水域。该水域是鄱阳湖连接赣江出口的狭长水域,有"扼五水一湖于咽喉"之说。自古以来,这段水域是鄱阳湖最为险要之处,水流湍急,恶浪翻滚,风云变化莫测,神奇景观迭出,让过往航船难以提防,湖难事故常常发生,而且无从打捞。因此,古往今来,船只行经这里,船工都必须入老爷庙焚香烧纸,杀生祭祀,祈求平安。据传,日本投降那年的一天深夜,"魔鬼湖"上突然风急浪高,腾起一片冲天大火,原来是一艘满载着从中国抢劫来的古玩珍宝的日寇特种物资运输舰起火、倾覆,而后沉入湖底。事后,有两艘汽艇转了几圈也沉入了湖底。60多年过去了,那船古玩珍宝,至今无从打捞。

鄱阳湖的"百慕大"之说早已使这片水域名传天下,引得许多专家学者来此探秘解谜。中央电视台《走近科学》栏目曾就此做过专题报道。

链接一:

鄱阳湖上的"百慕大"

一、地理位置

鄱阳湖有个老爷庙水域,它位于江西省九江市都昌县多宝乡的西山南,位于北纬30度左右。北纬30度是许多不可思议的奇闻和奇谜汇集的焦点地区,也是一个让人感到神秘莫测的恐怖地带:中国的长江、埃及的尼罗河、伊拉克的幼发拉底河、美国的密西西比河都在北纬30度处入海;地球上的最高峰珠穆朗玛峰、最深的海沟马里亚纳海沟也在北纬 30 度;古埃及的金字塔、狮身人面像,撒哈拉沙漠的"空棺"以及百慕大魔鬼三角区等也都在北纬 30 度。

于是这方水域便有了"东方的百慕大"之称。自古以来,这里沉没了无数的船只,出现了一系列令人们弄不清的怪谜,乃至成为自然界的一大悬案。

老爷庙水域地处鄱阳湖的咽喉之处,往上是浩渺无边的水面,往下则是流经长江的湖口,历来就是兵家必争之地。元末,朱元璋与陈友谅在此发生了生死之战,至今还留下了许多传说故事。据说,那个老爷庙就是朱元璋赐封的,下面的岩石上还留有用剑刻的四个字"水面天心"。

中央电视台、福建东南电视台、台湾东森电视台、江西电视台等多家新闻媒体都争相前去采访,全国几十家报刊纷纷报道。中央电视台《走进科学》栏目组专门来拍摄这个"中国的百慕大",制作了一集题为《探秘中国"百慕大"》的专题节目,吸引了众多探险者来此探秘寻宝。

二、离奇事件

1945 年 4 月 16 日,2000 吨级的装满了从中国多地掠夺来的金银财宝的日本"神户丸"号运输船行至老爷庙水域 2 千米处时,在无任何征兆的前提下悄无声息地沉入湖底,船上 200 多人无一生还。驻九江的侵华日军大为震惊,派出潜水队伍到事发地搜寻。怪事又发生了,在 30 多米深的水域内,除了山下提昭一人,其余的潜水员均一去不复返。山下提昭上岸后,神色异常,恐惧万分,说不出话来,不久便精神失常了。

抗日战争结束后,国民党政府专门请来了以美国著名的潜水打捞专家爱德华·波尔为首的潜水队。打捞从 1946 年夏季开始,耗资数万,费时数月,不仅没有找到"神户丸",而且又有几名潜水队员不幸失踪。更奇怪的是,所有的生还者对打捞过程均三缄其口,真相不得而知。当年的《民国日报》和美国的《旧金山论坛报》对此事进行过报道。

30 多年后,爱德华·波尔打破沉默,在 1978 年 9 月 8 日的《联合国环境报》

上发表回忆文章,披露了他在鄱阳湖亲历的奇境:"正当我们沿着湖底继续向西北方向搜寻时,我忽然觉得眼前一亮,透过防水镜,发现前面不远处闪出一道耀眼的白光,那白光飞快地向我射来。顿时,平静的湖底出现了剧烈震动,身边呼啸如雷的巨大声响滚滚而来,一股强大的吸引力将我紧紧吸住。我感到头昏眼花,神态麻木,身体随着吸引力昏昏向前。这时,有一样东西重重地锤击了我的腰部。我忙用手抓住它,原来是一只箱子。剧烈的疼痛使我变得清醒起来,我拼命与吸引力抗衡。白光肆虐地在鄱阳湖底翻滚,我的潜水同伴随着白光而去,再不见踪影。"这次死里逃生的经历使爱德华·波尔终生难忘。湖面恬静、优美,湖底神奇、恐怖,鄱阳湖是他一生中遇到的最危险、最可怕、最令人心惊的"死亡之湖"。

20世纪60年代初,从都昌松门山出发的一条船只北去老爷庙。船行不远便消失了,送行的老百姓至今也不知踪迹,十余人下落不明。

1985年3月15日清晨6时30分许,一艘载重2500吨、编号为"饶机41838号"的船舶在老爷庙以南约3千米处的浊浪中沉没;同年8月3日,江西进贤航运公司的两艘名为"20吨"的船只在老爷庙水域先后葬身湖底,当天还有另外12条船只在此处遭此厄运。

1985年,在此沉浸的船舶有20多条;1988年,据都昌航监站记载,又有10余条船只在此水域消失。

20世纪80年代,海军某部为支援对老爷庙区域的科学考察,派出一支潜水队前往研究这个怪现象。然而,潜水队潜入水域后,发现方圆几十里不见沉船踪影,千百年来在此沉没的大小船只不翼而飞了。一位名叫申大海的潜水员心有不甘,与助手小王一起私自决定下水取样,谁知3小时后申大海也不见返回,小王遂鸣枪报警,全体潜水员下水搜寻,终不见申大海踪影。

次日下午,人们在距老爷庙15公里的昌邑山湖发现了申大海的尸体。昌邑山湖是个面积不足20平方千米的内陆湖,四面环山,与鄱阳湖互不相通,而且它的水面比鄱阳湖湖面高出 12 米。这岂不是咄咄怪事?

2005 年 5 月 25 日 16 时,安徽省蚌埠市的一艘运砂船在老爷庙水域采砂时,船体突然莫名其妙地断裂下沉,1 名船主和 1 名船员逃生,另外 3 人死亡。事后有关部门组织打捞,却不见尸体的踪影。

据江西省都昌县航监站的资料,20 世纪 60 年代以来,已有近 200 艘船在鄱阳湖西部老爷庙水域沉没。

三、专家释疑

从 20 世纪 80 年代末开始,世界各国科学家纷至沓来,对鄱阳湖"魔鬼三角"进行了考察。1988 年,联合国科学考察委员会派遣一只科学考察团赴鄱阳湖进行实地考察。考察的结果表明,老爷庙水域是鄱阳湖的一个少有的大风区,年平均风速达到 5 级左右。

那么,鄱阳湖区域为何只有老爷庙水域的风力如此强劲呢?专家们在研究老爷庙的地理位置时有了惊人发现:鄱阳湖的北端是一片狭长的水域,老爷庙正处于这个狭长水域的最南端,巧合的是,老爷庙水域的宽度只有 3 千米,是整个鄱阳湖最窄的地方,这里相当于一个狭管,一二级的风到了这里立刻就会变成五六级大风。

更可怕的是,最高海拔 1400 多米的秀丽庐山是制造大风的元凶,其南部正好延长至老爷庙的西面,而其庞大的身躯就像一座屏障挡住了风的去路,一部分气流只能从庐山东南面的山峦绕过。气流顺着狭管流向宽度只有 3 千米的老爷庙水域时,风力和风速顿时产生了无与伦比的威力。一旦船只在此遭遇风劫,其处境之险可想而知。

四、不同声音

风力过大的说法固然是一种解释,但另几种说法也不是没有道理。一直从事地下水研究的本地工程师韩礼贤认为,诱发老爷庙水域神秘事件的主要因素除了风,还可能是奇特的地质构造。他是这样分析的:整个都昌县的地形是个典型的下斜盆地,三面环山,一面环水,呈现一个横 U 字形,老爷庙附近山体积水却没有溪流,因为山体以沙黄岩为主,松散的沙黄岩破碎体能够积水,山体没有大的河流,整个 U 形山体就成了蓄水塔。地下的石灰岩遇水慢慢溶解后,就形成了大面积溶洞,而溶洞出口就在 U 形山体的开口——老爷庙的中心水域。这个水域底部被厚厚的沙层覆盖,有的几十米,厚的估计有几百米。山体积水到一定量时就一定要释放,水一翻上来,底下的水就往上翻滚,湖底有几十米被黄沙盖住了,水冲破沙层喷出来,沙子上翻的地方如果有船就必然会翻掉,而船遇到湖底沙层又会往下沉,沉下去就被沙子掩埋掉了。

有个例子可以作为佐证。在 20 世纪 80 年代,都昌县曾在鄱阳湖边修了一条长 600 米、宽 50 米、高出水面 4 至 5 米的大坝,可就在快要完工时,大坝一夜之间沉没消失了。一条大坝都可以突然消失,何况一条船呢?

还有一种说法是,老爷庙水域由石灰岩构成的溶洞属导电物质,水面空间存在强大磁场,且由于风向、水溶多变,电磁场紊乱,受强电磁场干扰,一些船只的仪表会一定程度地失灵,特别是雷电交加的天气,更易发生航行事故。

最近,科研人员又提出一项新的见解:整个地球迄今还存在的地球形成期所具有的原始气体是鄱阳湖沉船的"元凶"。据研究,这些原始气体会因为地壳裂缝、地壳运动、火山爆发、地震等活动释放出来,形成海底水化天然气。中国科学院兰州地质研究所王志彬研究员和核工业总公司高级工程师杜乐天的研究表明,有的特殊属性会导致灾难频发,这些属性是冰体溶解。冰体溶解会降低水的浮力,造成船只下沉;进入空气后,会在空间造成局部缺氧,导致发动机无故熄火,聚集在舱内的甲烷达到一定浓度时,如果遇上火花会发生爆炸,使船舶失事。

地矿部门对老爷庙水域进行了航拍,结果令人大吃一惊:老爷庙水域底下居然存在一个巨大的沙坝,长约 2 千米,呈东西走向,正是这个沙坝阻挡了席卷而来的水流,水流在湖底形成了巨大的漩涡,最终对船只造成致命一击。

五、民间话本

据说从 1970 年夏季开始,人们便发现湖内有一种神奇的怪物兴风作浪。不过,对于"湖怪",目击者说法不一,有的说像几十丈长的"大扫帚",有的说似一条"白龙",有的说像只张开的大降落伞,浑身长满眼睛,还闪着"金光",不仅如此,一旦"湖怪"出现,鄱阳湖上必是风雨雷电同来,啸声震耳欲聋,鄱阳湖也如翻江倒海一般,黑夜里,湖面上空会闪烁出巨大的光圈,附近老百姓的井里也会发出奇怪的声响……

20 世纪 70 年代中期,曾有人在鄱阳湖西部目睹了一个呈圆盘状的发光体在天空游动长达八九分钟。当地曾将情况上报有关部门,而有关部门未做出建设性的解释,所以有人猜测,是"飞碟"降临老爷庙水域,像幽灵一样在湖底运动,从而导致沉船事故不断。

据传,湖岸对面的庐山市的落星山是两千多年前一颗硕大的流星坠落于此而形成的。老爷庙的建筑正处于落星山东西线的上下正中,三角形庙体的三个直角和平面锥相等,毫厘不差。这使得人们无论站在哪个方向都始终与老爷庙面对面。老爷庙建成至今已有一千多年了,人们猜测:这精妙的建筑是不是外星人所为?

随着时间的流逝,关于沉船的传说越来越离奇,有人说船被水下的沙子掩埋了,也有人说船被水流冲跑了,甚至还有一种更为离奇的说法:在这里沉没的大船随着时间隧道回到从前去了。这些说法让科研工作者感到惊奇。那么,那些沉船是不是被沙子掩埋了呢?村民们的说法被专家否定了。老爷庙水域是整个鄱阳湖水域的最深处,水深为 18 米左右,而一艘上千吨的沉船高度也应超过了 10 米,如果是流沙在十几年后把沉船掩埋了,那么整个河道的底部就会游积十几米的含沙层,河道的水位也应该随之上涨十几米才对,可事实上,鄱阳湖老爷庙水域的水位一直没有什么改变。那么,那些沉船是不是至今还隐藏在湖底的某个角落呢?

到底是狭管效应还是暗湖和电磁场所为? 抑或是民间传说中的外星人所为? 鄱阳湖上的"百慕大"仍留待我们进一步地进行科学探索。期待专家们早日解开这个谜团。(陈玉龙)

链接二:

救生同仁堂与鄱阳湖红船

鄱阳湖都昌老爷庙水域地势险要,水流湍急,风大浪猛,自古以来,翻船事故频频发生,被人称为"魔鬼黑三角""东方百慕大"。

1894年,退职后在湖北沙洋经商的都昌县多宝乡西高村人、五品按察司高应端由湖北回乡,经过左蠡游老爷(定江王)庙,环湖观景,突见"湖中风狂浪涌,中流客商舟子尽葬鱼腹",遂起拯溺救生之急。高应端于是与当地国学生陈显玉、地仙朱云午、清翰林院两江师范大学督学雷见吾赴省城南昌面见宪台,陈述购置救生红船事宜,取得了支持,出示晓谕,进行了广泛的募捐活动。大家推举郭益美(都昌县多宝乡人,后任清广东海门科长)为总理,推举陈庭柱为会计(都昌县多宝乡人,后任救生同仁堂会长10年),推举余连峰(清进士)为监造。1907年,民间慈善团体——左蠡(老爷庙)救生同仁堂成立,在老爷庙内设办公室,特造红船一艘,专司湖面救生任务,并先后购置田地68亩,收其租作为常年费用。后南康太守朱锦体报经江西省宪台同意,永修吴城厘局月拨津贴钱十千文支持同仁堂。朱云午又到景德镇市募捐,募得临街店面两栋,每月收租金200元,并设分局,又制造红船一艘。

1912年,高润堂(1879—1938)被选为救生同仁堂董事。高润堂系都昌县多宝乡西高村人,清代例授国学生。民国年间,高润堂在该村首创拔萃高级小学,选用名师任教,教授得法,办学有方,成效显著,邻乡学子慕名而来,高润堂本人也被江西省教育厅委任为该校校长,兼江西省教育厅咨议。他担任救生同仁堂董事期间,乐善好施,不负众望,继续赞助、募捐钱物,添置红船,救生功高,善举远播。因此,民国期间,高润堂被选为江西省社会及国会选举调查员,江西省政府曾授他金银两色奖章各一枚,以彰显其贤德。

1934 年,价高物贵,同仁堂入不敷出。高润堂等心急如焚,四处奔走求助,并向县、省政府及行政院申报。是年 5 月,国民政府总统蒋介石、行政院长汪精卫、内政部长黄绍竑批示同意,江西省省库每月拨款 20 元予以扶持。以后社会支持日增,红船共增至 5 艘。先后担任同仁堂会长、副会长、董事的当地人有闵松崖、高润堂、郭霞乡、赵立锦、郭前沧、陈庭柱、刘国才、刘西林等。同仁堂先后得到景德镇商会会长李芳圃、长沙商会会长陈良璋、饶州商会会长马宗朝、本都乡长吴凌云的大力资助,救生事业得以发展壮大。

1934 年,过往军队强行征用红船,影响湖中救难事务,高润堂等果断呈文县政府、省政府及国民政府军事委员长蒋介石,又得蒋介石下达布告,予以制止。救生同仁堂自清光绪年间创办至中华民国时期的几十年间,救了不下千余人,连蒋介石也在布告中称赞:"自光绪年间组织同仁堂,设局置船,专司救生,数十年来,成绩显著。"社会名流盛称红船"博施济众,恤死救生,实鄱湖之慈船"。《浔阳晨报》在 1935 年 10 月 4 日登载通讯《鄱湖红船,救生功高》。这一切充分表明高润堂及其同人的善举深得官民赞许。高润堂不但居心仁厚,乐善好施,而且勤奋好学,擅长诗文,晚年著有《救生同仁堂局记》(1936 年石印,都昌县档案馆藏)。该书对救生同仁堂的建立、发展及当时的状况翔实、系统、全面地进行了记载。

1939 年,日本军入侵,多宝、左蠡一带沦为沦陷区,同仁堂亦横遭厄运,救生工作基本停止。中华人民共和国成立后,鄱阳湖老爷庙险恶水域得到了综合治理,木帆船逐渐都装上了动力机。红船已不复存在,但是它的历史功绩常被人称道。(夏国初)

东 湖

东湖原为鄱阳湖一港汊,紧贴县城南缘水泊、南山山麓,水面约 2000 亩,呈东西长腰形,苏轼《过都昌》绝句中的"水隔南山人不渡"指的就是东湖隔绝了县城与南山陆地间的往来。

　　1959 年冬至次年 12 月,全县冬修大军数万人奋战一年,建成一座长 640 米、连接县城南门至南山的土质大坝,从此,东湖与鄱阳湖完全剥离。为确保县城及周边地区汛期安全,东湖防洪排涝水利工程得到了国务院的重视。国务院下拨专款,于 2000 年年底建成一座防洪排涝、水位达 24.5 米的水泥路,以取代原来的土质大坝。

东湖水质清澈,鸟鸣鱼跃,红日初升,波光闪耀,微风掠过水面,沿岸垂柳婆

娑,炊烟袅袅。山影楼影交织,湖中倒映出一幅绚丽的图画。东湖北面是集乘骑游乐、观光休闲、酒店住宿、特色餐饮、主题商店、综合服务于一体的东湖游乐园。2010年,滨水西区得到开发,县委县政府对东湖大坝进行了美化、亮化改造,一道亮丽的风景线展现在人们的眼前。大坝集观光、休闲于一体,夕阳西下、华灯初上时,犹如一道彩虹飞架于县城南山。而今,"水隔南山人竞渡"的美好愿望实现了。人行坝上,身感四面来风,晨观东方日出,聆听南寺晓钟;夕望西河晚渡,方觉客船迟来。泛舟湖上,习习清风从湖面吹来;仰望蓝天,朵朵白云从山顶飘过。邑人欲把东湖比西子,更愿游人尽享其美。(魏金玲)

新 妙 湖

　　新妙湖为县里最大的拦坝内湖,具有防洪、灌溉、养殖和便利水陆交通等综合功能,原为鄱阳湖北部的一个湖汊。20世纪50年代,相关部门在湖邵家山、马鞍山两山山脚之间筑堤建闸,堤坝将湖汊与鄱阳湖隔断,湖汊故而演变成独立的内湖。内湖的湖形极不规则,呈枝杈状,高程水位为16米时,养殖水面3.5万亩,涉及多宝、左里、苏山、徐埠、汪墩、北山等乡镇。湖面开阔,湖底平坦,水草茂盛,尾部多港汊,水源充足,水质较肥,主要养殖青鱼、草鱼、鲢鱼、鳙鱼、鳊鱼、大闸蟹等。

矶 山 湖

　　矶山湖位于县城西部,由上、中、下三座大坝围成,原有内湖水面1.42万亩。1986年,WFP-2799项目实施,在上坝建大型排涝站,开挖精养鱼池万余亩,成立北山水产总场和都镇水产总场,形成江西省最大的标准化精养鱼池基地。1997年,北山水产总场和都镇水产总场合并成立矶山湖水产养殖场。1998年特大洪水之后,矶山联圩被列为国家重点堤防工程,被加固加高,以确保县城和精养鱼池安全度汛。近年来,随着现代渔业项目的实施,大部分鱼池得到清淤和护坡,养殖产量和效益都大幅提高,养殖场不仅从事常规品种养殖,还进行珍珠、乌龟、甲鱼等特种水产的养殖。矶山湖已成为人们郊游、垂钓、休闲的理想场所。2008年,江西省第一个重点绿色能源项目——都昌县矶山湖风力发电场所落户矶山湖畔。都昌县矶山湖风力发电场装机总量为3万千瓦,年发电量为5500万千瓦时。20台高65米的"大风车"屹立在鄱阳湖畔,为美丽的鄱阳湖增添了新的景致。

屏 峰 湖

　　屏峰湖位于苏山乡西北境内,以屏峰山为起点,东至袁成堰,以谢家湖为界,

西至鄱阳湖主航道,南至马鞍岛湖岸,北至屏峰山、大石嘴山脚,东南与土目湖汇合,通过马鞍岛与土目半岛之间的湖湾,南连左里。屏峰湖湖底平坦,无暗礁回流。枯水季节,湖水回落,一片沙洲呈现出来,湖水清澈平静,少有惊涛骇浪。屏峰湖是一处避风良港,又是由鄱阳湖进入都昌县西北境的水上要道,为历代兵马必争之地。历史上,南朝宋武帝刘裕曾在屏峰湖、土目湖与卢循决战,败卢循于左蠡,"循轲走,收散卒,还广州。公旋自左蠡"(《资治通鉴》)。

与陈友谅决战鄱阳湖时,朱元璋曾在屏峰湖诱陈军入谢家湖。朱元璋登苏山,在西庄袁村一带的山村中设伏歼敌。今有得胜山,因朱元璋得胜而名。清朝咸丰年间,太平天国和清军先后在屏峰湖驻扎水师,相互进剿。清同治版《都昌县志·武事篇》记载,清咸丰四年(1854年),太平军由湖口出兵,进军都昌,"西路或泊于土目屏峰袁成堰","破西乡团"。清咸丰五年(1855年),曾国藩"督水师泊土目屏峰,列舰连营将十余里",并由此分兵水陆两路,进剿都昌和湖口境内的太平军。

昔日的水上战场,今天水碧山青,渔舟唱晚。夕阳西下时,屏峰湖的景色格外壮观。鄱阳湖控制工程的综合枢纽就被布置在屏峰山与对面的长岭之间。综合枢纽完工后,屏峰湖又将增添一处壮丽的建设景观。（胡东春）

西湖与七姊妹墩

西湖位于县城东25公里处,是鄱阳湖的一个湖汊,北狭南宽,像一个装满美酒的葫芦挂在鄱阳湖北岸,面积约为40平方公里。如今,全国被冠以"西湖"之名的湖有31个,此西湖是其中之一。

西湖两岸丘陵、田地连绵,农舍星罗棋布,稻丰鱼肥,鸡犬相闻,充满田园风光。与其他布满楼台亭阁、典雅小巧的西湖相比,此西湖更显其原生态的清新和博大。曾有一位杭州西湖使者在都昌西湖横渡之后,带上一瓶都昌西湖水,深情感慨道:"让杭州西湖溶入一些都昌西湖原始的清新和大度!"

七姊妹墩亭亭玉立于西湖的碧波之中,面积约20余亩。春夏湖水上涨,七姊妹墩像镶嵌在一面大明镜中的珍珠;秋冬枯水季节,七姊妹墩又似镶嵌在地毯上的一道靓丽的风景。正因为这里风景秀美,气候宜人,故有天上七仙女在此游玩之说。

　　传说此墩为天上七仙女立机纺织之地。当年，就是在此墩上，七仙女一夜之间将一大堆无头丝织成了十匹锦绢，才使得董永三年长工改为百日，"夫妻双双把家还"。传说还有人白天把棉花放在墩上，第二天早上便从墩上取回了七仙女连夜纺织好的纱线和棉布。七姊妹墩充满了传奇色彩。

　　现在，这里是候鸟栖息、觅食的好地方。

张 岭 水 库

　　张岭水库位于蔡岭镇东平村，坐落在风景秀丽的武山山脉北麓，属鄱阳湖水系，是新妙湖支流，在徐埠港上游。张岭水库1958年8月动工兴建，1966年4月基本按照计划完工，后经1970年、1977年、1984年加高加固到现有规模，控制流域面积19.6平方千米，总库容1410万立方米，有效库容1017万立方米，设计灌溉蔡岭、徐埠、春桥三乡镇共20余村及一场（县良种场）农田3.55万亩，实际灌溉2.4万亩，减少洪涝面积0.82万亩。主坝高26米，长518米，顶宽4米，坝顶设有 1 米高的防浪墙;副坝高 18.5 米,长 180 米,顶宽 3.5 米。溢洪道为宽顶堰,净宽 22 米,最大泄流量 25 立方米每秒。大坝有涵管 1 处,管径 1.1 米,进口设直升框架启用,出口建电站 1 座,装机 3 台共 165 千瓦;渠道总干 1 条,长 0.18 千米;干渠 4 条,总长 58 千米;支渠 15 条,总长 56.9 千米。沿渠建有西洋桥、曹豫等 11 座渡槽,总长 501 米,另建有水闸 70 座、人行桥等 42 处、水泥防渗渠道 4.8 千米。

2007 年 3 月至 2010 年 12 月,施工人员分两期对水库进行了除险加固。项目总投资 2999.7 万元,实际到位资金 2673 万元,主要建设项目有主坝加固、1 号副坝加固、2 号副坝加固、溢洪道加固、新建发电灌溉输水隧洞、蚁害防治、金属结构及安装、水雨情测报、大坝安全监测及工程管理设施等。除险加固后,主坝高 26 米,长 512 米,坝顶公路宽 5.5 米;副坝高 18.5 米,长 180 米,坝顶公路宽 4 米;总库容 1302 万立方米,水域面积 1500 余亩;支渠防渗主干渠道长 3 千米,砼防渗支渠长 40 千米。

为科学合理地开发与利用水利、风景资源,加强水生态修复与水环境保护,2008 年 3 月,县政府开始筹备张岭水库风景区的建设申报工作。2009 年 8 月 16 日,张岭水库风景区通过水利部国家专家组的复核,被列入第九批国家水利风景区。

除险加固后的张岭水库是一座以灌溉为主，兼顾防洪、旅游、发电、养殖、城镇供水等综合效益的中型水利枢纽工程。张岭水库不仅是集旅游、休闲、度假、娱乐、保健、观光于一体的现代水利风景区，而且保证了下游徐埠镇、蔡岭镇及其工业园区128个村庄共4.7万人和4.5万亩农田，以及九景高速和景湖公路等主要交通设施的安全。（周银生　陈定俊）

链接：

张岭水库风景区

张岭水库风景区位于蔡岭镇，距县城30余千米，距九江市约60千米，东依武山山脉，南临鄱阳湖，依托张岭水库而建，2009年通过水利部审核，被列入第九批国家水利风景区。

风景区包括两座中型水库、两个林场和一个森林公园，两座中型水库分别是大港（又称"东湖"）、岭水库（又称"西湖"），两个林场分别是红光林场、武山林场，一个省级森林公园是三尖源森林公园。景区地处都、湖、彭、鄱四县交界处，与庐山、鄱阳湖相望。三尖源的最高海拔为647.3米，夏季最高气温在25摄氏度左右，水质、大气质量达到国家一级标准。景区依托山水资源，有原生态的自然风光和深厚的文化底蕴，特别是当年红军游击队在这一带活动留下的摩崖石刻，许多动人的传说仍广为流传。景区包括四个板块：库区自然风景、红色景区、省级三尖源森林公园、古村落景区。其中，古村落景区为正在开发的景区，将被打造成一个集旅游观光、休闲度假和会务于一体的水利风景区。

大 港 水 库

大港水库位于都昌县东北部的武山脚下的大港镇境内，属鄱阳湖水系西河支流,流域面积 58.4 平方千米,库区主河道长 10.4 千米,纵坡 0.6%,最大库容 47.6 万立方米,调洪库容 1546 万立方米,兴利库容 2974 立方米,设计灌溉大港、鸣山、中馆、狮山、芗溪、南峰、万户 7 个乡镇共计面积 5.6 万亩,有坝后式电站两座,总装机 840 千瓦。

水库按多年调节的大(2)型水库规模设计,于 1958 年 8 月开工,1959 年停工缓建,1966 年 4 月按中型水库规模编制设计,同年 9 月经省计委批准复工续建。大坝土方工程于 1969 年冬基本完工。水库整体于 1970 年 5 月竣工受益,1972 年续建加高培厚。2008 年 3 月 18 日除险加固工程开始实施,工程批复总投资 2685.91 万元,实际完成投资 2490.13 万元。2010 年 10 月 18 日,除险加固工程通过省发改委和省水利厅的联合验收。目前,工程重要建筑物有主坝、副坝、溢洪道、非常溢洪道、隧洞、涵管。泄洪的主要途径有四条:一是右涵管,泄洪量为 37.56 立方米每秒;二是隧洞泄洪,进口底板高程为 49.78 米,出口管径为 1.0 米,最大泄洪量为 10 立方米每秒;三是正常溢洪道,堰顶高程为 76.88 米,堰顶净宽 24 米,最大下泄量 332.63 立方米每秒;四是非常溢洪道(即附坝),工作人员会在水库水位超过设计洪水位或大坝出现险情时炸附坝分洪,最大泄洪量为 1318 立方米每秒。

灌区主干渠道起自大港水库涵管出口,设计灌溉引用流量为 6.22 立方米每秒,渠道断面为梯形,平均底宽 3 米,水深 2.2 米,主干沿途通过 1 座倒虹吸管、2 座隧洞、12 座渡槽,长 653 米,其中最大的马洞渡槽全长 360 米,共 36 节,槽身为钢筋砼薄壳形,排架为钢筋砼结构,最大高度为 15 米,设计过水流量为 5.8 立方米每秒,向 27 个分水口分水后进入长垅水库。全灌区共有漂水、耀光、上坳、但景、万年、汪家、上舍、里泗、二房、七湾、桃树湾、油榨岭、源头北、源头南、曹家坳、翻车岭、双银、南塘、大塘、荷家塘、沙鼓墩、南大、南丰、芗溪、万户、长垅、狮山支渠 27 条,砼防渗主干渠道长 5.15 千米,通过小农水、末级渠改造等项目建设砼防渗支渠 37 千米。

除险加固后的大港水库有效保障了下游大港镇和鄱阳县的112个自然村的近6万人和5.8万亩农田,以及杭瑞高速(九景段)、九景衢铁路(在建)和景湖公路的安全,是一座以灌溉为主,兼顾防洪、发电、养殖、城镇供水等综合效益的中型水利枢纽工程。同时,我们还可利用大港水库得天独厚的资源优势,逐步将大港水库纳入国家水利工程。(周银生　郭建勋)

链接:

大港水库风景区

大港水库风景区位于县北部,坐落于大港镇边,处于都、湖、鄱、彭四县的中心位置,北抵长江,南临鄱湖,西眺庐山,东依黄金山。

大港水库是都昌县最大的中型水库。通过对危险水库进行改造,现在的大港水库面貌一新,基础设施齐全,环境优美。库内景区有5个小巧玲珑的岛屿(宝山岛、虾公岛、狮山岛、团山岛、坳上岛),似卧、似立、似跃、似奔,别有一番风韵。景区东边有龙凤岭及15千米水泥路,像巨龙腾腰而起;西边有望晓源(三尖源公园)、凤凰山、饮马池、土目新村,土目大桥跨江而过,竹海一片连一片,微风吹来,竹海波涛此起彼伏;北边有三江汇水区、夫妻石、产子岭、卸依岭,有石雕、朱元璋练兵场。高塘村是全县海拔最高的村,村内古银杏、古玉兰、古桂、古柏、古樟、古枫等随处可见,还有雷公洞、观音洞、老虎洞、燕子洞、水龙洞等。库区林木茂密,犹如原始森林,内有江南野生植物 300 多种,70 多种野生动物在这里栖息繁殖,山中百鸟飞鸣;有许多绿色食品,如野生香菇、黑木耳、葛粉、冬笋、小竹笋、猕猴桃、杨梅、山楂、茶叶、油鱼、石鱼、苦槠豆粑等,远近闻名。

长垅水库

　　长垅水库位于都昌县狮山乡长垅村,距都昌县城 42 千米,坐落于鄱阳湖水系平池湖支流的双溪湖上游。长垅水库于 1958 年 9 月开工,1960 年 12 月完工,属小(一)型水库,建设工程由原南峰区工委组织实施。1961 年至 1962 年灌区建设开始,建设项目主要是长垅低线渠道。

　　1970 年至 1972 年,长垅水库被扩建为中型工程,坝顶高程为 43.5 米,流域面积达 14.4 平方千米,其中,引水面积为 10.1 平方千米,水面为 1.35 平方千

米,水深 13 米;总库容为 1015 万立方米,有效库容为 798 万立方米,设计灌溉南峰、芗溪、万户、狮山、中馆 5 个乡镇 27 个大队以及农田 2.8 万亩,实际灌溉 1.2 万亩,减少洪涝面积 0.1 万亩。水库主坝高 17.7 米,长 570 米,顶宽 4 米;副坝高 12.2 米,长 175 米,顶宽 3 米,泄洪采用闸式,最大泄流量为 16.2 立方米每秒;涵管 6 处,均为直升启闭,低管出口设电站 1 座。渠道总干 1 条,长 13.2 千米;干渠 5 条,长 19.8 千米;支渠 5 条,长 20.95 千米。沿渠建渡槽 8 座、水闸便桥 12 座,另有水泥防渗渠道 1.76 千米。

1973 年冬和 1975 年冬,由于坝体沉陷,工程人员重新对大坝进行了维修和加固,筑成新的黏土防渗墙,并增设坝脚反滤棱体。2007 年 1 月至 2010 年 10 月,工程人员又分两期对水库进行了除险加固,项目批准概算总投资 1976.15 万元,主要施工项目有主坝涵管开挖重建,主坝射水造墙防渗、六菱块护坡,防渗与排水设施完善工作,主、副坝公路,主、副坝之间防汛公路,副坝涵管开挖重建,副坝黏土斜墙防渗、六菱块护平坡,溢洪道重建,大型监测和管理设施,等等。除险加固后,主坝高 18.2 米,长 590 米,顶宽 5 米;副坝高 12.8 米,长 190 米,顶宽 5 米;溢洪道坡为开敞式实用堰型,溢流净宽 3.1 米,消能形式为底流消能;总库容达 1124 万立方米。砼防渗主干渠道长 3.2 千米,通过小农水项目建设砼防渗支渠 17 千米。

除险加固后的长垅水库,是一座以灌溉为主,兼顾防洪、养殖、旅游等综合利用效益的中型水利枢纽工程,有效保护了下游 1.2 万人、1.3 万亩农田、2 条 1 万伏输变线路、1 座千亩圩堤及都中公路的安全。(周银生 曹明学)

第三章　名园名景

三尖源森林公园

　　三尖源森林公园位于大港境内的武山山脉最高峰三尖源,最高海拔647.3米,为全县之最。公园内森林郁郁葱葱,置身其中犹如进入原始森林。三尖源森林公园以植物造景为主,树种达200多种,配以溪流、密林、竹丛等,形成了富有野趣的幽深的自然空间和"松涛幽谷""丛林原野"的景区特色,呈现出以"自然、野趣、宁静、粗犷"为特色的森林景观。

　　"鲜红鲜红的历史,翠绿翠绿的山岭,碧绿碧绿的溪水"是公园最好的写照。

公园共有 44 座山岭,500 米以上的山峰有 10 余座。三尖源公园雨量充沛,光照充足,年平均气温 16.1 摄氏度,夏季最高气温不超过 25 摄氏度,有"天然氧吧"的称谓。公园林地面积 7823 公顷,活立木蓄积 20.3 万立方米,森林覆盖率高达 87.8%,植被种类 450 余种;野生动物资源丰富,共有 179 种,其中国家一、二级保护动物 8 种,省级保护动物 100 余种,被誉为"典型的野生动物王国"。公园秀峰耸峙,林海苍茫,绿浪翻涌。据初步估计,公园共有可开发的飘水岩、望晓源、三尖源等自然景观 22 处,新四军留守处、三尖源宝塔遗址、望晓源等人文景观 12 处。

第二次国内革命战争时期,这里就是赣东北工农红军的主要游击区;抗日战争时期,这里又是抗击日寇的阵地,田英在这里留下了让后人缅怀的战斗历史。2006 年,都昌三尖源风景区被评为省级森林公园。公园水资源比较丰富,包括大港、张岭两大水库和若干小水库。两大水库流域面积 78 平方千米,总库容达 6126 万立方米,水随山转,山依水立,港湾湖汊穿山进谷,峰回路转,形成天然的水上迷宫。2009 年都昌三尖源水利风景区通过水利部复核,成为第九批 56 个国家水利风景区之一。

南山森林公园

南山森林公园位于南山风景区,2010 年被评为省级森林公园。"鄱湖之秀在都昌,都昌之美在南山",南山以其"山悠水长,能阴善晴"而秀甲鄱湖。南山满山翠竹苍松,翠盖烟笼,不少名士豪杰流连忘返,留下了不少佳篇绝唱。

2011 年,都昌县抓住省林业厅批准设立都昌东湖南山省级森林公园的机遇,在原有南山风景区的基础上进行全面升级改造。升级改造后的南山森林公园总规划面积为 5000 亩,一期工程投资 300 万元,在核心区域外补种木荷、枫香、栾树、碧桃、湿地松等共 3 万余株;二期工程投资 3000 万元,对核心区域外围的 2000 余亩流林地进行全面绿化升级，全部栽上枫香、杜英、湿地松等树种。都昌县力争通过两三年的努力，把南山森林公园打造成鄱阳湖边上一个绿树成荫、绿水环绕、绿草葱郁的旅游观光度假胜地。

南山的森林覆盖率达到 95% 以上。山上有都昌县博物馆、都昌县烈士陵园、清隐禅院、灵运塔、野老泉、八仙石等名胜古迹。南山森林公园为广大市民提供了一个假日旅游和休闲锻炼的场所。在这里，人们既可品味苏东坡"鄱阳湖上都昌县，灯火楼台一万家。水隔南山人不渡，东风吹老碧桃花"的千古名诗，又可饱览浩渺鄱湖的秀丽风光。

都 昌 八 景

矶 山 樵 唱

两崖蓊郁有平林，何处呕哑恣好音。利斧迥临溪水曲，遏云清逼石岩阴。
步从岛屿青冥近，兴入烟霞紫翠深。拄杖凌高闲著耳，蓦然销却利名心。

南 寺 晓 钟

声敲百八梦醒初，清隐鸣钟水一隅。风澹白蘋霜气冷，云收碧落月华孤。
轻开枭邑千家市，重震鄱阳万顷湖。夜半山门有舟泊，愁绝不须更啼乌。

彭 蠡 渔 歌

欸乃清歌远近分，细分随口不成文。芦花点帽风初急，鸥鸟冲帆日欲曛。
一曲遥从云散外，数声长傍月中闻。也知无限乾坤趣，半在烟波与水云。

石壁精舍

云外孤峰翠欲流，书台芜没几经秋。地饶胜概连庐矗，江漾文光逼斗牛。
暮雨落花人寂寂，午阴啼鸟景悠悠。谁来寻访先贤迹，故作西山汗漫游。

苏仙剑池

磨剑仙翁去不回，犹传遗迹水西隈。春风丹灶苔空合，夜雨石坛花自开。
寒碧远涵汇泽润，龙光横射翻经台。胜游谁有飘然兴，布袜芒鞋约日来。

陶侯钓矶

矶头风景不堪题，却笑陶侯坐钓时。山势北来云匝地，阳光东起树交枝。
一梭跃水名犹在，八翼排天梦亦疑。凭吊令人增慨慕，江风江鸟遍江湄。

西河晚渡

昏鸦取次返垂杨，来往西河渡正忙。两岸苍波浸渔火，满船红柳载斜阳。
溪翁敲柱歌初静，水月涵空气觉凉。景物恍然图画里，秋风秋雨即潇湘。

野老岩泉

岩前如绣草芊芊，下有飞泉百尺悬。石窦雨余翻蟹眼，潭心日暖喷龙涎。
自从混沌分原候，便是潺潺赴壑年。几许登临界无尽，欲将洗耳听钧天。

县城西门广场、滨湖广场有"都昌八景"的雕塑。这八景分别是：野老岩泉、苏仙剑池、矶山樵唱、彭蠡渔歌、南寺晓钟、西河晚渡、石壁精舍、陶侯钓矶。

　　　　野老岩泉景致奇，苏仙磨剑上瑶池。

　　　　矶山樵唱风前曲，彭蠡渔歌月下诗。

　　　　南山晓钟僧起早，西河晚渡客归迟。

　　　　谢公石壁精平舍，千古陶侯一钓矶。

　　（注："谢公石壁精平舍"也作"谢公石壁造精舍"）

　　野老岩泉：野老岩泉位于南山南面半山腰的峭崖壁下，有泉水自岩缝渗到一小池中，泉水清澈甘甜，从不干涸，也不溢出。相传汉武帝刘彻南巡鄡阳时，听说南山岩下有一位采药炼丹、治病扶伤、品学非凡的白发老人，便驾临拜访，想请其为官。谁知汉武帝来到岩前，只见岩石雄峙，岩洞不开，不见老人踪影。汉武帝很是扫兴，只好借宿南山古寺。半夜，他做了个梦，梦见一位鹤发老者对他笑道："我来野老，平生荣辱任去来，只求清泉洗心扉。"老者说罢，飘然而去。汉武帝不胜惋惜。后来，宋代大诗人苏东坡游历至此，面对岩下清泉，又挥笔题

056

写了"野老泉"三个字。野老岩泉是都昌古八景之首,有诗赞曰:"石骨溢清泉,冷冷注江浒。野老爱幽栖,酌泉洗心腑。"

苏仙剑池:苏仙剑池在县城金街岭一黄姓老百姓的园内,也就是原都昌中学(现任远中学)的校舍内。校园内原来有一个水溢成的水池,清澈见底。相传在汉代,有个叫苏耽的道人和他母亲一起隐居在都昌元辰山修仙慕道。一日,苏耽游历鄱阳湖,途经此地,爱上这一池好水,便常来此磨剑。后来,苏耽九转丹成,得道成仙,这池也能随物著象,人们只要将这池中之水舀起,盛于碗、盆、杯中,便可隐隐约约地看见水中有一红点飘忽。于是,当地人便称此泉为"丹泉",古人便把苏耽修道成仙的元辰山称为"苏山"。那山上有一巨大石臼,据说是苏耽当年炼丹的遗留器物。

矶山樵唱:县城之西有大矶山、小矶山,长约5公里,山势雄峻,突兀湖滨。山上林木茂密,一直是人们打柴的场所。因此,人们在山间常可听到樵夫于劳作之余的吟唱,加之风涛水涌,山鸣谷应,矶山樵唱也就成为县城的一个天然景观。

彭蠡渔歌:鄱阳湖,旧称"彭蠡",又称"宫亭湖""东汇泽",从东、南、西三面环绕都昌县。大矶山、小矶山耸峙在鄱阳湖上,绵延5公里。"昏旦变气候,山水含清辉",捕鱼、砍柴的人们辛勤劳动于山水之间。黄昏日落、夜幕降临时,樵夫从山上归来,边行边唱;渔夫收网回船,鱼虾满仓,载兴而歌。

南山晓钟:南山寺,原名"清隐禅院",又称"古南寺",唐代所造,宋朝所修。苏轼、苏辙兄弟入此庙拜访过长老惟湜,并题写了诗文。苏辙诗云:

北风江上落潮痕,恨不乘舟便到门。

楼观飞翔山断际,松筠阴翳水来源。

升堂猿鸟晨窥座,乞食帆樯莫绕村。

谁道溪岩许深处,一番行草认元昆。

黄庭坚曾写过《清隐禅院记》,对南山古庙的来历、环境都有叙述。南山寺居南山之巅,与县城相距不到两里,寺内晓钟暮鼓,樵梵声环绕城郭,如天上仙乐,声闻千家万户。

西河晚渡:西河即县城小南门外渡,为打鱼、砍柴、放牧的要道。当红日西沉时,牛羊下山,鸡猪归舍,牧童、樵子、渔叟、农夫以及串乡小贩在此争相竞渡,摩肩擦背,热闹非凡。从小东门到西门的货船、客船上的灯火就像银河的星星点点,包围着半个县城,小南门城内弦歌坊的丝竹歌舞声、南山寺的晨钟暮鼓声、河西文生塔角的铃铛声、港口人们的喧嚣声则形成了西河晚渡的华美乐章。

石壁精舍:石壁精舍在县城西南 3.5 公里处,门临绿水,有石如壁,为东晋谢灵运旧宅,壁间原有"石壁精舍"四字,是谢灵运之手迹,山上有谢灵运翻经台,后尽崩灭无存。谢灵运(385 年—433 年),河南太康人,晋谢玄之孙,世袭康乐公,世称"谢康乐",刘裕篡晋后,降公爵为侯。谢灵运喜欢寻山涉岭,遍历诸县,"建经台、筑讲堂、立禅室、列僧房",是著名的山水诗人,曾在都昌留下了千古名作《石壁精舍还湖中作》。

陶侯钓矶:都昌县城西 2.5 公里处有一巨石倚山临湖,形状如台,这就是都昌八景之一的"陶侯钓矶"。相传,陶侃自幼丧父,与母湛氏相依为命。为了帮助老母维持生计,年轻的陶侃每日都来到这里,一面读书,一面垂钓,以弥补家中不足,以至石台上至今还留有陶侃读书钓鱼时的"擦痕"。一次,陶侃在这里钓到一条金梭,将它挂在石壁上。当夜,突然风雨大作,金梭化作一条金龙腾云而去。陶侃后来出仕,先后担任过武昌太守、江夏太守被封为长沙郡公,成为东晋时期著名的政治家、军事家。后世都昌人极为推崇陶侃,世世代代将此石称作"陶侯钓矶",以教育后代子孙。(罗水生)

都昌县博物馆

　　都昌县博物馆位于南山风景区西麓的山腰处,始建于1983年元月,1984年6月竣工,并对外开放。博物馆占地面积为800平方米,包括庭院、绿化场地和博物馆主体。博物馆主体建设面积为330平方米,是一座仿古建筑,平面为长方形,东西向,南北长33米,东西宽10米,由展厅、库房、值班房、回廊四部分组成。主体建筑屋顶为单檐歇山顶,以木石水泥结构为主,由斗拱托住,上覆琉璃瓦,屋脊上有双龙。回廊上20根水泥柱做支撑,每根柱上镶有从民间收集而来的动物木雕,栩栩如生,门窗以花格为主。馆藏文物1000余件。自建馆以来,博物馆以本县的政治生活、经济建设、文化、科学、教育来组织设计,以社会效益为目的,共举办了40多次大中型展览,接待观众30多万人次,大大丰富了人民群众的文化和精神生活,人们通过参观博物馆也受到了辩证唯物主义、历史唯物主义和爱国主义教育。(曹正茂)

江万里纪念馆

　　江万里纪念馆坐落于县城南山风景区的南面,面向浩瀚的鄱阳湖,风景秀丽,占地1.2万平方米,1998年9月奠基。主要建筑"万里楼"位于半山腰,为楼阁式仿古建筑,钢混结构四层,红柱黄墙,于2010年5月竣工,占地400多平方米,建筑面积为1470平方米。"万里楼"门前台阶有78级,象征江万里度过的78个春秋;四周广植松柏,体现江万里崇高的民族气节和精神风貌。楼面均铺设仿古青石板,二楼阳台使用雕刻了各种图案的汉白玉做护栏,仿古门窗使用脱脂实木,屋顶为现浇钢筋砼结构,贴红色琉璃瓦,屋脊及四角装饰吻兽,屋檐下装饰斗拱并彩绘,楼梯踏步板使用棕色花岗岩,使"万里楼"既有古典建筑雕梁画栋、飞檐翘角的庄重典雅,又有现代建筑门窗宽敞、采光充足、空气流通的长处。"万里楼"的一、二、三层主厅为展厅,在充分展示江万里生平、文物、图片、文献和名人字画的情况下,同时利用艺术手法和科技手段设计场景,以幻影成像、多媒体影像等多种艺术表现形式,展示与江万里生平相关的重大事件。附属建筑有江万里纪念碑、江万里纪念墓、古心亭和江万里碑廊。其中,纪念碑碑面"江万里纪念碑"题字由著名历史学家姚公骞手书。

翻经台与碑廊

野老泉的绝壁下有一平坦之地,约 200 平方米,四周古木参天,翠色欲流,清泉从岩下淙淙淌过,两棵丹桂八月飘香,环境甚是幽雅。相传这里就是东晋末年著名山水诗人谢灵运辞官之后隐居南山、倚山枕湖、面壁翻经之处,后人称之为"东翻经台"。西山有谢灵运亲笔所书的"石壁精舍",这是西翻经台,现已荡然无存。1984年，县博物馆为缅怀先贤，在此修建了一座仿清建筑——碑廊，长20余米，宽2米，红柱绿瓦，四角翼然，中央的六角亭阁造型别致、小巧玲珑。游人至此，无不驻足留影。廊中诗文19块，分别录下了各代文豪赞美鄱湖、留恋都昌、感叹南山的真情实意。当代书法家的书法使碑廊的历史文化价值得到了进一步升华，特别是眉山苏轼、苏辙两兄弟和黄庭坚的文笔风采，更是极为珍贵。（魏金玲）

爱 乡 亭

爱乡亭位于南山山顶西侧，分上下两亭。上边小亭以红绿琉璃瓦及龙鱼为点缀，六面开窗；下边大亭以六根大理石为柱，亭周为石椅，亭外有护栏，另外配套有两块石碑，上面刻有《爱乡亭序》。爱乡亭是由28位都昌籍旅台人士捐款所建的，故得名。亭内"爱心系南山永怀桑梓，乡情似鄱水长泽家邦"及亭外"亭蠹南山举目远眺千里景,胸怀乡里衷心祈祝万年昌"的题词均是旅台同乡万清华先生的手笔。爱乡亭不仅是南山风景区中一道亮丽的风景线,而且是海峡两岸都昌人民团结和友谊的见证。台湾永远是中国的一部分,两岸人民情深似海,正如建亭简述的前四句诗所说的:"台胞思故里,乐建爱乡亭,耸立南山中,中华千古情。"(段嗣祝)

集 贤 亭

集贤亭位于南山西麓半山腰间,整个亭为四柱花岗岩结构,亭基及亭脚呈四方形,总面积为 10 平方米。亭子的一方为入口,另外三方为靠背石椅,供游人休息。亭顶部以大理石覆顶,雕成瓦状;亭脊以龙为造型,龙首朝外。整个亭子给人一种简朴实在的感觉。集贤亭外怪石林立,松木苍翠。置身于集贤亭中,东湖大坝、东湖、县城、都昌港、矶山等美景尽收眼底。(段嗣祝)

南 山 温 泉

南山温泉位于县城南山东麓,北滨东湖,波光粼粼,东南山岭逶迤,树木葱茏,园景十分秀丽。这里地质构造独特,山石缝隙和洞罅处常有蒸气冒出,尤其是在冬天,雾气氤氲,湿润又暖和,雾气笼罩之处草木青翠欲滴。20世纪70年代,地质队在此处钻探,发现了日涌水量100吨、地表水温常年稳定在24摄氏度以上的地热资源。水质类型为HCO_3–$NaCa$和HCO_3–$CaMg$型淡水,矿化度为176.21毫克每升~214.65毫克每升。人们常用此水洗浴,因为此水有保健祛病的功能。此地与县城相邻,交通十分便利,湖山又清丽秀美,是建立温泉度假村的极好之处。(罗水生)

多 宝 沸 泉

都昌县城北20公里处的多宝乡,境内有多处"沸泉"。据清同治版《都昌县志》卷一《名胜》记载,火龙山"在治西四十里,山下有泉如沸"。此泉在多宝村委会火龙山李村,村人掘泉为井,井水依然如沸。后井壁倾圮,井被掩塞,泉水仍从井台下方日夜不停地溢出。

最奇者为该乡仁义村委会帅家村一口名叫"犀龙泉"的沸泉。笔者于2004年9月2日到达该村探访,在村人的指引下,见到了此泉。泉距帅家村约200米,位于一垅田之北侧,三面山岭环绕,绿树葱郁,环境优美。泉潭宽不到2米,潭内四周水草飘曳,潭水极其清澈。潭中部有两团白沙,两团白沙相距约80厘米。有两股水流从白沙中冲涌出,在潭面上形成沸腾的波纹。时有小鱼在"沸水"中游来游去,在水草中嬉戏。

帅家村村民介绍说,此泉有四奇。一是日夜涌水不停,"沸腾"千余年,即使是大旱之年白沙中依然涌泉如沸。1925 年发生了著名的"乙丑大旱",整垅田靠此泉浇灌,水稻丰收,村人赖此活命,民众呼之为"神泉"。村民年末将潭水抽干取鱼,泉眼处仍然不断地涌水,如果停止抽水,不一会儿,潭中又清水充溢。二是泉眼处只见白沙不见"眼",如用竹篙插入沙中,丈余竹篙插不到底。人若踩在沙上,就会慢慢下沉。三是泉水入口清凉,略带甜味,能治病,热天中暑,人喝杯泉水,就可痊愈。长久饮用此水,可健康长寿。帅家村人极少得癌症,大都能活至八九十岁。四是此泉水冬暖夏凉。每到冬季,泉潭上雾气蒸腾,形成奇观。

如此奇泉,在多宝西北部沙山据说还有几处。为什么多宝乡多"沸泉"呢?自古以来,多宝乡民不知道其缘由,多用神话来解释。据说,犀龙泉是犀牛的双眼,泉水为犀牛泪;火龙山泉水是火龙之涎沫,因是火龙所以泉水沸腾。相传,这些沸泉俱"通海眼",大海波浪翻滚,则所通泉水如沸。这些传说是没有科学根据的。多宝之所以多沸泉,似乎是因为这里独特的地质结构和适宜的地理位置。多宝乡西北部基本上是广袤的沙丘、沙岭,黄沙极多。该乡大致处于北纬30 度,处于亚热带湿润气候区,年平均降水量在 1500 毫米以上,梅雨季节常有疾风骤雨,地表径流和地下水资源都异常丰富,且日照充足,年平均气温大于 10 摄氏度,积温达到了 5524 摄氏度。沙山宽阔,集雨面积大,蓄水量和热量多,所以易形成充足的泉水。泉水从山麓和平地上溢涌而出,故而形成了独特的多宝"沸泉"。(罗水生)

松古山点将台

点将台坐落在松古山北面山咀上,咀岸下是天子潭(今矶山湖下坝身中段)。据《中国名将战例》记载,"元至正二十年(1360 年)闰五月,陈友谅杀红巾军首领徐寿辉,自立为帝,国号汉,改年号为大义。至正二十三年(1363 年)四月,

陈友谅乘朱元璋率主力往救安丰、江南空虚之机，以号称六十万大军于十一日攻破洪州（今南昌市），朱元璋解安丰之围后，得知陈友谅攻破洪州，于七月初六，率舟师二十万回救洪都"。约在元至正二十三年（1363 年）七月，陈友谅为防止朱元璋从长江入鄱阳湖，将自己的行宫御船驻扎在社山湖，所以后人称这里为"天子潭"。陈友谅同时还筑点将台于松古山，在这里调兵遣将，迎战朱元璋。（王旺春）

营　房

大矶山西峡大谷有块平川地带。元至正二十三年（1363 年）秋季，陈友谅大战朱元璋，这里是陈友谅大将的中军营房，其中包括粮草储运的营帐。大矶山顶部设有瞭望哨，即烟墩。相传明朝中期，有一老翁到这平川峡谷中捡牛粪，忽然发现草地上渗出了一堆稻谷。老翁甚是奇怪，用手去扒稻谷，发现渗谷口

很深,于是猜想是有人埋了一大堆稻谷在此。老翁想扒些稻谷回家又没有谷箩,只好把牛屎筐里的牛粪倒掉,装了满满一筐稻谷。老翁又想把裤子脱下来装谷,但脱了裤子,下身赤裸裸的怎么回家?于是他又想脱上身的衣褂。但脱了上身的衣褂,他又怕别人看见后问他为什么打赤膊。如果告诉别人这里有稻谷,别人就会来抢,所以老翁感觉不妥。他思来想去,还是决定回家多带几担谷箩来,把谷全部扒出来,那样稻谷不就只属于自己了吗?想后,他用牛粪铲挖了一块草皮,并把草皮覆盖在这个渗出稻谷的口子上。他怕走后被人发现,又抓了几把茅草把筐内的稻谷遮盖好,并回头看了看渗谷处的草皮盖好没有。确定盖好了之后,他才迈开大步肩挑牛粪筐回家去了。

待老翁挑着两担谷箩再到峡谷里来寻找渗稻谷处时,却寻不见稻谷。老翁在峡谷里转了几十遍,也未看见原来渗稻谷的口子。后人传说,这位老者只能享受一牛粪筐的稻谷。也有人说这里原来是陈友谅的粮仓,后陈友谅在鄱阳湖的康山水域大战中被朱元璋的水军射死,其军队败散,这个粮仓也就无人知晓了。这次是仓板断裂,所以渗出稻谷。老翁用草皮补上,正好把仓板补上了,那一粪筐稻谷就是给他的报酬。所以后人称这里为"营房"。(王旺春)

打鼓墩与洗马涧

元朝末年,鄱阳湖一带是汉王陈友谅与吴王朱元璋两军十多年拉锯战的主战场。元至正二十三年(1363年)春,汉王陈友谅率六十万大军欲攻占洪都,围城八十余天,久攻不下,朱元璋率援军自南京、安庆、湖口进入鄱阳湖并在湖口严密布防。陈友谅闻报,于是年七月中旬将围城水军撤到鄱阳湖康山一带,遣一部到都昌狮子山附近的大堬坡一带扎营囤粮,每人托一刀土筑就洗马池。用刀取土的西北面就成了一口长方形的大池塘,作为洗马池。相传,以大堬坡为中心,汉军营房"连绵十里,漫驻长垅",准备在鄱阳湖与朱元璋决战。

陈、朱鄱阳湖决战以朱胜陈亡而终。六百多年来,这场战斗的遗迹已留存不多,仅留下长宽十几丈、高近三丈的土墩和一口七八亩水面的长形水塘,人们一直称它们为"打鼓墩"和"洗马池"。墩上杂树丛林郁郁葱葱,池塘清澈见底。它们见证了当年这里的金戈铁马、十里连营与腥风血雨。"继首堆台悲鼓急,聚残兵,唤谜随,辉楚地。"(邰徽美 邵猷道)

矶山湖风电场

矶山湖风电场是江西省第一个开工建设的风电项目,由横山、大矶山等山体共同构成。该工程于 2007 年 11 月开工建设,2008 年 11 月底并网发电。项目总投资 3.47 亿元,总装机容量 30 兆瓦,安装了 20 台 1500 千瓦的风电机组,年发电量逾 5500 万千瓦时。矶山湖风力发电场建成投产以来,每年可为 5 万户家庭提供清洁的绿色能源,每年可以节约标准煤 1.93 万吨,可减少大量的有害气体和温室气体的排放,经济效益和社会效益非常显著。千年鄱湖风将变成生态能源,改善鄱阳湖岸的生态环境,造福湖区广大群众。一座座大风车高耸入云,叶片随风转动,连绵的风机群与鄱阳湖自然风光相互映衬,共同构成鄱阳湖亮丽的风景线。

老爷庙风电场

　　老爷庙风电场位于鄱阳湖畔的多宝乡,南起老爷庙,北到蒋公岭,南北长约5 公里,东西宽约 4 公里,是江西省"十一五"规划首批开发的第四个风电项目,也是江西省目前最大的风电场。项目由江西中电投新能源发电有限公司建设,

总投资5亿元,总装机容量49.5兆瓦,安装了33台1500千瓦的风电机组,2010年9月开工建设,2011年11月并网发电。项目年发电量1.02亿千瓦时,每年大约可为8.5万户家庭提供清洁能源,相当于节约标准煤3.6万吨,环境效益、社会效益十分显著。如今,老爷庙风电场已吸引众多游客前来观光旅游,游客们在此可尽情享受老爷庙水域的自然风光。当我们站在地势较高的沙丘上时,我们可以看到风机擎天而立,迎风飞旋,与蓝天、白云相衬,在广袤的沙山上形成一个蔚为壮观的风车大世界。

笔架山风电场

　　笔架山风电场位于老爷庙风电场周边区域,分为东区和西区两部分。东区东临火龙山,南临型砂五七农场,西临笔架山,北临蒋公岭西,区域面积约6平方公里;西区的东南面紧邻老爷庙风电场,西北面紧邻鄱阳湖,区域面积约2平方公里。该风电场于2012年6月开工建设,2013年3月并网发电。项目总投资约 4 亿元,总装机容量 48 万兆瓦,安装了 24 台 2000 千瓦的风电机组,年发电量为 92169 亿千瓦时。项目建成投产后,每年可节约标准煤 3 万吨,减少二氧化碳排放 8 万吨,具有明显的经济、社会和环境效益。

都昌鄱阳湖湿地

都昌地处鄱阳湖中心腹地,是江西省湿地面积最大、湿地资源极为丰富的一个县。都昌拥有鄱阳湖 1/3 的水域,湖岸线达 185 公里。都昌县内的地形地貌呈明显的梯形结构,从湖水—岛屿—草洲到滩涂—丘陵坡地—山地,尽显滨湖生物、种群资源的多样性,这在全省极为罕见。都昌被列入保护范围的湿地面积大,沿湖草州、滩涂湿地有 100 余处,面积达 63 万亩,占鄱阳湖湿地面积的 1/3,为鄱阳湖区各县之首;岛屿最多,拥有鄱阳湖 41 座岛屿中的 37 座;珍禽物种十分丰富,有湿地植物 200 余种,鱼类 118 种,鸟类 230 种。都昌的湿地主要分布在蚌壳湖、矶山湖、千字湖、新妙湖、马影湖、南溪湖、泥湖、南岸洲及环鄱岛屿等地方。

都昌在《鄱阳湖生态旅游示范区规划纲要》里的功能分区为鄱阳湖国际湿地生态旅游区,南岸洲有137平方公里湿地,有丰富的水生和陆栖生物物种。多样的生态资源使都昌县成为重要的候鸟保护地。都昌依托南岸洲丰富的湿地及物种资源,正打造赣北最大的鄱阳湖湿地科普科考、观光景观。

江豚繁殖保护区

江豚繁殖保护区为省级长江江豚自然保护区,大部分位于都昌县境内的鄱阳湖水域中,西北起屏峰湖,东南至南岸洲的饭湖,长约160公里。湖区水碧沙净,洲滩纵横,盛产鱼虾,是白鳍豚、江豚生态繁殖的优良场所。在这里,人们可看见成群的江豚在湛蓝的湖水中追捕鱼群,冲浪嬉戏。又黑又亮的纺锤形身躯在碧波中穿梭往来,一会儿钻入水中,漾起一圈圈涟漪;一会儿又从水中猛然蹿出,溅起大朵大朵的雪白浪花。保护区内琉璃般的湖面上布列着马鞍山、印山、小矾山、朱袍山、松门山、三山、棠荫山、瓢山等千姿百态的岛屿,水鸟云集,风景如画。如果乘坐游艇遨游于保护区内,与江豚、白鳍豚同游嬉戏,你内心将会感到如明镜般澄澈。明朝江西才子解缙见到鄱阳湖中这仙境般的景致后,就曾吟诵出"一叶蒲帆秋水里,浪花如雪拜江豚"的美妙诗句。(罗水生)

都昌候鸟保护区

都昌候鸟保护区位于长江南岸、鄱阳湖北岸,地理坐标为东经 116°2′24″ ~ 东经 116°36′30″、北纬 28°50′28″ ~ 北纬 29°10′20″,属于野生动物自然保护区。保护区总面积为 41100 公顷,其中,核心区 8200 公顷,实验区 32900 公顷。早在 1995 年,都昌县就开始筹建县级湿地自然保护区。2000 年,县政府正式批准成立都昌县多宝、泗山湿地候鸟自然保护区。2004 年 4 月,县政府重新划定了保护区的范围,明确了权属之后,经江西省人民政府批准,建立了省级自然保护区。

都昌候鸟省级自然保护区内有良好的湿地生态环境和丰富多样的生物。

每年秋冬季节,数十万只候鸟从遥远的西伯利亚、蒙古草原、俄罗斯等地不远万里飞抵鄱阳湖越冬。保护区共记录到鸟类228种,其中,冬候鸟有121种,夏候鸟有65种,留鸟42种。保护区内,国家一级保护动物有7种,如白鹤、东方白鹳、白头鹤;国家二级保护动物有38种,如白琵鹭、白额雁、天鹅。2012年,都昌被评为"中国小天鹅之乡"。

几年来,都昌候鸟省级自然保护区在国际上都有一定的影响,先后有全球环境基金会、全国鸟类环志中心、日本早稻田大学以及华东师范大学等单位的专家学者前来考察。

李 洞 林 村

李洞林村位于多宝乡南端的鄱阳湖畔,三面环水,形若半岛;另一面丘陵起伏,针叶林和阔叶林混杂生长,绿树成荫,形似林洞。李洞林村仅住一户李姓人家,故得村名。村旁有一座水库和五口水塘,里面养殖了大量鱼虾,加上湖内的水生物,为禽鸟提供了丰富的食物。由于村人不多,污染很少,村内水清草美花香,环境美丽幽静,因此,这里十分适宜野生鸟类繁育生长和越冬。自20世纪

80 年代以来,各种种类的鸟纷纷飞来,栖满树林和湖滨草泽洲地。一年四季,这里珍禽云集,鸟鸣清亮,成了野生鸟类最好的栖息地,也成了人们观鸟赏鸟难得的好景点。据粗略统计,村内 420 亩林地里的夏候鸟就有 11 万多只;进入深秋,冬候鸟铺天盖地飞来,不计其数。鄱阳湖水位降低后,草洲显露出来,鸟类栖息活动的范围可增大到 1.5 万多亩。这些鸟中既有大量的普通鸟,也有白鹤、白鹳、苍鹭、白头鹤、金雕、白尾海雕、中华秋沙鸭等国家一级保护动物和天鹅、白枕鹤、白琵鹭、猴面鹰、白额雁、猫头鹰等国家二级保护动物;鹭类最多,有大白鹭、中白鹭、牛皮鹭、夜鹭、池鹭、草鹭、中波鹭、苍鹭和白琵鹭。到此考察的鸟类专家说,这里是鹭鸟品种最全、数量最多、保护最好的地方。集家长、村主任、岛长于一身的李春如把这个昔日的荒秃小岛变成了今日鸟语花香的候鸟天堂,这位老人也因为护鸟先后荣获"感动九江十大人物""鄱阳湖十大环保卫士"称号和"斯巴鲁生态保护奖"。2004 年 11 月,江西省人民政府正式批准李洞林村为省级夏季候鸟自然保护区。这是目前国内唯一的省级夏季候鸟自然保护区。(罗水生)

雷山达子咀村

苏山乡雷山村达子咀自然村位于鄱阳湖畔,是一个只有 26 户人家的小村。据村民介绍,1999 年开春,有几只苍鹭来到村后的树林里筑巢,从此之后,来这里"安家"的苍鹭逐年增多。每当苍鹭的繁育季节来临,村民们就自发组织起来,在林中搭棚,轮流值班看守候鸟。在村民的细心照看下,村后树林里的苍鹭越来越多,至今已经有上千只。该苍鹭群现为鄱阳湖地区最大的苍鹭聚集群。

在浩瀚的鄱阳湖边,候鸟们时而悠闲自得地嬉戏,时而展翅飞翔、跃上高空,时而落在树枝上欣赏美景,不时发出清脆的鸣叫声,形成了一道亮丽的风景。

都昌 2799 项目区

  都昌 2799 项目区位于矶山湖联圩和周溪镇后湖两地,是联合国粮食计划署 1986 年援建的,因当时的项目编号为 2799 而得名。整个项目工程的建造历时 3 年,原来的湖洲草滩地被改造成了 1.6 万多亩鱼池,构成池成方、渠成网、坝成线、路成行,集中连片、平整壮观的商品鱼精养基地。项目区毗邻鄱阳湖北岸,依山傍水,风光秀丽,气候宜人。盛产鲤鱼、鲫鱼、鳙鱼、鲢鱼、鳊鱼、鳜鱼、虾、蟹、龟、珍珠等多种名特优水产品。经过近 30 多年的发展,项目工程不断得到继建、改建和完善,人们不断地从深度和广度上开发利用资源,特种水产养殖水面不断扩大。经营模式上,基地走集养殖、观光、娱乐于一体的道路,先后开发了多处假日垂钓场所;在基地建设、除险保安上,1998 年,江西省鄱阳湖二期防洪工程经过改造后,圩堤得到加固,区内道路、桥梁得到修建,柳树成荫,桃李飘香,河港里的莲花信手可拈。

　　矶山湖项目区位于距县城1公里处的矶山联圩内,养殖水面达万亩,联圩由南山、大矶山、松古沙山、射山连接而成。项目区南临鄱阳湖江豚、白鳍豚繁殖保护区,周边有历史文化古迹,如陶侃母墓、钓矶台、陶公庙、秦家古建筑等旅游景点。县城公交每日开往该地,交通十分便利。周溪后湖项目区位于享誉海内外的珍珠之乡——周溪镇旁,距县城37公里,养殖水面达4000余亩。项目区南临鄱阳湖泗山群岛,山岛怪石林立,距省级文物保护单位鄡阳城遗址、汉墓群、鄱阳湖江豚保护区均约4公里。区内景点如矶山度假村、鄱阳湖水族馆、水产科研教育基地的重建等项目通过招商引资正在酝酿开发之中。

　　在鄱阳湖自然风光及周边人文景观的衬托下,这些美丽壮观的项目区构成了一幅美丽的图画。来到这里,游人不仅可以游览鄱阳湖,欣赏自然风光,参观区内景点,参加垂钓等娱乐休闲活动,还能品尝"鱼全席""河水煮河鱼"等风味小吃,从中体味鱼米之乡浓厚的民间风情。

望 晓 源

　　望晓源是大港水库的源头。这里是当年赣东北都（昌）湖（口）彭（泽）鄱（阳）四县游击队的根据地,陈毅元帅在这里领导游击战争时将此地命名为"望晓源"。过去,望晓源只是一条依山环绕的溪涧流水,一条无名港。如今,由于水库蓄水,这九曲回转的无名港已是另一番景象。小游轮一进入这条流翠滴绿、凉气扑面的峡谷水道,游客们就顿觉清爽、神秘,种种悬念随景迭出。青山绿岭迎面扑来,忽而"山重水复"绕弯旋转,忽而"柳暗花明"曲水通幽。望晓源沿岸翠竹花树散落山林,俨然有"土地平旷,屋舍俨然,有良田美池桑竹之属。阡陌交通,鸡犬相闻"的古桃花源的景象。在这里,你除了可尽情观赏明清时代的山村青瓦房屋,呼吸苍松古柏、翠竹香樟的馨香,聆听山涧溪流的叮当声,还可以漫步于青石拱桥,看陈毅老总的饮马溪,仰望山崖上的"望晓源"摩崖石刻,观瞻前朝御史的"洗笔池"。望晓源不仅有古今人文景观,而且自然生态环境纯真、优雅、完美,胜似森林公园,是一处鲜为人知的自然生态旅游胜地。(詹玉新)

土 目 源

土目源位于大港水库东面,是大港水库的一个支源。这里林木茂密,古树参天,峰连峦叠,是一个保护得比较完好的原始次生林区,山地面积达1.2平方公里。土目三尖源是武山山脉的主脉,山势陡峻,幽壑深远,山上山下葱茏叠翠,浓荫蔽日。土目古村始建于明代,深藏密林山中,环境幽静。全村有毛竹山3000多亩,毛竹10万多株。尤为珍奇的是林内的"桂花三姐妹",三颗桂花树树龄均在百年以上。土目村原生态的自然环境保护良好,民风淳朴。土目源人种植的香菇、黑木耳野味十足。走进土目源,游人便走进了原生态的大自然。

高塘龙潭峡谷

高塘龙潭峡谷地处大港高塘村，有 11 个自然村。这里有国家二级保护古树物种——白果树（又称银杏），其中，母树两棵，公树一棵，树龄均有 400 多年，母树每年产白果 700 多斤。峡谷中有龙洞、燕子洞、观音洞、野猫洞等美丽的洞穴，山中有白色锦鸡、豪猪、果子狸、野山羊等野生动物。游人在这里感受大自然，可以溪水为伴，以青山为友。这里是美丽的世外花园，到处分布着纵横交错的山溪水网，并隐藏着许多奇异动植物。游乐其间，闻着泥土、森林的原始气息，听着幽静的山林里偶尔传来的流水声、鸟鸣声和人语声，人们会不禁想起王维《鹿柴》中的诗句"空山不见人，但闻人语响"。峡谷两边是高十几米、几近垂直的峭壁，来到这里，所有人都会意识到真正的探险就要开始了——绿野仙踪何处寻？龙潭峡谷见奇景。

小山涧风景区

小山涧风景区地处蔡岭镇。风景区东临杭瑞高速，南接鸣山七里，北望蔡岭城区，西枕土塘。风景区由小山涧、观音尖、山涧水库、王阿婆坟、贵英山、东如庵、石头冲等风景区组成。山中有一条从山顶流到山下湖泊的神奇小溪，溪水四季奔流不息，犹如山间瀑布，因而得名"小山涧"。这里四季如春。风景区主峰海拔 800 多米，景区遍布原始森林，还分布着一两个天然湖泊，有"世外桃源"之美誉。如果天气好，游人站在山顶还可以遥望庐山。

风景区内有一座山，名叫王阿婆坟山，远远望去像一座巨大的山坟。相传很久以前，有一个慈祥的老人，叫王阿婆。王阿婆为人和善，美名传万里，死后被葬于小山涧。岁岁年年，年年岁岁，以前的小坟墓变成了今天的大山，我想是

上天被她的善举感动,让她驻足于此,守护这里的世代乡邻。这里的森林至今保持着未开发的原始状态。每到春暖花开季节,这里便是天然的水果园,有无数不知名的野果。漫步小山涧风景区,你在山上都可以看到野生水果、涧中的天然泉水、湖中的小鱼小虾,还有各种各样的野生动物。这里是你回归大自然、休闲旅游的好去处。

第四章　奇石奇洞

八　仙　石

　　八仙石位于南山山巅,正方形,边长约140厘米,表面平整,形如民间的四方桌。清康熙版《都昌县志》记其为"八仙台","在台南山绝顶,阔方丈"。相传,吕洞宾在庐山修炼时,曾和汉钟离、张果老、曹国舅、韩湘子、何仙姑、蓝采和、铁拐李在此一边观赏鄱湖美景,一边饮酒下棋,遂给都昌留下了一个"八仙石"的故事。八仙石的左边曾镌刻有一行小字,字迹经风雨侵蚀,现已模糊

不清。

与南山相对的西山山顶传说也有一块八仙留下的"八仙石"。（罗水生）

歇 脚 石

鄱阳湖北部的湖心有一座状如小雄鸡的山岛,叫小矶山。小矶山西南端山头上有一块大石,相传这块大石曾是初唐四杰之一王勃过鄱阳湖去滕王阁在此停船歇脚的地方。

相传,当年,二十五岁的王勃前往交趾,路过彭泽马垱,得知九九重阳日,洪州(今南昌)都督闫伯屿要在滕王阁邀集江南名儒举行诗文盛会,兴致大发,决定取道长江,乘神风过鄱阳湖去洪州。赶至老爷庙水域时,湖上风急浪高,船在风浪中摇荡,王勃顿觉头晕目眩。来到小矶山时,王勃便叫停船歇息。此时,夕阳西下,晚霞初升,极目湖面,天水一色,水天之间,有白鹭凌空。一时,王勃文思浮动,略加琢磨,脱口吟道:"落霞与孤鹜齐飞,秋水共长天一色。"次日,王勃赶上了滕王阁名儒盛会,他在小矶山触景生情脱口吟出的两句千古绝唱也被写进了他的千古名篇《滕王阁序》中。

鹞 子 石

　　鹞子石位于苏山乡马鞍山土目嘴西南 500 米处的土目湖中,面积为 600 多平方米。鹞子石,岩石狼牙狞爪,颜色如漆,坚硬如铁,石尖锋利如矛,形状如恶鹞立栖,故称"鹞子石"。鹞子石紧靠在鄱阳湖船道上,在马鞍港向庐山市方向转弯处的东侧。涨水季节,鹞子石隐没于水中,成为暗礁。古代水上行舟皆是木质帆船,船由星子(今庐山市)下行,或由屏峰上溯,经过马鞍山土目嘴都要转弯。船在转弯时,船体倾斜,帆篷满张,船的速度极快。舵手全凭经验判断鹞子石的位置,稍有偏差,或许就会因风向、风力的变化而出现航向失控的情况。一

旦这样，船必会触礁，难有幸免。历史上不知有多少船只在这里倾覆，人财俱毁。当地村民把鹞子石叫作"寡妇矶"。马鞍村流传着许多外来的孤儿寡母到鹞子石祭奠亡灵的悲惨故事。

明崇祯壬午年（1642年），廖司理文英治南康府。一日，廖司理出巡郡邑，经过鹞子石时，深发感叹，发誓要革除鹞子石之害，于是捐资数百两，从南海请来工匠，在豫章（今南昌）锻造铁柱，于次年秋天运抵鹞子石。铁柱高二寻（古代8市尺为一寻），大围四尺。到期立柱时，却凿石不能入。其时湖水又往上涨，眼看就要漫上鹞子石。众人惊慌失措。廖公曰："姑磔犬沉奠以厌之。"沉犬以后，果然波恬浪静，湖水下落，凿石乃穿。铁柱立起三日，雷电交作，士民忽见湖间涌一黑物，如牛状，乘巨浪而去。相传那是鹞子石下的蛟精，被铁柱镇压而逃走。对鹞子石铁柱的由来和当年立铁柱的盛事，星子（今庐山市）进士余忠宸在明崇祯十六年（1643年）作《土目鹞石铁柱记》。该文后被收录于清同治版《都昌县志》。土目鹞子石铁柱被立起之后，当地人说它像长在湖里的一棵树，就叫它"铁树"。从此，往来行船有铁树示警，再也不会触礁。到了清末，铁树因几百年风浪侵蚀，最终锈烂倒塌，代之而立的是两个被置于鹞子石东西两端的红色航标。入夜，航标灯闪着红色的光亮，似铁树开花。

只要等到枯水季节，鹞子石就会裸露在洲滩上。游人从马鞍山土目嘴坐船或步行，都可以到达鹞子石，亲眼看见鹞子石的形态和铁柱遗迹。（胡东春）

牛、马、靴足迹和七步登天石

大矶山之巅的一块大石上留有牛、马、靴足迹，这里流传着许逊七步登天的故事。

据清康熙版《都昌县志》载，在治西山（即矶山），苏耽升仙七步登此石而上。苏耽曾偕吴猛在都昌元辰山的旧山修道炼丹。苏耽，字子元，西汉桂阳人。

吴猛,字敬元,祖籍河南濮阳。许逊,字敬原,晋汝南人,举孝廉,拜旌阳令。因晋室纷乱,许逊弃官东归,周行江湖,见元辰山苏吴两人修道炼丹,遂拜吴猛为师。后吴猛周游山水,许逊师从苏耽。苏耽后得道升天。在仙去之前,苏耽告母曰:"明年天下大疫,庭中井水,檐边橘树,可以代养。井水一升,橘叶一枚,可疗一人。"言毕,有白鹤数十降于门前,苏耽遂仙去。后果疫,母依其言以疗疾,病者皆愈。

牛、马、靴足迹图

　　就在苏耽驾鹤欲成仙时,许逊跨上四不像(一种脚像牛脚、马脚的怪兽),追上苏耽,两人在大矶山之巅落下。许逊由于未成仙,央求苏耽帮其成仙。苏耽遂对许逊掸一佛绥,许逊着力一站,在石头上陷出脚印,所以现在大矶山的石头上留有牛脚、马脚、靴三种印迹。苏耽随即站在这块石头上七步成仙,许逊紧抓苏耽衣襟,一道登天成仙。许逊升仙后,让家在南昌的四十八口和随养的鸡犬也升天成仙,这便是民间谚语"一人得道,鸡犬升天"的由来。(王旺春)

新妇洞与花轿石

新妇洞

花轿石

都昌镇刘家洲下首有座大山。大山像一头雄狮审视着鄱阳湖,故名"狮子山",即今远沁水泥厂旁的狮子山港口。这座山在被平整前,靠近东边的山脚下有个很深的山洞,洞口有一块像花轿一样的长方形石头歪立在湖滩中的泥泽中,人们叫它"花轿石"。关于这个山洞和花轿石,当地流传着南北朝时期的一个民间传说。

那时在矶山岛上居住的人不多,他们靠在鄱阳湖捕鱼为生。鄱阳湖南岸的枫林山(矶山人叫板山,今南昌市新建区昌邑乡辖地)居住着范姓人家,也是靠在鄱阳湖捕鱼为生。一湖两岸的渔民因长期在湖区捕鱼,都相互熟悉。汛期,大家互相帮助,枯水期,互相往来。特别是秋分以前,湖洲没有露出来时,矶山岛上的渔民在湖中遇上狂风大作的天气,就不能返回矶山岛,只有在鄱湖南岸的朋友家躲狂风,待湖面风平浪静后再返回。两岸渔民深厚的友谊一直传承到20世纪50年代。1957年12月中旬,两岸渔民因争夺捕捞场所发生械斗,双方都伤亡数人。此后,两岸渔民慢慢疏远。

相传,陶侃定居矶山岛上的陶园冲后,他本人外出做官,家族中的子、侄、用人和长工等繁衍成十几户人家,形成自然村庄。他们传承陶母的教育,靠男捕鱼女种麻、绩线、织布为生。其中有户人家经媒人介绍、朋友撮合,在枫林山娶了一位美丽贤惠的姑娘。经过看亲、说亲、下聘礼等一系列的环节,陶家人挑了一个风和日丽的好日子迎亲。那一日,陶家把花轿抬上船,和迎亲队伍一共四条船到达枫林山。范家也热闹非凡,又是迎接迎亲队伍,又是接花轿,款待亲朋好友,待吃过喜酒闹了大半个下午,才打发花轿上船离开。迎亲船到达矶山岛狮子山港时,已是太阳下山之时,迎亲队伍立即将花轿抬下船准备回村。这时,湖上突然刮起一阵狂风,将花轿内的新娘卷到了狮子山山洞里,众人慌了手脚,个个吓得逃命,只剩下一顶空花轿停在洞门口。后来经邻村乡亲打听,人们才知道新娘子被洞内的狐仙抱走了。人们当时处于恐慌之中,无人敢进洞从狐仙处讨回新娘,那顶花轿也无人敢抬回家去。至今,那顶花轿还歪歪斜斜地立在洞门口,盼望着新娘出来,准备抬她回村。(王旺春)

拖 子 石

拖子石位于苏山乡马鞍山上土目嘴的山梁上,是一块长方形的巨石,长 4 米多,宽 2 米多,高 3 米。石面平滑光亮,上半部在东、北两面凸出地面半尺,下半部则恰好凹进地下半尺。巨石外形酷似两块巨石重叠在一起,从远处看,形象更加醒目逼真。由青云寺沿山梁南行约 400 米可至巨石处。

关于拖子石,当地流传着一个神奇的故事:相传,八仙云游到马鞍山时,爱在那里下棋观景。一次,他们见有两块石头,便用其中一块做棋盘,棋下完之后,再把另一块石头盖在上面。这一情景恰好被山下的一位渔民看见。第二天,渔民便带了两个兄弟来取棋子,可是怎么用力上面的石头也搬不开、撬不动。第三天,渔民又邀了十个人来,一看,两块石头竟长在了一起,变大了。从此,拖子石再也无人能动。青云寺的和尚曾说,在夜静更深之时,能听到从拖子石方向传来的棋子落石的声响和人的笑语声。拖子石所在的土目嘴崖陡壁峭,悬于鄱阳湖上。坐在拖子石上下棋,观匡庐奇景,看彭蠡波涛,听浪激石崖的叮咚之音和鸟儿啁啾,闻草丛间的花香,真是令人心旷神怡,使人仿佛置身于仙境。(胡东春)

燕 子 洞

燕子洞位于大港镇高塘村北 1 公里处。洞长约 4000 米,深约 200 余米,洞的最宽处有 200 余米,最狭处有 50 余米。洞呈东西走向,小溪蜿蜒盘旋于洞底。溪水异常清澈,入口清凉,略带甜味。溪中怪石嶙峋,时有石鸡蹲于其上,响亮而有节奏地鸣叫。溪水至洞的东端,突然跌落而下数十米,水响如雷,飞流溅沫,似雨似雾又似珠。在阳光的照射下,洞内水汽蒸腾,常常泛起五色霞光。

洞内最奇者为壁间之洞。这些洞有大有小，有的洞压洞，有的洞套洞，最大最奇者为燕子洞、金牛洞、老虎洞、水龙洞。

　　燕子洞位于洞的北壁，此处壁立如削、色白如玉。洞在自壁顶而下的 60 余米处，人要至洞内，需要在山顶大树上系一绳，攀缘而下。每到仲春，百花盛开，空中飞虫密集，便有紫燕飞来在洞内筑巢产子，这便是燕子洞名称的由来。金牛洞、老虎洞、水龙洞都分布在燕子洞的南壁上。金牛洞在南壁的东端，离山顶约 20 余米，山顶有小路通往洞内，洞口宽约 20 米，高约 10 米。一碗口粗的古藤垂挂于洞口，洞顶一石状如牛头，似一金牛从石中探头望客。老虎洞位于金牛洞西。据说，高塘村民曾见华南虎出没其中，因而无人敢入此洞。水龙洞位于金牛洞的下方，在金牛洞中可听到水龙洞中的哗哗水声。相传，洞内一巨蟒曾俯首于洞底的溪中饮水，当地人遂称此洞为"水龙洞"。

　　燕子洞植被极其茂盛，到处生长着奇树古藤、鲜花异草和翠竹。洞内外洋溢着一片浓绿。但是至今人们对它还知之甚少。燕子洞像处于深闺中的少女，等待着人们去探求和开发。（罗水生）

溶　　洞

大港境内有个溶洞群,其中以飘水岩的蝙蝠洞最为闻名。该洞坐落于飘水岩村黄金山的半山腰上,洞口上方为峭壁,山中泉水自峭壁漂流而下形成瀑布,雨水丰沛季节,瀑布尤为壮观。如今,洞口已被岩石堵塞,人们无法进入。高塘境内还有雷公洞、观音洞等溶洞。

飘 水 岩 洞

飘水岩洞位于大港镇黄金山上。黄金山生态环境十分优越,绿草如茵,鲜花盛放,树木葱郁,百鸟飞鸣。山上奇木有交让木,异鸟有金色画眉,黄金山就因此鸟而得名。

　　黄金山西面腰间有一方两三亩大的水池。水自岩罅中渗出,澄碧如镜。池中水位不升不降,池深不可测。传说此池为龙湫,有神龙蛰伏其中。每当大雨之时,龙湫之上便云罩雾绕。大旱之年,百姓到此求雨,龙必降雨,非常灵验。黄金山下自古以来就是富庶的粮仓,百姓安居乐业,就赖龙湫所赐。池之西南有石埂两道,呈曲尺形,横塞池口。两埂相接处矗起丈余高石坡,石坡向前突出,下临无地。池水从石坡下冲泻而出,怒号激荡,瀑声震耳。从远处瞭望,一条白练从山腰飘下,长约数十米。山风吹来,水流细分飞扬,如雨似珠,散洒而下。瀑布后,白石峭立如壁。石壁间有洞,大者如门,小者如窗,人可进出,如《西游记》中的花果山水帘洞一样。游人穿过水帘,通过壁间洞门,可见里面怪石嶙峋,造型奇特。洞内时而宽敞,时而逼仄,幽深难测。洞前瀑布下落后即入土不见踪影,直潜行两里开外,才在山前田中涌出。大旱之年,水流亦不干竭。

（罗水生）

第五章　现代城市园林景观

东湖游乐园

　　东湖游乐园坐落于东湖北岸、周家咀村南,是东湖南山风景区的核心景区,项目占地80亩,南拥风光旖旎的东湖水面。该项目是由香港珍宝科技有限公司与都昌人民政府合作开发的超大型现代化主体游乐公园,拟被打造成"鄱阳湖迪斯尼"。

　　东湖游乐园于2009年10月动工兴建,2010年2月1日正式开园,集乘骑游乐、观光休闲、酒店住宿、特色餐饮、主题商店、综合服务于一体,是技术和管理水平先进的超大型主题游乐园,也是目前江西省内面积最大的主题游乐园之

一。该游乐园由乘骑游乐区、观光度假区和主题商业区组成。其中,乘骑游乐区的陆上项目配备摩天轮、海盗船、双人飞天、旋转木马、小火车、太空飞船、碰碰车、青蛙跳、自控飞机等游乐设施,水上项目涵盖豪华游轮、画舫、水上餐厅、无动力游船等亲水主题设施。游乐园还建设有度假宾馆等旅游配套服务设施。

珠贝文化产业园

　　珠贝文化产业园是以鄱湖国际珠贝城交易中心作为启动项目,以淡水珍珠生态养殖示范基地、珠贝文化主题公园、珠贝珠宝科研培训基地与国际珠贝度假村等文化旅游项目为配套的综合产业园。县委县政府着力把珠贝文化创意产业园建成集贸易、加工、养殖、旅游和文化创意于一体的集群产业园。

　　鄱湖国际珠贝城是珠贝文化产业园的启动项目,总投资 3.2 亿元,项目位于鄱阳湖大道 1 号,2010 年 11 月正式开工建设。项目分成两期建设,第一期为 4 万平方米的珠贝珠宝首饰专业交易市场,第二期为配套高档住宅小区。鄱湖国际珠贝城将分为珍珠馆、贝壳馆和饰品馆三大主馆和精品品牌展示区、珠贝饰品交易区、珠贝原料交易区、宝玉石交易区、首饰加工设备交易区五大功能区块,配备电子商务中心、金融服务中心、客户服务中心、营销推广中心、旅游服务中心、物业管理中心、产业交流中心、政府驻场服务中心、人才培训中心等配套设施。

　　鄱湖国际珠贝城是鄱阳湖上第一个珠贝珠宝首饰交易集散中心,也将是全国第一个珠贝宝石工艺饰品交易集散中心。它的建成将积极推动都昌县从珠贝大县走向珠贝强县,实现其从单一的初级的珍珠贝壳产品市场向高端多元化的珠贝珠宝饰品产业发展的目标,有助于把中国淡水珍珠之乡打造成世界珠贝之都。"生态都昌,鄱湖珠贝"将成为世界级的区域品牌,这一区域品牌将为整合鄱阳湖地区珠贝产业和生态文化旅游资源起到重要的推动作用。

人 民 广 场

　　人民广场坐落于城区的东部,在迎宾大道、万里大道、东风大道的交接地

段,北依芙蓉山,南傍鄱阳湖。占地面积为81690平方米、总投资2800多万的草坪和造型新颖的苗圃将广场装扮成四季如春的"绿岛",18000平方米的硬化健身场铺设了花岗石和南京雨花石,7000多平方米的人行道铺设了彩色花板,人行道两旁配备有休闲座椅,1400多平方米的花坛以栽种和培育上海鸡冠花、一串红等时令花草为主,可谓四季飘香;富有异国风情的日本雪松、樱花、华盛顿棕、加拿大海藻等名贵树木与本地的丹桂、香樟相得益彰;百余盏中华灯、皇冠灯、庭院灯、草坪灯、七彩灯形态各异,相映成趣,十二生肖花岗石柱卓然挺立,古朴典雅,十二生肖的形象栩栩如生;旱、水音乐喷泉更是人民广场的一大亮点,其美妙的景致和动人的旋律让人赏心悦目,流连忘返;仿照上海科技馆设计的水瀑飘带则充分展现了高科技所赋予的现代美感。

该广场集现代时尚与传统特色于一体,春有花,夏有荫,秋有香,冬有青,环境优美,风格别致,是县城东大门的一道亮丽风景线。昔日荒芜杂乱、无人问津之地如今变成了人们强身健体、休闲娱乐、心灵碰撞、激情迸发的"金山角"。

东 湖 广 场

东湖广场占地36000平方米,南北长约260米,东西宽150米,2009年10月竣工,是人们强身健体、休闲娱乐、举办大型活动的理想场地。

广场主体布局新颖,绿树点染,自然风光与人文景观相互媲美,假山、景观灯和大型的中央舞台令人赏心悦目,不仅给市民提供了集健身、休闲、娱乐于一体的综合娱乐场所,而且大大地提升了城区绿化、美化效果,为城市增添了新的亮点。

广场大舞台与浮雕、假山互相衬托,气派恢宏;百余盏彩灯、园林灯与红枫、桂花、樱花、杨梅、香樟、含笑、紫薇等名贵花木相映成趣,生机盎然。昔日的泥水潭如今成了展示城市魅力的名片。

西 门 广 场

西门广场坐落于县城西大门,占地 15000 平方米,以西湖路为界分为一期工程和二期工程,集体育健身、文化艺术、休闲娱乐于一体。

一期工程于 2002 年 3 月开工建设,9 月竣工,投资 800 万元,以体育健身为主题,占地 8000 余平方米,绿化面积 3956 平方米。广场中心为花岗石硬化地面,上面安装有体育综合健身器材,主照明设备为中华灯;东端为花圃,种植五彩花卉,终年生机盎然;西端为固守县城西门的城防堤,堤畔栽植杨柳,入春时节,临湖望景,杨柳依依,湖滨美景尽收眼底。

二期工程于 2003 年 10 月 6 日奠基开工,2004 年元旦竣工,投资 3000 万元,以文化艺术为主题,占地 7000 余平方米,绿化面积 4252 平方米,栽种桂花树、香樟树、水杉树等大型花木树种及竹林,"虽由人作,宛自天开",并置以富有农村生活气息的水牛、牧童、推土车等铜雕,将生动的园林小品寓于景中;展现都昌历史文化的"都昌八景"大型花岗石浮雕墙和都昌文化名人刻石书作使广场富有浓厚的文化艺术气息。由"一串红"灯、地埋灯、数码灯、园林投影灯组成的照明系统入夜即将广场装点得流光溢彩。

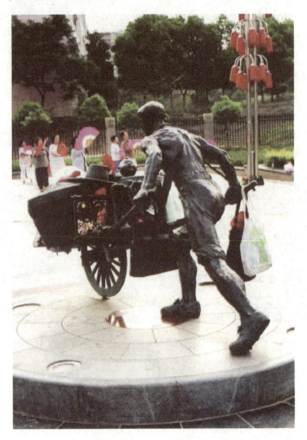

　　西门广场整体对称,边缘曲线界定醒目,自然柔和,面貌规整、洁净。在这里,晨曦中,人们健身正热;余晖里,大众舞蹈兴浓。西门广场已成为老城区居民休闲娱乐不可或缺的生活场所。

滨 湖 广 场

　　滨湖广场坐落于县城观湖路南侧,占地 40000 平方米,由中心雕塑、景观墙("都昌八景")、临水景观步道、观湖亭阁、管理服务用房、停车场、大面积绿化带等组成。项目总投资约 1.8 亿元,于 2011 年竣工开放。滨湖广场和南山外观湖路、鄱阳湖大道共同组成了观湖景观工程。滨湖广场实现了工程与边坡绿化、景观设计的结合,以及花草、灌木、乔木的结合,成为人们驻足赏湖的绝佳胜地。观湖景观的建成不仅增大了城市的框架,扩大了县城的发展空间,而且打破了县城与鄱阳湖畔的阻碍,实现了人们"身在鄱湖边,可见鄱湖美"的夙愿。人们在这里领略县城的宁静与鄱阳湖的浩瀚,看候鸟展翅、鱼游浅底,浪漫舒心,仿佛置身于世外桃源。

新世纪广场

新世纪广场位于县城繁华的东方大道中段,临靠悦华大酒店,对面为县政府和派拉蒙超市,是县城最早的三大广场之一(其与人民广场、西门广场并称为"三大广场")。新世纪广场设计合理,现代时尚,内设播放每天新闻、政务公告的电子显示屏,风格别致的罗马走廊,开阔的露天大舞池,多种健身器材,还有参天大樟树供避雨遮阳……新世纪广场是市民休闲娱乐的好场所。

万 里 桥

万里桥位于县城滨湖南路堤坝中段,是都昌县首座景观桥梁。该桥设计单位——杭州规划设计院参照杭州西湖景观桥将其设计为七孔跨度渐变的钢筋混凝土实腹式拱桥。桥梁全长63.2米(主桥43.2米,引桥20米),桥面宽9.0米,最大桥孔跨度9.8米,上部结构采用现浇钢筋混凝土半圆型板拱,下部采用桩基础,桥下湖底铺砌30厘米厚的浆砌块石以保护基础。该桥梁桥面采用花岗

岩条石错缝铺装,桥两侧贴大理石板,栏杆及栏板采用大理石浮雕装饰,桥南北两头放置石狮、石像。整个工程总投资 560 万元,于 2009 年 6 月 22 日开工建设,9 月 28 日全面竣工。白天,站在万里桥上能充分领略湖景、山景、城景;晚上,桥头的投光灯及桥身的霓虹灯与湖光交相辉映。万里桥是都昌县一道亮丽的风景线。

南山灵运塔

南山灵运塔位于风景秀丽的南山风景区,雄踞南山之巅。其所在地海拔高度 184.5 米,东连东山,南望鄱阳湖,西邻千年古刹,北瞰都昌县城。东晋著名山水诗人谢灵运曾隐居南山,倚山枕湖,面壁翻经。今逢盛世,当地建造灵塔,故称"灵运塔"。

灵运塔于 2010 年 5 月开工建设,2011 年 12 月竣工,总建筑面积为 1256 平方米,塔高 49.513 米。灵运塔为八面七层的仿古建筑,采用双螺旋楼梯,塔底层为万佛殿,供养玉石菩萨 3000 余尊。灵运宝塔填补了都昌县 2000 多年没有高楼名阁的空白,是都昌县一个有文化品位和地方特色的标志性建筑。

鄱 湖 揽 胜

鄱湖揽胜位于外观湖路与印山路交接处,总占地面积约为 100 亩,总建筑面积约为 1.6 万平方米,由鄱湖揽胜文化休闲广场、西河茗园、南山阆苑三部分组成。项目于 2012 年 9 月 27 日正式动工,同年 12 月底完工。

鄱湖揽胜文化休闲广场占地约 40 亩,建筑面积为 2300 平方米,是市民临湖亲水、观赏鄱阳湖美丽风光的好去处;西河茗园占地 35 亩,建筑面积为 3000

平方米,建有阶梯式园林景观及下沉式广场,还有亲水栈道及供市民品茶休闲的茶楼;南山阆苑占地 25 亩,建筑面积为 1.1 万平方米,是集住宿、餐饮、会议接待、休闲于一体的综合性园林景观酒店。

旅游名胜古迹

第六章 古镇古村

第一节 古镇

都 昌 镇

坐落在鄱阳湖北岸的都昌镇是都昌县委、县人民政府的所在地，是全县的政治、经济、文化中心，历史上曾称"县城厢""古南镇""城关镇"等，素有"禹辙经临之地，鸿儒硕彦之乡""汇匡蠡秀色""集风流善政"的美誉。在鄱阳湖畔的城镇中，都昌镇是一座有深厚文化底蕴的名镇。

都昌镇的历史，最早可追溯到西晋时期。在古鄡阳时期，这里是一个小渔村。约在西晋惠帝元康年间（291年—299年），石崇（249年—300年）在任荆州刺史时，曾来鄡阳寻根祭祖，并在这个小渔村建造了一座别墅——玳瑁阁。石崇好显富，竟将金帕在门前晒，后人把这段路称为"金街岭"。玳瑁阁一直被留存到南宋末年。武安军节度判官王唯一（1202年—1291年）祖孙三代就居住在玳瑁阁。鄱湖贤士范迖曾于陶侃母亲逝世后于此处建礼贤坊以纪念陶母剪发换酒蔬待宾之事。一阁一坊提升了这个小渔村的文化品位，吸引了众多的文人墨客驻足于都昌。

根据都昌县各姓氏家谱的记载,郯阳时期,都昌水上运输的港口约有三处:一是泗望山(郯阳县城)的女儿港,二是黄金源的桑林埠(今和合乡青龙村委会辖地),三是这个小渔村的前河(后称"南河头",1971年疏通南河头时,象鼻山处出土一处木桩青石板码头)。前河直通饶河,到赣江,达吴楚,不受枯水季节影响,非常便利。东晋初期,陶侃将原设在女儿港的漕仓改设于钓矶山(2010年,西区开发时在刘家洲挖出两根漕木),说明南河头在东晋时期就是官粮的主要运输港口。

都昌县治于唐大历年间(766—779年)从今蔡岭镇辖地洞门王街市迁到这个小渔村,历唐、宋、元三朝,共计近600年没有建城郭。清康熙丙寅版《都昌县志》记载:"惟重门击柝以固民未奠居。"也就是设多重栅门以打更报警。由于没有城墙,居民住所经常受到外来侵袭。宋绍圣二年(1095年),知县孙侨组织民工千余人开挖西河颈,使得前、后河通流,既便利了水上运输,又能阻隔鄱阳湖上的南风恶浪。最关键的是,这使县城三面被置于鄱阳湖水的周围,起到了护卫县城西部的作用。明正德年间(1506年—1521年),大宁藩王朱宸濠在南昌发动兵变,其声势威胁南康。知府陈霖向都御副使孙燧建议说都昌县治应建城郭以防兵燹。明嘉靖庚子年(1540年),知县杨昱开始规划城基,其后多次商议,多次向州府陈述,终于于明嘉靖己未年(1559年)由知县林贵兆、周希韶相继"甃筑雉堞"。甃筑墙迂回八百九十三丈,高两丈,厚两丈,设六门:东曰明庶门,南曰阳享门,西南曰承恩门,西曰大有门,西北曰礼贤门,北曰拱宸门。到明崇祯十一年(1638年),因鄱阳湖浪击,城墙坍塌数处,知县杨寅旭"集议"在原基础上重新建造,加高加固。建成后的城墙的规模大大超过了府城星子(今庐山市)的城郭。

新修建的城门的坐落位置及城垣的走向是"前跨花园嘴、菖蒲嘴;后亘黄婆岭;左包徐家堰、罗家塘;右循西河"。城墙全长九百零五丈五尺,高两丈,厚两丈。六道城门改以方位称呼,即大东门(今县人民医院传染科病房附近)、小东门(即原来的小东湖坝,现在沿湖路通往游乐园的路上)、大南门(西街一巷沿湖路口处)、小南门(今航运公司与搬运公司分界路口处)、西门(今石粉厂宿舍附近)、北门(今幸福居委会)。绵长的城墙北自幸福居委会经老邮电局后面、东湖宾馆、县人民医院东侧,经东湖中学、血防站到东湖西北岸;南自西街一巷沿湖路口,经原湖管局、煤炭公司、航运公司到胜发小区;西自西河渡口经原供电局、石粉厂、食品公司接北门门口。据1946年县府地籍整理处统计,丈量出的城区总面积为901.3亩,合0.6平方公里(内有城内居民种的麻园和菜园)。

明崇祯十一年(1638年),城区扩建后,住户随之增多,都昌县城逐步形成了街市和小巷。全城共有九街十四巷,九街分别是金街(岭)、西街、衙前街(又称"中街")、东街、何仙街(又称"学前街",今西街一巷)、斗街(又称"斗星街",今东街一巷)、邵家街(今解放路)、吴家街(今幸福路南端)、古街(今县港航局至供电局宿舍),十四巷分别是石柱巷(又称"西门巷",今实验小学西边路至西门广场)、大巷(今县图书馆门口)、余家巷(今西街四巷)、衙前口巷(今广场路)、焦子巷(今西街三巷)、王家巷(今西街三巷)、寺前巷(今西街三巷)、兰亭巷(老黄梅剧团东侧,今体育馆至衙前街的主道)、芭茅巷(今东街六巷)、詹家巷(今东街五巷)、卢家巷(今东街三巷)、向家巷(今东街四巷)、庙前巷(今东街三巷)、学背巷(今公安局刑侦支队西边路)。

清朝末年,都昌县城的商业、服务业、手工业等行业已较为发达,门类较多,一应俱全。其行业区位大致如下:大东门和小东门为周溪、南峰、芗溪、万户、大沙等乡舟船的停泊区,大南门为水上货船停泊区,小南门为木、竹停泊区(因南风浪大,舟船很难停泊),西门为外地客船停泊区。西街、衙前街、东街西端为主要商业区,各色店铺多云集于此。店铺多为前店后家,或前店铺后作坊。据县档案局的档案资料记载,开业时间较早的店铺有张帮仁于清嘉庆七年(1802

年)创办于西街的"泰山和国药店"、创办于清光绪九年(1883年)的"徐同盛五金店"、许俊荣于清光绪二十七年(1901年)创办的"许源泰糕饼店"、土塘人江汉于清光绪三十三年(1907年)创办的"原生机米厂"、矶山人王成鼎于中华民国四年(1915年)创办的"鼎丰布店"、李芳圃于中华民国八年(1919年)创办的"生和旅社"。其余店铺多数于20世纪三四十年代开张。据县商会1932年的统计,当年县城有各种商户187家;据1947年的统计,居民住户有664户,人口3600余人。

关于古南镇的称谓,此称谓是清朝中期由景德镇传入的。明朝末年,在景德镇做窑工、陶工的都昌人占景德镇全镇人口的三分之一还多,他们为了维护自己的权益,组织成立了都昌帮会。当时,县城有一位姓邵的教书先生在景德镇药王庙旁边设馆教书,许多都昌人晚上都到他的学馆聊天,慢慢地,这所学馆成了都昌人聚会的地方。人多了,知名度也提高了,所以都昌人都把自己的孩子送到这里读书。后来,学生多了,规模就大了,都昌帮会就在这里建了一所学校,取名"古南书院"。到清朝中期,景德镇人都知道古南书院是都昌的书院,就把都昌人称为"古南人"。后来,"古南"演变成县城周围的窑工、陶工出生地的称呼,人家问你是都昌哪里人,回答是古南镇人,就这样,都昌县城就有了"古南镇"的称呼。但多数人习惯将都昌称为"都昌",故"古南镇"的称呼并未久用。清同治十一年(1872年),知县狄学耕建的书院就设在南山界石,鉴于景德镇和南京两地都有书院取名为"古南书院",于是,他也把自己建的书院取名为"古南书院"。

中华人民共和国成立初期,都昌县城又称"城关镇"。1958年10月,全县实行撤区并乡,城关镇矶山乡、南山乡的两个高级农业生产合作社和北山乡的一个高级农业生产合作社组成城郊乡。1959年3月,城效乡撤乡,成立都昌镇人民公社,至此,都昌镇才得以正式得到命名。

如今的都昌镇东起瓦塘居委会,南濒鄱阳湖,北靠刘家山,西止饶河口,总面积 71.75 平方公里,其中城区面积为 11.5 平方公里;新建万里、迎宾、环城等主干道 6 条,幸福、白洋、芙蓉、惠民、县府等次、支干道 13 条,对老城区的老街道和小巷里全面实施水泥硬化;开辟人民、新世纪、西门、东湖、码头和街心等 7 座广场公园,城市面貌焕然一新。一个山清水秀、道路平坦、环境优美、空气清新的有活力、有魅力的新都昌已经展现在世人面前。(王旺春)

徐 家 埠

徐家埠位于县城东北 25 公里处,张家岭后港水从镇中穿流而过,入北庙湖后汇入鄱阳湖。岸边楼房鳞次栉比,一座花岗岩石桥连接镇两岸。徐家埠古称"徐家埠市",俗称"埠下"。

镇上房屋,除了正街铺面,其他多为祠堂,建造年代久远,既有建于明代的,又有建于清代的,还有少数房屋建于立镇前的宋代。街道全是花岗岩石板路面。中街上有座六墩七孔的石桥,长 40 多米,两侧有石条栏杆,上可坐人,当地人称"大桥",相传为明初所建,后被洪水冲毁,于清代重修。街上傍河而建的房子半边建在水中,人称"吊脚楼",别具江南水乡风格,其中,茶座"湖中楼"经办 17 代茶业。顾客在这里一边品茶一边观赏湖光山色,趣味无穷。走上徐埠大桥,首先映入眼帘的是宽而高的石头码头台阶。从元代开始,徐家埠人世世代代踏着它搬运、挑水、洗菜、洗衣。

桥南为下街,南侧有片茂密的树林,内有假山、石凳。宋朝时,这里是孙权的后代孙忠发的住处,后被辟为徐埠公园。

徐家埠地处全县中心腹地,物产富庶,水运方便,南可通吴城、南昌,东可达饶州、景德镇、南京、上海,西可抵九江、武汉等地。仗着这个优势,徐家埠历代为都昌农村的重要商埠和农产品集散地。

据考古发现,早在商、周时期,这里就有较大的部落。刘宋永初年间(420年—422年),古鄡阳县城因湖水南浸而没。唐武德五年(622年),旧都昌县城建于王市(洞门)下游3.5公里处。那里河面宽,河水深,有王市的水运码头,来往船只及货物在此集散,商业非常繁荣。从当时流传下来的《十字歌》可以看出,当时的埠下商业相当兴盛:"十个大当铺,十个大作坊,船满十里港,街有十里长。"当地还有"买不尽的埠下,装不尽的吴城"之说。由此可见,当时徐家埠是何等兴旺。

徐家埠建市较早,据今至少有600年的历史。据徐姓家谱记载,元末时期,为躲避战乱,富商徐氏带着三个儿子由鄱阳皇岗迁来埠下,在埠下西端经商,开设八铺三行。不几代后,徐氏后人便占据了埠下半边街。这里由于徐姓多,故称"徐家埠"。延至现今,埠下的徐姓商店还有不少,传来已有数十代。据清同治版《都昌县志》记载,徐家埠市,水路通左里,商贾如云,乃都昌县境中郭市之盛者。《中国古今地名大辞典》载,徐家埠当华夏水入西洋水之口,为通湖口县孔道。

抗日战争爆发后,徐埠因地处赣北交通枢纽而成为中日双方对峙的战略后方。赣北由于中日双方设卡封锁,南北物资难以流通,只得暗地通过这个偏僻的港口进行转运,因而一时间内,这里的经济畸形发展。1941年国民军第147师第881团进驻徐埠。他们以国军上将刘士毅、团长李胎的名义和富商刘圣安合股开办"安平庄",做军火、军棉等生意,一次就从外地购进棉花 40 船,使得这里的生意越做越大,客商越来越多,也使徐家埠享有"小南京"的美称。

旧时的徐家埠有 5 家棉花行,分别是安平庄、裕农行、裕丰行、裕和行、竞成行;南北杂货商店有 130 多家,规模较大的有合和、宝成、集成、福成、九盛、鼎顺、鼎和、龙昌、振昌、永成和等;有大船 3 艘,职员百余人;有油坊 9 家,分别是国瑞、大昌、源顺、源发、新发、集兴、永昌、新成、源丰永,其中,源丰永创办最早,占地面积为 2000 多平方米,每年加工油菜籽十数万斤;旅店业,在镇上挂牌的、能歇客百人以上的有 13 家,如早园、士中、松虎等,能歇 50 人以上的有 30 多家;能办 30 桌酒席以上的大酒家有 17 家,普福、炳福、孔金等一次可办 50 桌以上。有时,外来客商日流量达一万多人,饮食店、摊贩、小吃不计其数。

据年事已高的旧职员回忆,当时徐埠的经营额相当大,一般的店铺每天所进的银圆都得用箩装,大店还得翻几倍,像合和、宝成,从外地一次进墨鱼竟达 5 万斤,还有毛边纸 2000 提,爆竹 1000 箱。销售方面,如一次从南昌来了个万铭记客商,他带来收购棉花的银圆多达 40 车(土车),以每车装 2000 块计,达 8 万元之多。当时两块银圆可买一担谷(100 斤),难以想象 40 车银圆可购多少棉花。

从上述进出额两项可以看出,当时的徐家埠生意之兴旺远远超出一个县级市场的规模。当时的徐家埠一靠水运,二靠土车。徐家埠港里水满,船也满,土车一次可叫 200 辆,真是街上土车如龙,港里桅杆林立。

昔日徐家埠不仅商贾云集,车船辐辏,而且文化生活也异常丰富。徐银泉的文词剧团和高道理的采茶戏班经常演出,节日里还在湖洲上为老百姓义演。每到那时,吹弹歌唱的、算命卜卦的比比皆是。入夜,沿河长街灯火辉映,有"万家灯火照埠洲"之称;歌舞厅里挤满了观众,从这里唱出的"头戴花,脚踏花,手捧银杯奉香茶"的花歌,不知唱了多少代。中华人民共和国成立后,此歌唱遍了祖国大地,20 世纪 80 年代还唱进了中南海,被收集在《中国民歌集成》中。美籍女传教士爱恩源到徐家埠后,见市井繁荣,竟赠送了一块题有"古镇英姿"的匾额。此外,镇上还有私塾三所,公立完小一所,培育了一代又一代人才。

抗日战争时期,一度极为兴盛的徐家埠亦难免遭到厄运,曾先后两次遭到日寇洗劫:第一次是 1942 年,日军将"永成和""洁公祠堂"及街上 1/5 的铺面烧毁;第二次是 1945 年,溃败的日军火烧了徐家埠公园,使这里遭受了极大的损失。

土 塘 镇

土塘镇地处都昌县中心腹地,是人口大镇、农业重镇、历史名镇,与阳峰、三汊港、狮山、鸣山、蔡岭、徐埠、汪墩 7 乡(镇)相邻,都中、都七公路穿镇而过。源头港水流经土塘河汇入鄱阳湖。未建拦洪坝时,常有帆船进出土塘河,自然形成了都昌的水码头。那时,土塘镇的舟楫近通九江、南昌、景德镇等城市,远通武汉、南京、上海、芜湖等大都市。

镇上旧时房屋为正街铺面,建造年代久远,多为明清时代所造,街道全是花岗岩石板路面。河街上有座花岗岩石桥,通河对岸汪家村,人称"汪家桥"。街上傍河而建的房子半边建在水中,人称"吊脚楼",别具江南水乡风格。特别是茶座"楼中楼"经办 8 代茶业。顾客在这里一边品茶一边观赏湖光山色,其乐无穷。河街上生意最好的是"吃食馆",土塘的"泡粑""饺耳粑"在都昌最负盛名。

土塘是全县的中心腹地,物产富庶,水运方便,四通八达。仗着这个优势,土塘历代都是都昌农村的重要商埠和农产品集散地。

清顺治年间(1644 年—1661 年),土塘刘古村刘金正一人独资先后修建土塘市桥、土桥等大小石桥 18 座。刘古桥是他修建的最后一座桥,有 18 孔,其中正桥 4 孔,引桥 14 孔,故又名"十八高桥"。这座古桥长年经受风侵雨蚀,于 20

世纪80年代被改建成水泥桥。

清末至中华民国初期,都昌县城及土塘、徐埠等滨湖商埠均有临时性的搬运工。他们装卸、搬运都靠肩挑背扛,重物则由多人合力抬起。那时的搬运工又被称为"篓帮""篓脚夫"。1954年,搬运业经中华人民共和国成立后的第二次整顿,正式成立都昌搬运队。同年还正式组建了归县队领导的土塘、三汊港等4个搬运组。

清同治年间(1862年—1874年),全县有街市20个,土塘市、土桥市占两个,均为小商铺。江南凤开的杂货店规模最大。土塘街的油榨坊有13家半,汪家是半家,主榨菜油、芝麻油、花生油,"隆三和""泰油衡"比较出名。那时船运主要是把窑柴、油运出去,把杂货、棉花、瓷器运进来,从湖口运来棉花,在土塘再用船运出去;下半年湖水退了,又用土车把棉花推到万户东岸嘴,把棉花装上船运出去。当时土塘镇商业之兴旺,远远超出一个县级市场的规模。当时的土塘一靠水运二靠土车,土塘港里水满船也满,土车一次可叫300辆,真是街上土车如龙,港里桅杆林立。

昔日的土塘镇不仅商贾云集,车船辐辏,而且文化生活也异常丰富。乡村经常有弹腔(赣剧一种)文词的表演,剧团也经常到这里演出。到了八月中秋,港洲上,戏班竞相塔台演戏,看戏者人山人海。入夜,沿河长街灯火辉煌,吹弹歌唱,好不热闹。"文革"后期,土塘文化站的文化活动成为全国典范,该站站长刘章高被评为全国先进文化站站长。

信和祠堂的万年台更是常有外来戏班搭台演出。当年,古祠为一人所建;今天,它已成为当地乃至都昌的财富。信和祠堂是都昌现存的唯一一家古祠,很多对现代人产生深刻影响的古建文化都在这幢古祠身上有所体现。它占地近2000平方米,砖木结构,隔扇门窗,青砖灰瓦,风火山墙。它前方为万年台,中为官厅,后为祖厅,三者浑然一体,煞是壮观。据史料记载,古祠为信和刘氏祖先于明朝景泰年间(1450年—1457年)所建,距今560余年。万年台又称"戏台""戏楼",台顶飞檐翘角,台中八卦天蓬;官厅为官员和贵宾设宴聚义的场地;祖厅为祭祀祖先的至尊厅堂。为了融看戏、族筵、祭仪于一屋,刘氏祖先在建造祠堂时,可谓是大兴土木,巧运匠心。

土塘的古建中有一处比较有名的,曰"鼓楼"。史料记载,鼓楼是明正德年间(1506年—1521年)所建的,距今约500年光景。据传刘溉为官清廉,政绩显著,明廷下旨在该村建古楼旌表贤劳,该村因此得名"鼓楼村"。古楼的基座为2米多高的风火山墙,颇有古城墙的气势,墙上重檐三顶,八角微翘。

土塘的古墓有南宋左丞相江万里墓。江万里墓位于土塘镇港东(石沙湾),墓址坐东朝西南,周围呈椅背形,直径约8米,墓前有半圆形平坦地台,视野开阔。江万里梓里碑原坐落于化民石牛岭亭子内,1983年迁至南山碑廊内,正文由会稽进士南康府知府叶云初所撰,明万历二十九年(1601年)立碑,后由被赐进士出身的翰林院庶士、都昌知县陈煦于清嘉庆十二年(1807年)重立碑石。

土塘古庙历史久远,久负盛名。东岳庙是香火极盛之地,位于横渠村的龙华山。传说千年前该地就建有一座小庙宇,清咸丰五年(1855年),住持和尚法藏将原庙土墙改为砖墙。中华民国十七年(1928年)后,庐山僧直来至该寺,遂将原山名改为"龙华山",广收门徒,自称"开山和尚",并率所招徒传化等十余人在县内化缘募资,逐年对原庙予以改建,将原不足60平方米的小庙扩建为占地10余亩、建筑面积为300余平方米的大庙宇。朝拜者除县人,还有从南昌、九江、景德镇、湖口、鄱阳甚至湖北来的人。全年香火收入仅稻谷就有80余担,香油有800余斤。1944年,直来和尚死前,方丈一职由其徒弟传化接任。该寺"文革"期间受到冲击,"文革"后期得以恢复。之后朝拜者日盛,逢年过节,香客盈门。

土塘赛船活动自古盛行。土塘河与鄱阳湖沿岸均为赛船地域,规模较大的赛船活动则集中在近集镇的河街港中进行。比赛多从农历四月二十八日开始，五月初五端午节时进入高潮，前后达半月之久。土塘人喜划花船，船中坐20至30人，大多操桨，少数操乐器，还派一人在龙船尾部耍杂技。操桨者一色号衣，在水中舞桨。大家高唱龙船调，水面众舟疾驰，浪花飞溅，河两岸人山人海，鞭炮声、土铳声响成一片，场面甚为壮观。

土塘的特产中，最为著名的是"岛山打糖""杭桥绢筛"和"潭湖栀子"。岛山打糖远销八县三市，杭桥绢筛远销大西北，潭湖栀子则已成为土塘产业扶贫的富民项目。每年栀子花盛开时节，到潭湖赏花、摘花的人数不胜数，栀子花被开发成多种产品销往省内外市场。

土塘镇文化底蕴深厚，环境优越。近年，占传奇先生受其父委托，利用其已获得经营权的鄱阳湖"传承山谷"内近500亩山林土地，依托中华国学教育工程和中国东方文化研究会等多家京城智库的学术资源，在家乡创办了九湾静心书院、太冲书院、院学世家等，形成书院集群。在这里，您还可以体验"九段十八桥"竹筏漂流及侠客文化游、葫芦山圣境游、灵溪古潭道文化区域游等，领略唐建团峰古寺、"彭城世家"乡村博物馆、刘氏祖堂、高山梯田、明代古墓、"七段十八桥"影视基地、古檀树村葫芦山书院、大小佛子岭碑林、仙女茶文化体验区（谷雨茶基地）、观音山水上森林公园等的风采。

南 峰 街

南峰街位于县东南边陲，南濒鄱阳湖，为近水古镇。南峰街的起源可以追溯到宋隆兴癸未年（1163年）。时任建安（今福建建瓯一带）判事的冯致中返回故里（今石桥村判官嘴），见人多屋挤，旧屋已损，不适于安居，于是在故里之南选了一块山清水秀的高地建造别墅，并在门匾上题写"南峰"二字，遂在此定居。此地因位于水上交通要道，又加上主人威名远扬，人脉关系广泛，宾客常至，商贾云集,声名鹊起,渐成街市。

南峰街原在老门口,有十余户从事商业。太平天国时,南峰街遭兵乱尽毁焚,又受水灾,故商户迁至鱼雁垅,所辖范围包括梅树泉、四房里、大府里、井岸上、三八里、老门口,多为冯姓大村。街道呈一字形,均用麻石砌建。街南鄱阳湖畔,有一幢上下三进的冯氏宗祠;西北街头有一幢古老的祖庙,街中有一牌楼、三个门楼、四块旗杆石。中华人民共和国成立前夕,南峰街的人口达1500余人,在景德镇从事瓷业的约800人。

南峰街历来是都昌县南峰区域的政治、经济、文化、物流中心。在近代,凡府县设置驻乡机构,南峰均不可或缺。中华人民共和国成立前,街上设有乡公所、保安团、税务所、商务局、粮食仓库和中小学校。中华人民共和国成立后,县以下行政机构几经变更撤并,南峰街辖区或扩大或缩小,而南峰区南峰乡、南峰公社却一直未易名,其行政机构一直设在南峰街而未易地。而今,县驻乡单位,无论是行政执法、经营管理机构,还是社会、文化、服务机构,一应俱全。

南峰街是全县农村五大古镇之一,又是芗溪、万户、狮山、双桥和鄱阳县银宝湖的物资集散地,在全县通往景德镇的必经之路上,故商业鼎盛,市场繁荣,曾一度流传"生要走南峰的路,病要到南峰买药,死要到南峰买棺木"的民谣。中华民国初期,南峰街从事商业的有布店8户、南杂店4户、国药店5户、糕饼店6户、饮食店1户、屠宰店6户、摊贩10余户,合计40余户;从事手工业和服务业,经营金、银、皮革、纺线、染布、篾业、织袜、刨烟、理发、旅社等的有20余户,还有3户赌钱店。较大的布匹百货店主要商号有冯泰生、冯元茂、冯生发、冯传记、冯生顺、冯复昌、义生祥、熊镇泰;南杂店的主要商号有聂国泰、冯义兴、义生顺、沈福顺;糕饼店的主要商号有余发记、吴其昌、冯发记、冯景成、陈同记;国药店主要商号有杨复泰和、夏春和、杨同顺、杨同升、夏仁和。南峰街多富豪,冯承瑶、冯喜来、冯金祥、冯祖湘、冯承钰、冯宗森等都是较大的商户。如冯发记是冯喜来经营糕饼和南杂的商号，有土地 50 余亩，雇工 10 余人，并有大量的流动资金，土地改革时交金条一根，银圆一撮箕，还有若干金戒指和银器。义生祥乃冯祖湘经营百货的商号，有土地 50 余亩，并有大量的流动资金，还有一艘 20 多吨的木帆船。冯泰生是冯承瑶经营布匹百货的商号。冯承瑶在街上做了 7 幢店屋，据说用布袋装钱。每当春夏季节，南峰街较大的商号和外来商店用木帆船将当地出产的大豆、小麦、菜油和烟叶等农副土特产品运至九江、南昌、武汉等城市出售，同时输入群众必需的生活资料；每到秋冬，商人用土车拉或用肩挑从景德镇、饶州等地运来表芯纸、黄表纸和土布，以满足群众需要。南峰街的街口设有一个农副土特产品交易市场，每天都有来自鄱阳县银宝乡的赶集农民来此购买上市的大米、猪肉、鲜鱼、蔬菜，市场交易极为活跃。抗日战争时，保长曹绍珍从三汊港卢家迁至南峰安居，星子（今庐山市）就有上百人来南峰逃难。1947年春天，鄱阳县的土匪头子胡月英和李逢春带领 200 多名土匪，携带上百条长短枪支，将南峰镇的商店全部抢光，还绑了 10 余人到武山，向每人索取 3000 元（按人民币计算）后才将他们释放回家。面对土匪成灾的局面，当时的冯氏公会和部分较大商户集资购买了两挺机枪和 80 多支长短枪支，以保卫南峰街的安全。当时，南峰街是全县农村集镇中自卫武器最多的一个地方。

南峰街名人较多。冯天问，清代名儒，诗文超群，著声于赣沪，有"江西才子"之称。冯天畏，天问之弟，民盟成员，景德镇第四届、第五届政协委员，毕业于日本工业大学，获工学士学位，熟悉日、英、德、俄等国语言。"四大金刚之首"冯成龙在景德镇拥有柴窑 7 座半、房屋和坯房 48 幢、田地 180 余亩，还有大量的流动资金。他带头募捐办学、修路、修桥、救灾。他七十寿辰时，经众长辈、会首和全族人公证，南峰街冯氏宗祠堂立"霖被宗友"四字金匾，冯氏获赠祖坟山（杨德涧山）一块。这是冯氏家族获得的最高奖赏。

周 溪 镇

周溪镇位于都昌县城东南 37 公里处伸入鄱阳湖中的湖洲咀上。大港临镇而过,西滨后湖,镇周围被溪港环绕,故称"周溪"。

在西汉初年建立的鄡阳县,其城址就位于距周溪镇约 3 公里处的泗山南端。因交通便利,洲咀上就有了村落。到了南朝宋永初二年(421 年),鄡阳古城被大水淹没,居民往高处搬,因而逐渐形成了一个新的大村落。至唐代,这里的制陶业特别兴盛,至今犹遗存有十多处古窑址。由于鄱阳湖面积不断扩大,水运发达,客货船来往频繁,这里就成了有名的码头。明朝洪武年间(1368 年—1399 年),当地人烟稠集,为维护社会治安,在镇西 2 公里处建柴棚巡检司,湖上盗匪遂少,渔业和商贸繁盛。由于镇处鄱阳湖中段,上通景德镇、鄱阳、余干,下通都昌县城、吴城、星子(今庐山市)、湖口,进长江,入东海,瓷器、鱼货、生活日用品的货运船舶在此停靠、装卸,周溪古镇成了鄱阳湖上一个较大的物品集散地,沿大港建起了长达 1 公里的长街,商铺、茶楼、酒馆、旅店和寺庙有近百家,居民达 400 余户。清雍正十二年(1734 年),柴棚巡检司移驻镇上,周溪呈现一片繁华盛景:白天,人头攒动;晚上,笙歌彻夜,高腔、弹腔、采茶戏一齐登台演唱。清同治版《都昌县志》记载:"周溪市,在治东六十里鄱阳湖边。巡检司驻扎,近来烟叶日多,故贸易并集于此。"周溪除了有鱼市、烟叶市,通过昌江运来的景德镇瓷器也多在这里集散和转运。到了民国时期,镇内的商贾大户利用鄱阳湖中盛产的贝壳生产螺纽扣,不但销往国内各地,还远销日本、欧洲等地。一时间,镇内有 10 多家螺纽扣作坊和工厂如雨后春笋般涌现。工厂繁忙地生产,积累了丰厚的财富,镇内居民的生活水平也水涨船高,镇内建起了大量有特色的民居,但由于战乱和天灾频发,古镇在 20 世纪三四十年代一度衰败。

中华人民共和国成立后,周溪镇重新焕发生机,成了全县的棉花重镇和螺纽扣、贝雕的主要生产地。改革开放后,随着联合国援助的 2799 项目 3000 亩精养鱼池的建成,周溪镇的珍珠养殖产量年年攀升。2011 年,周溪镇养殖珍珠 1.5 万亩,销售额达 3000 万元,镇内珍珠加工业和贝壳工艺品加工业日益红火,产品远销东南亚、非洲等地。周溪古镇成了著名的"珍珠之乡"。

三 汊 港 镇

三汊港镇位于县东南部,距县城 20 公里。镇东西两面濒临鄱阳湖,分别与万户镇和大沙镇相望,南接西源乡和周溪镇,西北连阳峰乡,东北邻土塘镇。都中公路穿境而过,三周公路在镇中心起站,因而三汊港镇为全县交通枢纽。

三汊港镇因侯家山、阳储山、芭蕉山的三条港水于此处汇合而得名,俗称"港头",又称"港头街"。三汊港自明代起逐渐发展成镇,清代时为三汊港市,地处景德镇、都昌县城东西往来的要道,又为全县南部货物的集散地和水上码头。

三汊港老街长约 800 米,路面以花岗石铺砌而成,街道较为狭窄,店铺多为土库门面和活动响板两种,早开晚闭,屋宇相连,接行设肆,相对集中。街西端 300 米长、3 米宽的大兴桥,原名"三汊港大桥",是清康熙时(1662 年—1722 年)冯魁三建造的。清乾隆三十年(1765 年),众姓重修,清嘉庆时又重修并改名"大兴桥"。

三汊港老镇有正大街、东大街、东后街、北河街、河街、横街、纵街等街道。正大街上的商铺以百货、布庄、杂货商铺为主,名铺有新太和、新发行、达天全等;东大街上的商铺以医药、食品、糕点商铺为主,名铺有肖永太、玄成堂、德生堂、聂裕和药号、四美饼业等;东后街上的商铺以油坊、百杂商铺、皮品作坊为主,名铺有永春福、吕氏皮货;北河街上的商铺以染坊、铁铺、篾器铺、棺材行为主;河街主要是储运码头,沿河建铺,有走廊长亭,便于货物集散和船老板上岸旅宿,有餐馆、茶楼、旅店、日用百货铺、字画装裱铺和扎纸伞的;横街上的商铺以打金铺、打银铺、缝纫店为主,有很多搬运工、杂工,并定期开设集贸市场;纵街上的商铺主要进行柴、炭交易,设有宰牛、杀猪场地。镇上的农副产品直通饶九,远销皖沪。

三汊港镇历史悠久,行业众多,行业门类齐全,清末民初,行商坐贾百余家。民国时期,很多商铺南货布匹兼营,而且多数是前店后坊。每年春夏两季,镇上的人以白糖、鲜橙、生姜为原料,精制香元条、冰姜片达数万斤。这是官礼茶食,是老幼皆宜的营养补品,堪称全县一绝。冬季,人们又以木梓皮油为原料,加工红素蜡烛,除夕迎春、红白喜事均用得上。红素蜡烛还畅销各地,享有盛名。镇上的各色时鲜百货、糕饼铺、丝线店也驰名县内外,靠船码头的行栈总是一派繁忙景象。一年一度的三相公菩萨过街、五年一次的竖天灯罗天大醮等庙会的兴盛,同样推动了三汊港的繁荣。

抗日战争爆发后,都昌西北三乡沦陷,都昌县政府于1939年迁驻三汊港卢村,同年,星子县(今庐山市)流亡政府也驻于三汊港杨家山,裕民银行、中学等也随之迁入。那时的三汊港镇成了全县政治、经济、文化中心,工商贸易日趋繁荣。抗日战争胜利后,都昌县政府及机关团体陆续迁回县城。当时,内战激烈,民国政府发布封锁南北水陆交通的禁令,三汊港镇这个曾经繁荣的物资集散地便顿时衰败。

第二节 古村

鹤舍古村

　　鹤舍古村位于苏山乡苏山村委会。鹤舍古村古建筑群始建于清乾隆年间（1736年—1795年），距今近300年，面积约6000平方米，砖木石结构，整体建筑坐东北朝西南，共有房子18幢，每幢房屋有天井一个，祖厅有天井2个。整个建筑群呈曲尺形，由十八间大屋联合组成，围着一方池塘而建。以祖厅为中心，建筑群外观整齐划一，每幢屋之间屏头叠起，凤尾飞翘，屋屋墙体相连，户户

道门相通,雨天串门不踏泥泞,所有通道由麻石铺成。其建筑环境因地制宜,错落有致。村前有一池塘,四周塘沿及全村通道皆用花岗石铺成,建筑呈典型的清代民居建筑风格。因为这个村有个不成文的规定——建新屋不能拆老屋,所以除少数墙体因自然风化有损坏,绝大部分建筑保存完好。苏山紧靠鄱阳湖,水陆交通便利,有山有水,自然景观也不错,为这古建筑群增添了风采。2004年,鹤舍古村被县政府列为县级文物保护单位;2012年,鹤舍古村被列为省级历史文化古村。

石桥头古村

石桥头,地形如半岛,北枕狮子山,南临鄱阳湖,村前河流发源于都昌县狮子山麓,村后河流发源于鄱阳县青林山区,两路水源流至雷打嘴汇合,注入池湖。石桥头陆路南北畅达,东西贯通,水路凭河入湖,通江达海,是都昌县古长宁地区最古老的自然村,也是江右冯氏的发祥地。

石桥头,今属南峰镇管辖,是一个行政村,面积约5000亩,人口约3000人,周边与白水、暖湖、大山、油山、黄坡、新丰、马垅等行政村接壤,山水相连,是南峰、芗溪两个乡镇的中心腹地。一村与数村相邻,数村以一村为通衢,地势平坦,地旷人旺,石桥头历来为农业、农副产品加工业、商业和文化教育业兴旺发达之所。

宋天禧辛酉年(1021年),进士冯公甫任饶州郡守,赴任时道经东汇(今鄱阳湖),遇飓风骤雨,所乘行舟失控,漂入湖湾避险。风息雨停之后,人物皆安然无恙,冯公甫率众登高视察。见该地山清水秀,林木葱茂,盛产灵芝,地势开阔,谙熟堪舆之学的冯公甫满心喜悦,感叹此处为"祥瑞之所""再生福地",遂指物命名该地为"灵芝山",指事命名该处为"长宁",与其祖籍安徽休宁有一种遥相呼应、不可割舍的联系,并有意在此定居。冯公甫在任数十年,成为耆英会首,在灵芝山筑别墅。公元1055年,冯公甫年事已高,且不愿在尔虞我诈、互相倾轧的官场混迹。时值大宋推行重农耕、兴文教的国策,所以土沃物卓、地旷人稀的鄱阳湖区成了有识之士竞相圈地的好场所,向往且耕且读、平安、随意的生活方式的冯公甫于是谢政,举家在灵芝山定居,尔后将其曾祖父南唐户部尚书冯延鲁从南唐国都洪州迁于居所之北安葬,以示永久根植于此之志。冯公甫定居于灵芝山,以教化为己任,兴学授徒,四方八邻,学子云集,不出四五年,声誉远播,隔州过府慕名前来求学者络绎不绝,"千里之外从者如流",时人誉其居所之地为"读书坂"。

宋大观二年(1108年),冯公甫的五世孙冯齐云领贡举。他"韶年积学,才能超卓,攻而不伐,高而不骄",在外任职多年,见多识广,且有积蓄,晚年还乡,常见居民在其门前河段涉水而过,一年四季,"厉揭之苦",顿生怜悯之心,决意要建一座永久性的石头桥解决东西两岸的交通问题,以除民生之痛,以防涉水致病、溺水致命。宋绍兴癸丑年(1133年),他独自捐资,运来大型石料,在门前建造了当地第一座石头桥。石头桥建成之后,人们一年四季畅行无阻,东西之间往来便利,加强了都昌、鄱阳两县边境水网地带的联系,给人们的生产生活带来了极大便利,不仅促进了当地的经济繁荣和人丁兴盛,也为半岛地区解决交通难题做出了示范。由于石头桥桥在村头,村头建桥,并且是该河段第一座用石头建造的桥,从此村庄正式定名为"石桥头",该桥今人称为"老屋桥"。据宗谱记载,石头桥除在清雍正癸卯年(1723 年)重修一次,近九百年间,历经水冲船撞、车碾牛踏,仍完整可用,至今仍是人们步行往来、农事劳作的必经之桥。

经过明清两代约五百年的繁衍生息,石桥头再度兴旺,村庄扩展,沿河岸而建,绵延逾两里,是四邻赞赏、远近称羡的富庶之村,直到太平天国起义军在1853 年到 1863 年的十一年中七度进驻都昌。后来,起义军筹粮过于频繁,激起农民不满,农民时时产生抗征行为。激起民愤的是起义军征牛以食用。对于土地广多的石桥头农民来说,耕牛就是劳动力,耕牛就是命根子,宰杀了耕牛,就破坏了生产,影响了生活,于是农民组成团练与太平军抗衡。清咸丰甲寅年(1854 年),太平军闻报石桥头组成团练与其作对,派兵前来进剿和搜捕,见村庄富庶而宏大。搜捕无功而返、秉持劫富济贫主旨的太平军见农民既不愿捐粮捐牛,又组成团练与其对抗,于是横下一条心,行威胁和惩戒两手,四处纵火,烧毁民房 77 幢。经过此次兵燹,石桥头元气大伤,明代及清代早期的富丽之所荡然无存。

石桥头临河而建,倚岸而居,村庄绵延一公里有余,最低处在 18 米水位线以下。1954 年发大水期间,水位高达 21.71 米,全村有 1/3 的房屋被淹;1998 年发大水期间,水位高达 22.42 米,全村有半数以上的房屋浸泡在洪水之中。南峰大坝的修建使石桥头不仅成了湖区,而且更像一个库区,遇局部连续降雨时,即便鄱阳湖水位不高,坝内水位高于 18 米的年份也不少,半岛地区成泽国,人民群众心不安。频频发生的水灾使石桥头人居而不安、业而无绩,生活有危机,生产无效益。后来,村里实行移民搬迁,建立新村,全村有 200 户按统一规划迁至高地。新村北通中南公路,西接枫芗公路,交通便利,大车可进村,小车可入户,真是"离了水路有公路,弃了旧房建新房"。新建的高楼鳞次栉比,一片繁荣景象。现在,"古村成新镇,旧貌换新颜",形成新老两村的布局,老村保留了部

分明清建筑,新村建起了高楼大厦。千年古村既承载了传统文化,又焕发了勃勃生机。(冯唐波)

李 贺 村

狮山李贺村是一个有 700 多年历史的村庄。村前 6 米高的书有"李贺村"村名的牌楼两边蹲着两尊巨大的石狮,进村的垂柳长堤下,溪塘清澈,微风吹过,碧波荡漾。堤岸边、柳荫下有十几个休闲石凳,可供游人和在田间劳作的人们停留歇息。村中几幢青砖黛瓦、翘角飞檐的清代古建筑与时下用各色彩砖建造的幢幢楼房错落对映,既别致又和谐。

这是一幢建于清代、有 300 余平方米的徽式建筑。推开大门,是一方近 30 平方米用青石板材铺设的天井,两个 2 米多高的万年青花瓷瓶停立其中。正厅与天井廊檐用以传统式样做成的木栅栏隔开，天井的四角立柱上方，镂空雕花狮撑，栩栩如生，完好如初。正厅两边穿枋上有以"八仙过海""桃园结义""五子登科"等故事为题材的精美镂雕，惟妙惟肖。另一幢被称为"五间厅"的古建民居，外观墙体完好，屋内上、中、前三个大厅，正房、厢房共22间，有两方大天井和二眼小天井，内墙四周1米多宽的游同达百余米。大天井四周的厢房、耳房全用镂空花板镶嵌，整幢房屋占地近2000平方米，有100根落地屋柱。据介绍，有200多年历史而又保存完好的清代古建筑，该村有5幢。"花厅"和"五间厅"建造于清乾隆年间（1736年—1795年），这几幢古建筑的厅堂周围的屋柱全部用油漆刷新。古人对古建筑的爱惜和珍视程度，令人惊叹。在"五间厅"的东墙脚，有几块当年制砖人在砖坯上刻写的"乾隆七年造""乾隆壬戌年制"的字样，还有一块墙砖上刻了一些满文。这些砌墙的古砖足以认定这幢建筑是在1742年至1745年建造的。

几百米长、两米高的文化长廊，是恒信石材公司老板、村籍人士李辉勤先生于2007年建筑的。李辉勤先生费时几个月，将曾国藩"为人、处世、齐家、修身"的一些论述译成白话文，并请人将文字镌刻在287块高约70厘米、宽约40厘米的青石碑上，再将这些石碑镶嵌于长廊上。行人，特别是儿童，经常驻足观看。这对提升村民的文化道德素养和教育下一代都起到了非常重要的作用，能影响李贺村及周边村庄的几代人。

村前牌坊上方的石碑上书有"望贤思齐"四个大字。

李贺村具有浓厚的古今文化的韵味、和谐的村落风貌与优美的山水自然风光。"伟阁长廊相对映，新楼古屋相参连。溪塘萍泽观鱼跃，训语文碑育后贤。"这里将受到越来越多的人的青睐，给越来越多的人以启示！（邵猷道　曹达森　沈友福）

铺 前 秦 村

　　铺前秦村位于县城以北 10 公里处的城北公路旁,属北山乡余铺村委会,面积约 8000 平方米。该村的古建筑群始建于 1840 年。该村秦光仪与李鸿章交情甚厚,在芜湖开瓷器店发了财,回家大兴土木。村里古建筑中的每栋房屋中间都有堂灯,四角有花灯(皆以枣木做框),每逢佳节便点亮此灯,这个习惯一直延续至今。村中现存古建筑 7 幢,呈一字形排列,每幢长 15 米,宽 7.5 米,均为砖木结构,内部雕刻精细,屋屋相连,弄弄相通。整个村庄为秦氏一族,全村有 400 余人。据《秦氏家谱》记载,秦氏一族是宋代开宝年间(968 年—976 年)从湖北武昌迁来的,称"天水世家"。该村紧靠北多公路,交通便利,北边有 50 余亩树林,西北紧靠新妙湖,有山有水,有田有地,可谓鱼米之乡,现已申报为省级历史文化保护区。(王友松)

高 塘 古 村

　　高塘古村位于县城以北40公里的大港镇。从大港水库出发,经六七里水路,便进入大港山区和平涧中,离舟陆行约5公里,便到了全县最高的村庄——高塘村,如今盘山水泥路已修到了高塘村。这里位于群山之巅,最高海拔为486米。村中有一口天然大水塘,人们遂称此村为"高塘"。

　　村里奇花异草遍地,药用植物达数百种,古木奇树不计其数,森林覆盖率达98%,浓荫蔽日,气候异常凉爽。村中房屋大多为砖木结构,但仍用杉木、杉皮搭建房子。村内昼日幽静,偶尔有鸡犬之声相闻。村民古风犹存,纯朴善良,热情好客。如有客来,村民会用山中清泉煮泡山中野茶请客品尝,同时拿出大山中生长的野菜、野笋和自制的熏肉烹炒,让客人饱吃一顿古村中的风味美食。

　　站在村头向西望去,群山从脚底奔去,白云向身边飞来。三条溪水向东、南、北三面奔流而去。村口坡上有一棵千余年树龄的银杏树,腰围需要四人合抱,高20余米,树冠硕大,枝繁叶茂,依然果实累累。此树周围有6棵200余年树龄的银杏,拱卫在老树之旁。它们似一群由老爷爷率领的子孙,不惧风雨,年复一年地肃立着迎接山外来客。

古村自南宋建村以来,已经历了 800 余年的风雨,虽地处大山深处,但教育气氛十分浓厚。这个只有 20 余户人家的小村中却有一个有 10 余名学生的学校,琅琅读书声半入江风半入云。(罗水生)

第七章　古建筑

第一节　古民居

刘 溉 鼓 楼

刘溉鼓楼位于土塘镇信和村委会鼓楼自然村,属明代建筑,坐东朝西,砖木

结构，面阔7.27米，进深59.9米，建筑面积为436平方米，为三进式两天井三开间，天井由青石铺就而成，素土漫地，由鼓楼、戏台、前厅、后厅组成。鼓楼为重檐歇山顶，前厅、后堂为抬梁式结构；厢房为穿斗式构架，硬山顶，青瓦屋面；前厅及后堂尚保留明代早期的月梁体系构架。此楼建于明代正德年间（1506年—1521年）。刘溉，明正德二年（1507年）进士，先后任藤县、望江等县知县，为官清廉，有政绩，明廷颁旨在原籍建鼓楼予以表彰。该鼓楼在体现当地宗祠的形制和建筑艺术等方面具有重要的文物价值。

鼓楼屋顶为歇山顶结构，青砖黛瓦马头墙，四面重檐，八角微翘，气势威武。据《刘氏宗谱·鼓楼记》所载，刘溉英年入泮，桂枝高折，为官清廉，政绩显著，明廷旨谕在本村建鼓楼旌表贤劳。谱中还刊有鼓楼图。图中鼓楼为三层楼式建筑，有12个翘角，下层正门上方有匾，刻有"声闻于天"四字；门两边有一副对联，上联是"四任文林昇太守"，下联是"九重魏厥锡天宫"。

鼓楼后是一幢明建三进两井的古屋，一进是万年古戏台，戏台两边是化妆房及行头把子房，大天井两厢是观戏楼；二进厅是观戏厅。大天井两头雕窗刻柱，四角均是龙狮撑，红色础石镂有花纹。刘溉鼓楼及万年古戏台是都昌仅有的保存较好的明代伎艺古建筑。自明代以来，鼓楼历经沧桑，今昔面貌虽不尽相同，但主体没有大变动，为该县仅存的一个古楼阁，现已被列为县级重点文物保护单位。

石 树 围 屋

石树围屋位于汪墩乡大桥村委会，属清代建筑，坐西北朝东南，砖木结构，青砖灰石，硬山顶，马头墙，面阔45.7米，进深58.7米，部分建筑为歇山顶，正门门楼有用红石刻的戏台人物、动物图案等，门额有用青石刻的"渤海垂荫"四字。石树围屋由5幢大房子组成，天井多用红石铺就，素土漫地，建筑规模及建筑风格为都昌古建筑的典范。2004年,石树围屋被列为县级文物保护单位。

该建筑始建于清乾隆年间(1736年—1795年),距今近300年,保存完好,是一幢深庭大宅式的清建老屋。因围屋位于石树村南,老百姓称此屋为"南边圈"。该屋占地7200多平方米,是一幢拥有大小房间138间、大天井48个、小天井难以计数的砖木结构的四间六进棋盘屋。廊檐门窗,雕梁画栋;通道幽深,迂回曲折。室内采光安排合理,八面通风,晾晒方便,晴可遮阳,雨可避雨。人进入圈内,如入迷宫。此幢古宅曾入住44户计280余人。

元至元二十一年(1284年),吴原道从余干英山到星子(今庐山市)白鹿洞书院游学至都昌石甲山,入赘于石姓,后择附近村重新安家立户,并在村前竖一石碑,表示对岳丈石姓的崇敬和纪念,还嘱咐后世子孙要永远与石姓和睦相处。石碑至今仍存。自此,其子孙分支搬迁,繁衍建村,均在村名前加一"石"字,如石树村、石家湾村等。其第十五代孙吴文壁因经商成为景德镇有名的窑户,家道巨富,遂在村南购置担田(约11亩)建房,唯东西中间有黄姓0.7亩水田坚持不肯割舍,扬言"金不换"。对此,吴文壁并没有动摇建房的决心,于是精心设计,围田四周建天井,上留天窗,阳光雨露照旧,并设计一侧门,留以通道,既方便进出,又不影响宅内安全。黄姓下一代人还是将田卖给了吴姓屋主,使古宅得以完整。大屋建成后,吴文壁聚族而居,鸡犬之声相闻,睦邻相处泰然。几十户人家,几百口人丁,一代又一代地繁衍生息。

南边圈,一幢雄伟的古建筑,至今保存完好。石树吴村现有 112 户,共 650余人。

袁钜古楼

袁钜古楼坐落在徐埠镇山峰村委会袁钜自然村旧址石家塘(俗称"门口塘")西侧,与镇政府驻地徐家埠隔河相望,相距约 500 米。

建于明永乐年间(1403 年—1424 年)的袁钜古楼有其历史人文背景——它是为彰显都邑袁姓十大房发祖鲁成公袁钦七而建造的。清康熙版《都昌县志》

记载:"袁钦七,字鲁成,号双溪,授云南上上林州判,升城都前卫正守备。"所以袁钜古楼也称"将军楼"。

历600余年的袁钜古楼虽经沧桑岁月和风雨洪涝之侵蚀,却历久弥坚,古楼主体未有坍塌倾斜。据本村老人忆述,古楼主体为四面两层砖木结构,楼面覆盖小青瓦,楼顶中央装有明黄、瓦兰、醉红三色塔式瓷质宝刹。以顶刹为中心,八条楼脊呈瓜棱状向四角延伸,出角处呈上弧形翘起。第一层东面为实木板墙,其余三面为青砖墙。第二层四周均为实木镂雕花板排窗,东面装有实木扶栏。

古楼顶高8米,占地面积约为120平方米,建筑总面积约为240平方米,外形翘角飞檐,内部雕梁画栋,两块书有"文元""副元"的黑底金字匾额堂皇夺目("文革"期间被砸毁),呈现出质朴、庄重、美观、大方的建筑风格。2005年,袁钜古楼被列为县级保护文物。

卢 村 明 屋

卢村明屋坐落在阳储山东麓,距县城19公里。明嘉靖年间(1522年—1566

年），卢氏从县城迁至此地安居置业，兴建有多幢花屋，现仍有石板厅、佑公厅、四进厅三幢房屋，这三幢房屋呈品字形排列，主体保存完好，总占地 16 亩。该古建筑群均属砖木结构，穿斗与台梁为混合结构，外窗极少，以大天井通风透光，内部隔扇门窗甚多。室内遍布石木雕，石刻多为双鲤跳跃图案，石材主要为红石、青石板和花岗石，至今保存完好；木雕以花格为主，简略明快，属典型的明代建筑风格。

石板厅造型别致，三进三厢，阁楼、绣楼并列中厅左右，大天井长 15 米，宽 1.5 米，周围用红石镶嵌，以青石板做成围栏，以防雨水，结构独特，既实用又美观。门照为独体墙构成，高 10 米，人行其前时有回音，村人称为"回音壁"，上刻"高容"二字。墙上爬满了爬山虎，古老质朴，象征着卢村古建筑文化的渊源。卢村四进厅气势宏伟，内有大天井三个，全屋共有 120 根柱脚落地，以青石板雕刻鲤鱼跳龙门等多处。抗日战争时期，国民党都昌县政府曾两次迁至该屋办公。

都 昌 花 屋

明清以来，都昌县有很多人在景德镇烧窑、制瓷、贩瓷，一些人衣锦荣归，便在家乡修建精美房屋。他们雇佣工匠，在房屋的木石构件上雕刻了大量的图案花纹，形成了一种独特的"花屋"建筑。这种"花屋"在南峰镇和芗溪镇很多。

花屋式民居的建筑形式、构造和装饰很有地方特色，体现出深厚的人文气息和浓郁的乡土气息，有着较高的历史和艺术价值，保存下来的以清代康熙年间（1662 年—1722 年）、清乾隆年间（1736 年—1795 年）以及民国初年的天井式花屋民居为主。天井式花屋采用正方形或长方形的外形结构，对称式分割，有前后天井、正堂和后堂以及左右厢房，大部分为穿斗式或穿斗式与抬梁式相结合的木构框架。天井是为了解决通风、采光、排水问题而作为室内空间存在的。

外墙装饰只运用于主要部位上,大体有门罩、门楼、门斗和门廊,室内装饰重点突出在正堂天井周围的隔扇门窗、梁坊、柱托、撑拱。楼层的栏板的装饰手法有浅雕、浮雕、透雕,这些装饰手法把花卉鸟兽和吉祥图案等复杂纹样与历史神话故事、戏文人物表现得淋漓尽致,十分富丽堂皇,其艺术之高超,工艺之精细,可称得上是民间雕刻艺术的博物馆。花屋的砖雕、石雕也是上乘之作。全县现有花屋232幢,保存较好的有126幢,有13幢被列为县级文物保护单位。

冯宗贤花屋

南峰梅树园冯宗贤花屋坐落于南峰街,建于清光绪年间(1875年—1908年),面积为231平方米,穿斗与台梁混合式结构,高约6米,屋内敞亮凉爽。屋中有一天井,有上下两进八间厢房,门窗隔扇都镂雕成各种花纹的空格。隔扇下是长方形的木雕图案,有三国故事,有神仙传说,其中的房屋城堡、花鸟虫兽、官史神仙栩栩如生、精妙绝伦。天井两旁厢房的花窗下各镶嵌三块长方形青石板,上刻古诗词和花边图案。这样既可防止从天井流下来的雨水淋湿板壁,又为花屋增添了典雅的文化色彩。大厅内 16 根丈八大柱下是硕大的红色础石,上面雕刻了精美的花纹。天井旁的两根台梁共有 4 个大狮撑,狮口衔球,全部镂雕中空,狮口中的花球还可转动,8 个短撑镂雕成 8 位神仙。屋内木雕全部涂漆描金,虽经百年风雨,但相当一部分木雕依然金光闪闪,透露着当年的豪华。

余忠富花屋

白水塘余忠富花屋坐落于南峰镇白水塘村,中华民国年间(1912 年—1949 年)建造,总面积约为 600 平方米,砖木结构。大门两侧用 4 块长方形红石雕刻琴、箫、书、剑图案,镶嵌于墙内。屋内看似两进,实则三进,除了中部有一天井、大厅有一饭厅,后墙也有一天井。天井两侧都有青石板护壁,上刻古代名人语录和佛道语录,书法以行书为主,飘逸潇洒,刻工精湛。大厅两壁上端镶嵌有 8 块景德镇著名画家绘制的山水人物瓷板画,堪称一绝。

刘禹花屋

刘禹花屋位于县城以东徐埠镇徐埠村委会东北方向一公里的勋而咀村。该屋坐北朝东南,村前有门口港,屋后是彭垅,地势平坦开阔。此屋占地面积约 2 亩,前后三进,进深 22.6 米,宽 12 米,高 8 米,建造于清乾隆年间(1736 年—1795 年)。

该屋建筑材料为砖、木、石材,墙基上砌有 6 行一米多高的麻石半墙,麻石斗上砌有封火墙,四面皆为平面。从外看,该屋如一颗四方大印。屋内前后有两个天井,全用麻石铺砌,长约 4 米,宽 1.2 米,深 0.22 米,全屋雨水都从天井流出,名曰"四水归堂"。厅堂在天井两边有两正房两厢房,计 8 大间,全屋共有 56 根柱子落地,厅堂上有天花板,板下又装满对称花纹图案,走廊上有拱形顶棚,天井两头有狮撑、人像撑、花草撑。厢房用半节花窗相接组成,照梁、穿枋、房门、窗门都雕有各种不同的人物、飞禽、走兽、花卉,雕刻技艺精湛,描金抹漆,使形象栩栩如生。厅堂柱上装有铜质凤勾,础石分两层,上层是鼓形,下层是六方体,大门头上有鱼形斗拱和官撑,构成小巧玲珑的翘角门楼。此屋系刘禹祖传遗产,由其子侄居住。该建筑从外表看和都昌其他古建筑没有区别,但其门罩及室内雕刻保存完整,且工艺水平精湛,为都昌所罕见,故有"花屋"之称。2004年,刘禹花屋被列为县级文物保护单位。

黄 坡 花 屋

黄坡花屋坐落在芗溪黄坡村,清同治年间(1862年—1874年)建造,面积为300余平方米,砖木结构,上、中、下三进,两天井均长24.7米,每个天井檐下都有四个雕刻精美的狮撑、花鸟撑和人物撑。前厅横照上挂有光绪帝手书的"旌表贤节"金字牌匾。门窗、隔扇及绿环板上均有精浮雕,图案多为年年有"鱼"、五福临门、梅兰竹菊和福禄寿喜等。黄坡村有多幢这样的花屋,这些花屋通过花岗石铺砌的路相连成花屋群。

余 昭 金 宅

余昭金宅位于芗溪黄坡村委会,清代建筑,坐东朝西,砖木石结构,青砖灰瓦马头墙,进深19.9米,面阔11.5米。宅中有天井一个,红石铺就,素土漫地,室内雕刻工艺精湛,柱撑保存完好且极为精致,天井两边的厢房有青石刻字。2004年,余昭金宅被列为县级文物保护单位。

李 辉 白 宅

李辉白宅位于多宝乡昭兴村委会,清代建筑,坐西朝东,砖木结构,穿斗式梁架,硬山顶,进深 18.8 米,面阔 12.2 米,中有天井一个,红石铺就,素土漫地,有描金木雕,有木刻诗文四首,中堂上方有清同治十年(1871 年)浮梁县令题的"官政初荣"牌匾一块,室内雕刻工艺精湛。2004 年,李辉白宅被列为县级文物保护单位。

查 德 杰 宅

查德杰宅位于万户镇东升村委会,清代建筑,坐西北朝东南,砖木结构,穿斗式木架,青砖灰瓦马头墙,进深 15.6 米,面阔 12 米。宅有一正两厢六房,前厅木雕上有瓷板 12 块;中有天井一个,红石铺就;天井两边厢房上的花窗各 8 块,花窗雕刻保存完整,雕刻工艺精湛。过廊上有镂雕戏文挡板,梁柱装饰鱼尾仅托木雕,厅内备有香案。查德杰宅已被列为县级文物保护单位。

余 略 才 宅

余略才宅坐落于芩溪乡声杨村西端,面积为 300 余平方米,砖木结构,分上、中、下三进,总长 24.7 米,清同治年间(1862 年—1874 年)修建。堂与堂之间均由花岗石铺砌的天井相连,每个天井檐下都有 4 个雕刻精美的狮撑、花鸟撑和人物撑。门窗皆为隔扇式,隔扇为五珠,槅心有透雕,图案有冰裂纹、回端纹、镶花等。绦环板上有精美浮雕,图案有年年有"鱼"、五福临门、梅兰竹菊、福禄寿喜等。天井两侧厢房窗下嵌有雕刻着花卉的青石板 6 块,刀工流畅精细。

余 乐 镇 宅

余乐镇宅位于中馆镇港西村委会余家义自然村,坐西朝东,进深 18 米,面阔 11.4 米,砖木结构,青砖灰瓦马头墙。宅中有天井一个,青石铺就,地面已被破坏,被铺上了混凝土。"文化大革命"期间,花窗被破坏,经多年风雨侵蚀,墙砖也已部分风化,但主体结构保存较为完整。

余 康 助 宅

余康助宅位于中馆镇港西村委会余家义自然村,坐西朝东,进深 15.5 米,面阔 11.2 米,砖木石结构,青砖灰瓦马头墙;中有天井一个,青石铺就,素土漫地;下厅有楼,室内部分雕刻仍保存完好。多年前宅内花窗被盗,年久失修及风雨侵蚀也使墙体出现破损情况。

张 新 广 宅

张新广宅位于中馆大塘村委会营里自然村,坐西南朝东北,进深 22.5 米,面阔 11.8 米,砖木石结构,青砖灰瓦马头墙。宅中有天井一个,红石铺就,素土漫地。天井两边厢房中的雕刻极为精致,有文字、图案、戏台人物。室内保存有中华民国三年(1914 年)的、题字为"松柏有心"的牌匾一块。年久失修及风雨侵蚀使张新广宅墙体坍塌、破损严重。

张 学 荣 宅

张学荣宅位于中馆镇大塘村委会营里自然村,坐西南向东北,进深 26 米,面阔 12.8 米,砖木石结构,青砖灰瓦穿斗式。宅中有天井一个,红石铺就,素土漫地。室内雕刻极为精致,为镂空雕刻,图案为花卉、戏台人物、楼阁等。天井两边厢房中有用青石刻的图案和文字,门楣刻有"古风轩"三字,雕刻保存完整且雕刻工艺精湛。宅内花窗及青石雕刻于 2002 年被盗,宅屋整体结构保存完好,室内雕刻少部分破损,但仍有较高的保存价值。

第二节　名人故居

江万里故居

　　南宋名相江万里故居——圣厅坐落于阳峰乡共升村委会府前自然村。《都昌县志》记载:"古心堂——江文忠公私茅有理宗御书'古心堂'额。"历史上,古心堂曾几兴几废,"文化大革命"中又遭到破坏,面目全非。1995年,村民集资,县内外江氏人士捐款,古心堂得以重建。"古心堂"三个大字由原江西省社科院名誉院长、著名史学家和书法家姚公骞书写,广西贺县(今贺州市)江永新赞助

1000 元制成金字牌匾。该牌匾悬挂于正厅。古心堂至今保存着"名高宋代"古匾、丞相手植柏树（树干）和丞相喂马用的马槽等文物。两次参加江万里纪念大会和前来考察、寻根的海外人士均来阳峰瞻仰古心堂，凭吊先贤。古心堂中有两副脍炙人口的对联：一是"兄宰相，弟尚书，联璧文章天下少；父成仁，子取义，一门忠孝世间稀"，二是"烈士无双双烈士，忠臣不二二忠臣"。对联反映的是1275 年元兵破城后，江万里举家于饶州止水殉难和江万里、江万顷双双为国尽忠的壮烈事迹。（余星初）

余应桂故居

余呈湾村是明朝后期著名忠臣余应桂的祖居地，位于春桥乡境内。据余氏谱牒记载，余应桂乃秦相余由之七十二世孙。唐末，余由之四十四世孙余迪（字元诏,号十万)随父亲嗣光宦游江州,因避黄巢之乱,迁居都昌县大塘村(今都昌县徐埠镇雪岭村委会大塘余村),其后子孙繁衍,散布都湖。其中,余元吉由大塘村分迁东位湾村(今都昌春桥乡官桥村委会东位湾村),六十六世余秉刚自东位湾迁居余呈湾村。余秉刚之子名余呈,贡生。余呈生三子,此村遂人丁兴旺。村以人名,故名"余呈湾村"。

余应桂(1585 年—1648 年),字孟玉,号二矶,生于明万历十三年(1585 年),为明万历四十七年(1619 年)己未进士。他于明天启六年(1626 年)任福建龙岩县令;于明崇祯元年(1628 年)任海澄县令,清廉自守,"事事精敏,下不能欺";于明崇祯四年(1631 年)任御史,七次弹劾首辅周延儒;于明崇祯七年(1634 年)出任湖广巡接,后为巡抚;于明崇祯十六年(1643 年)起为兵部右侍郎,后家居都昌;于清顺治二年(1645 年)起兵抗清,清兵破都昌,余应桂不屈而死。《明史》有传。

余呈湾村经过历史的变迁,面貌发生了很大的变化,但仍保存了一部分历史遗迹。村前的环境遗存较好。后人为了纪念余应桂的伟绩,于 20 世纪三四十年代特在村前新建厅堂一座。村里人对村前的地貌有一种特定说法,把厅堂前两棵古树称为"左青龙""右白虎",左边是古樟树,直径大约为 0.6 米,右边是古枫树,直径大约为 1 米,都至少有 400 年的历史,高约 24 米。村前有一口正方形的小池塘,大家都把它称为"砚池塘"。砚池塘的面积大约为 2 亩。再往前是一块 8.2 亩的规则的田地,名为"官印田"。其左边是一口约 14 亩大的池塘,人们称之为"纱帽塘"。"纱帽塘"前面便是一座三峰相连的小山,因其形状与古代文人常用的工具——笔架极为相似,故名"笔架山"。

曹彦约故居

曹彦约故居主要有尚书府和星凤楼。

尚书府坐落于衙前村,始建于南宋宝庆年间(1225年—1227年)。曹彦约被擢升为兵部尚书后,皇上敕建尚书府邸。该建筑前后共三进,设计周密,造材优质,经能工巧匠精雕细刻而成。因感皇恩浩荡,该村改名为"留恩村"。宋朝末年,曹彦约之孙曹之格出任宣慰使时,将宣慰衙门设置在尚书府邸,改尚书府为宣慰官衙,改村名为"衙前"。宣慰官衙在宋末被元兵毁损了一部分,但元统治者为了笼络人心继续保留宣慰官衙的机构设置。宣慰官衙被元朝重新起用,并在原建筑的基础上增建了一幢,且在官衙前面竖起了旗杆,增设了一个丈余高的石柱,石柱上面放置了一块雕刻了花纹的石板,柱身雕龙画凤,十分壮观,世人称之为"华表"(已毁损)。元朝覆灭后,自明朝起至中华民国时期(1912年—1949年),尚书府邸一直被用于兴办学堂,供族中子弟薪火相传。可惜的是,在"文化大革命"时期,尚书府的前后两间都被损毁,现仅存中间一间正堂。该正堂是四叠五加梁风格的,1975年重新拆装维修过一次。

其仅存的附属建筑"尚书井"开凿于尚书府邸门前,当时井上做了一个四柱擎天的凉亭,解决了乡人饮水困难的问题。该井曾于清乾隆十九年(1754年)进行过一次大修,现废弃不用,但古井尚存。如今的古井井沿淋水后依稀可见"乾隆"等字。

星凤楼坐落于衙前村,始建于南宋宝庆年间(1225年—1227年)。《都昌县志》载:"星凤楼,宋尚书曹文简公建,以贮图书,上有《星凤楼法帖》,在张家岭衙前曹家门首。四面环以水池,前架石桥,士人呼为八角亭。"据《曹氏家谱》记载,星凤楼是由皇帝拨银御赐建造的,供先生(指曹彦约)在故里读书、篆字、收藏、研讨及颐养天年之用,南宋理宗皇帝御笔书写的"星凤楼"牌匾就悬挂于星凤楼上。该建筑是一座典型的宋式三层建筑,占地面积为150平方米,建在池中央。该地按八卦图形开挖,架一石桥通途,四面栅栏倚水,廊曲榭回,雕梁画栋,斗拱飞檐,气势宏伟,高耸入云,楼顶屋脊瓦上安插有一个大花瓶。阁楼池水外围古木参天,花团锦簇,小桥流水,好一派江南景色。楼上除藏有《星凤楼法帖》,还珍藏着多种山水奇画和书法作品真迹。星凤楼在宋末元兵到来之时被焚毁。清雍正十一年(1733年)衙前村民重建星凤楼,并作序记之:"维雍正元秋,重建水阁建成……至于经营措置,位则中正,制则浑坚,势则巍峨,峻起超然特色也,且设阁空明,可以披风爽,可以负日之暄,可以宾月之来,而饯其往,临斯也,不有心旷神怡然以志远者乎,匪落已也,倚栏杆,观鱼游。"自此至中华民国时期(1912年—1949年),该楼和尚书府邸一起为学堂师生们专用。可惜的是,在"文化大革命"时期,该楼被造反派所毁,仅存水池。

第三节　古祠堂

县城的祠堂

中华人民共和国成立前,县城古南镇保留了很多祠堂,它们是旧文化的象征。

数千年来,封建宗族观念在人们脑中根深蒂固,反映这些宗族观念的典型建筑物就是族氏宗祠。它多以姓氏为名,是宗族集会、调解纠纷、修谱、祭祀的活动场所。各宗族的祠堂除一部分分散在乡村,大多都集中在县城。据不完全统计,至中华民国末年,县内祠堂尚存42所。一些有钱有势的大姓大族将祠堂建得非常宏伟,雕龙画凤,气宇轩昂。堂屋青砖碧瓦的棋盘屋,深有三四进,还有许多附屋建筑如大院、家庙、回廊、傍屋。族中有窑主、官吏、商贾的,祠堂造得更加宏大,甚至一姓建有多幢祠堂。在祠堂的管理上,由村出钱"拢会",每姓定"头首"负责,会上置有田产收租作为宗族每年清明进行祭祀等活动的活动经费。祠堂除做公用,也出租给私人居住。县内可查考的祠堂、家庙如下:

金街岭邵家街一带:沙港别墅、刘氏家庙、江夏第(即黄家祠堂)、许家祠堂(抗日战争全面爆发前被拆)、徐家祠堂(现实验小学对面)、刘氏宗祠(现百货公司仓库处)、秦家祠堂、黄氏宗祠、邵家祠堂(原弘毅小学)、邵氏家庙(现图书馆)、邵氏大祠堂(现县印刷厂)等。

斗星街:沈家祠堂、陈家祠堂、姜家祠堂、李家祠堂、周家祠堂(现县轧花厂处)。

东街:郑家祠堂、石家祠堂、于家祠堂(中华人民共和国成立前出租给汪平洋开医院,现副食品公司处)、王家祠堂(中华人民共和国成立前,镇公所曾设于此)。

西街:江家祠堂(在原都昌镇政府对面)、詹家祠堂、杨家祠堂、黄氏家庙(中华人民共和国成立前,国民政府法院曾设于此)、汪家祠堂、张家祠堂、余家祠堂(中华人民共和国成立前,国民政府县署曾设于此)、赵家祠堂(现体育馆)、吴家祠堂(中华人民共和国成立前,国民政府公安局曾设于此,现棉麻公司)、向家祠堂、杜家祠堂、巴家祠堂、袁家祠堂(现南门居委会)。

柳树堰:冯家祠堂、万家祠堂(现东门居委会)、程家祠堂、罗家祠堂、卢家祠堂(中华人民共和国成立前被拆)。

北门:吴一峰祠、饶公祠堂(系周祥念八公造)。

彭家角:彭家祠堂(原县供销社处)、陈家祠堂(原法院处,因祠堂宏伟,当时有"陈家人,真有财,造个望风台"一说,中华人民共和国成立前,邮电局曾设于此处)。

学前街:黄家祠堂、谭家祠堂、伍家祠堂、郭家祠堂、曹家祠堂。

官塘:段家祠堂、柳家祠堂、黄家祠堂、马家祠堂。

信 和 祠 堂

信和祠堂位于土塘镇信和村委会寨楼岭以南的桂花园,清代建筑,砖木结构,青砖灰瓦,进深41米,面阔14.3米,建筑面积为586.3平方米,三进两天井三开间,穿斗式与抬梁式混合结构,硬山顶。天井以青石和红石铺就,地面已被破坏,被铺上了水泥。祠堂内,下厅有戏台,戏台有歇山顶;上厅有中门。

祠堂坐北朝东南,背靠信和公山,西有月塘,视野开阔,景色优美。该祠堂

占地面积近 3 亩,墙为封火山墙,墙头为拉弓式,前进为万年台,进深 9 米,面阔 14 米,台下高 2 米,台上高 6 米。台面对官厅,两边飞檐翘角,台中有八卦形天棚,台前有用青石板铺成的天井。天井长 10.3 米,宽 8.4 米。天井两边分别为 2.8 米宽的游楼。游楼、官厅均可作为看戏的场地,全场可容纳近千人。中华人民共和国成立前,刘姓修谱、祭祀等宗族仪式均在此祠堂内举行。

官厅进深 11 米,宽 6 米,高约 6.4 米。官厅前有 2 米宽的卷棚顶走廊通向两边的侧门。官厅上有天花板,俱描金抹漆,现已部分剥落;础面为腹盛式,周围刻有石榴、葵花等图案。官厅后是祖厅,进深 9 米,宽 6 米,高约 6.4 米。祖厅前有长 4.3 米、宽 1.3 米、厚 28 厘米的以红石砌成的天井。天井两头有茶厅,为议事、休息之所,厅上均铺设天花板,基础石形与官厅雷同,础石高 34 厘米,直径 40 厘米。该祠后半部分结构造型具有明代特征。信和祠堂已被列为县级重点文物保护单位。

黄 坡 祠 堂

芗溪乡黄坡村古祠堂历史悠久,至今保存较好。清代末期,都昌知县罗成藻率领众衙役一行二十余人下乡东巡,路经芗溪黄坡,有村民得知知县到此,赶来拦轿告状,请求知县大人做主为其申冤。罗知县借黄坡祠堂审理案件。不知何故,罗知县在听完村民的申诉后,认定村民纯属无理取闹,准备退堂作罢。村民见知县大人如此断案,不为民做主,继而发生了激烈的打斗,以余金苟为首的村民将罗知县及手下衙役打倒在地。罗知县见状速逃出祠堂,村民紧追上来,将其拖出杀死。被打倒、打散的衙役得知知县已死,急匆匆赶到县衙报告。县衙发兵前往黄坡缉拿凶手,而以余金苟为首的涉案村民早已逃之夭夭。缉拿凶手未果,县衙索性将村里二十余幢民宅付之一炬,并将此案定罪为刁民杀知县,欲对以黄坡为中心的方圆 40 里的村民一律处斩。罗知县母亲得知此事,出面周旋："自己儿死亡，不必再迁怒于无辜百姓。"经过多方面的努力，最后此案被定性为游匪作乱，黄坡及周边村民才免遭浩劫。此事已过去一个多世纪，黄坡古祠堂在经过多次维修后，得以较好地保存至今。它不仅见证了那段历史，同时也留给后人很多值得反思的东西。

下南洲祠堂

下南洲祠堂位于阳峰乡龙山社区居委会，清代建筑，坐东朝西，进深 34 米，面阔 20.8 米，建筑面积为 707.2 平方米，三进式两天井五开间，穿斗式梁架，硬山顶，天井以红石铺就，中厅有中门，前厅有前门，用材硕大，屋两侧为由红石铺就的排水沟，室内雕刻呈明代风格，十分简朴。2002 年，村人捐资对该建筑进行了修缮，祠堂成为自然村村民活动中心。2004 年，下南洲祠堂被列为县级文物保护单位。

李贺村祠堂

李贺村祠堂位于狮山乡珠岭村委会，清代建筑，坐西北朝东南，砖木结构，青砖灰瓦马头墙，进深 18.5 米，面阔 19.7 米，建筑面积为 364.45 平方米，二进式天井三开间。天井以青石铺就，有中门，地面已被破坏，被铺上了混凝土。祠堂用材硕大，室内雕刻保存完好，图案有戏台人物、鸟兽花卉。李贺村祠堂原为该自然村祖厅，新农村改造后为村社区活动中心。该建筑保存较好，室内雕刻精湛，在体现当地宗祠的形制和建筑艺术方面具有较高的文物价值。

第四节　古牌坊、古门楼

县城的牌坊

县城的牌坊最多时有 40 余座,中华人民共和国成立前夕存有 8 座,大多用长条麻石或红石精细雕刻龙凤图案,直竖地面,高约 5 米。孝子牌坊可以跨在大路上建造,节妇牌坊只能建在路旁,上有纪念的题词。如邵家祠堂边邵家良为其母竖的节妇牌坊,上书"贞节堪夸"四个大字;县医院旁的节妇牌坊上写有"盟心古井";斗街的孝子牌坊上写有"无添所生"。还有的牌坊高处有"圣旨"二字。古时对忠臣、孝子、义男、节妇、贤母、英烈等均竖牌坊以示表彰,如贤母湛氏之牌坊,是为纪念陶侃之母"截发延宾"、教子有方而建的。中华人民共和国成立前夕,县城的牌坊有小南门节妇牌坊 1 个、西门节妇牌坊 1 个、斗街孝子牌坊 2 个、邵家祠堂边贞节牌坊 1 个、县医院旁节妇牌坊 1 个、城隍庙孝子牌坊1 个、金街岭至小南门路旁节妇牌坊 1 个。这些牌坊中,西门的节妇牌坊建立时间最早,上书"大明崇祯年"五个大字。中华人民共和国成立后,出于城市建设的需要,所有牌坊皆被拆除,已无遗迹可寻。

世 甲 科 坊

苏山马鞍村委会牌坊载村因村有牌坊而得名。牌坊全称"世甲科坊",是清道光十二年（1832年），朝廷为旌表举人载高、进士载凤翔父子科甲而立的。载高，清乾隆三十五（1770年）乡试中举，终生未仕，穷年治经，以经义授徒课子，著述甚高，有文稿行世。载凤祥，清嘉庆十四年（1809年）恩科会试进士，历官河南渑池、太康等县知县，怀庆府别驾，安徽大别府、庐州府知县。

世甲科坊建筑气派，造型精美。南面有"科甲世家"四个题字，碑刻成模匾，镶在牌坊的正上方。北面中间有三块碑石，并排直立，上刻"浩封三代"的敕文，以狮子、象、麒麟为主的神物造型立体、动态各异，栩栩如生，装饰在牌坊的主要部位，显示了科甲世家的威严、富贵和吉祥。各构件全由样头衔接，坚固牢靠地组成了牌坊整体。据载氏后裔介绍，牌坊是在安徽造好以后，用船运至村里再安装起来的。石料为徽州青石，石质坚硬，色彩青而光亮。1966年，牌坊被推倒，现牌坊旧址上的基石未动，尚存牌坊石柱一根，石象一对，石狮、石麒麟各一只。另有一对石象、一对石狮被县博物馆收藏，被置于南山风景区内。载凤祥建"进士第"府室三栋，考仕后还乡居家。后因民国初的一场火灾，其中两栋被烧毁，1972年前后村民拆除一栋，府室已荡然无存，现仅见门额"进士第"匾额一块、旗鼓石两只。虽然象征着门第荣耀的"世甲科坊"与"进士第"府室已成历史遗迹，但科甲世家的文化积累和奋发精神对马鞍村的文化发展和人才成长产生了很大的影响。到这里走访，我们可以感知历史，受到一次传统文化的熏陶。（胡东春）

余村贞节牌坊

余村贞节牌坊位于都昌镇矶山村委会中堡余村，始建于清道光十年（1830年）。为表彰余全宝之妻，清道光皇帝下旨建造了该牌坊。牌坊由青砖砌成，用红石雕刻，四柱三门，为门楼式贞节牌坊，通高6米，宽5.2米。雕刻图案有双龙抢宝、戏台人物、缠枝花卉，最上额由青石刻"圣旨"二字，中有"节孝流芳"四字,门楣刻有"旌表女童余全宝妻李氏节效之坊",两侧刻有对联:奉养高堂妇兼子职,抚摩孤幼母代父严。牌坊原镶嵌在民居墙体上,民居倒塌后仅剩牌楼。该牌坊是都昌唯一保存完好的门楼式贞节牌坊。

夏家山门楼

夏家山门楼位于北山乡夏家山村,清代建筑,坐西北朝东南,砖木石结构,六桩五门,面阔7.1米,高5.7米,图案有双龙抢宝、花卉、动物等,青石上刻有"岐阳遗泽"四字。

邵家山门楼

邵家山门楼位于北山乡余铺村委会,建于清乾隆辛卯年(1771年)十二月十八日,坐北朝南,四柱三门,长5.8米,宽2.2米,门宽1.45米。门楼整体由砖石砌成,中间青石匾额上书"绯鱼旧第",落款是"乾隆辛卯岁十二月十八日"。门楼雕刻用材为红石,分为三部分,上层是戏文图案,匾额下方是三龙戏水,侧面是花草图案,大门外方内圆。门楼保存完整,雕刻精致,建筑工艺精湛,具有较高的文物价值。2004年,邵家山门楼被列为县文物保护单位。

王家垅门楼

王家垅门楼位于大树乡大埠村委会,清代建筑,坐西北向东南,高6米,面阔5.15米,厚1.35米,六柱五门,砖石结构,门楣上刻有"礼义承家"四字,青石上刻有龙、鸟、凤等图案。

老舍村老厅门楼

狮山乡老舍村的中心有座修建近 500 年的"老厅",总占地面积约 400 平方米。建筑格局为坐西朝东,包括八字门楼、中通门、主通道、大坝场、天井、正厅和两旁的双厢间。正厅高大宽敞,双厢间厢房门窗镂花描漆。厅堂的大门前四根廊柱需两人合抱,廊檐有三级石阶,厅前有近 200 平方米的四字形坦场,西北有两个天井,坦场用清一色麻石铺设,工正齐整。出正大厅经廊檐过坦场即是一高大通门,门的上方由五层雕花红石砌成,古朴典雅,中间嵌有一米多长、刻有"甘棠树下"四个大字的雕花红石碑匾,向后人昭示着先祖"召伯甘棠"的丰功伟绩。出通门是一条长 9.4 米、宽 3.6 米、由红石铺就的两级主通道。出了通道即是一座高 5 米、宽 5.5 米、用红石砖与青石板对应嵌砌成的大八字形门楼。两层楼顶八角飞檐,雅致大方,上马墩和旗杆石排列对称,伟岸端庄。依八字外延十几米处,两边各有一眼水井。水井用整块巨型花岗石凿成,宛如两只清澈的蟹眼(据传老舍村是螃蟹地)。

当年的正厅应为居家的客厅,两旁的厢间是书房或居室,大坦场及通道两边均相互对应,门楼内另建有大小不等的住房和绣楼。据考证,这个建筑群是在明嘉靖十年(1531 年)前后陆续修建的。几百年来,村里人们一直称正厅为"老厅",也称"祖厅"。每年年节期间,全村人都在这里供奉先人,在大坦场举行各种喜庆仪式。"文化大革命"后期,由于年久失修,老厅倒塌,今已成为一片瓦砾荒基,仅通道、主通道、八字门楼和两口水井残存至今,但也摇摇欲坠,亟待修缮。(邵尤道　邵徽帛)

第五节　古桥梁

都昌古桥梁

　　都昌县现存历代桥梁甚多且多具有民族特色和风格,故《中国民族建筑》第四卷另起标题刊载都昌古桥梁的内容。

　　都昌古桥梁有三个特点:一是几乎全由石材构成,二是绝大多数为梁桥,三是元代桥梁颇多。都昌古桥梁分为叉脚桥和墩桥两大类,前者以大沙桥为典型,后者数量较多,有汪墩桥、阳峰株家桥等。

千 眼 桥

千眼桥,东起都昌县多宝乡蒋公岭,西止鄱阳湖主航道,与庐山市隔湖相望。桥长约2930米,宽约1.2米。桥墩由5～10根松木万年桩托起的1～3块长形大理石架成,桥墩之间由3～4块3米长的大理石铺成的桥面连成一线。远远望去,千眼桥犹如一条青龙穿越鄱湖,甚为壮观。此桥因有983孔,故被称为“千眼桥”,为全国最长的湖中石桥,现已被列为江西省重点保护文物。枯水季节,该桥成为“东方百慕大”——老爷庙水域的一个奇特景观。

明崇祯年间(1628年—1644年),南康府推官领都昌令钱启忠上任伊始,即领头倡议捐奉集资,买石购木,历时两年,在“襄里”(湖滩之最深洼泽)建起了一座约500米长的石木桥。为纪念他的功德,后人称此桥为“钱公桥”。

　　清嘉庆二年(1797年)，时任浙江绍兴府山阴县令刘达桂丁忧返乡，亲眼看见"徒步涉水冻毙者"。公心恻然，即联络星子(今庐山市)名臣黎世序等人，损奉集资，成立"永济会"，亲自主操石桥修建工程。公披星戴月，历时五载，建成一座长约2500米的石桥，该桥与钱公桥连成一体，即为今日之千眼桥。公恐桥受风袭浪击，又与其子刘辉彩共捐助上田二十亩，旨永济会"每年收租与为岁岁修整之资"，并刻有"永济会"字牌，竖蒋公岭庙内，以保久远祥载。

　　此后，又有高润堂、李咸庚、刘士毅、曹浩森等捐资"永济会"。所有的修缮工程，均由多宝乡刘家山村人负责。从此，每年湖水干涸时节，该村男丁小至18老至75均修桥三天。此举一直延续到"文化大革命"前夕。(段嗣贵)

马 涧 桥

　　马涧桥位于鸣山乡政府景湖公路旁，距县城47公里。马涧桥的东北和西南两面为崇山峻岭，中间为宽不到500米的狭长地带，地势险要。马涧港顺山而下，流经此地段汇源头港而入鄱阳湖。该桥横跨马涧港，纵贯东西大路，为古时通往饶州之要道。清同治版《都昌县志》记载："在元延祐年间，由县人李善庆所建,历经乾隆癸丑年众姓重修。咸丰二年县人五品顶戴李春晖等倡议再次重修。"该桥为石质单孔拱桥,长22米,宽6米,高10多米,桥上原建有歇山顶、重檐亭屋。亭屋分为三层,上置观音菩萨,中间设十八罗汉,下有三尊大佛。整个楼亭飞檐翘角,雕梁画栋,气势雄伟。马涧桥的建成方便了东西两地人民的交流,来往行人与日俱增,促进了当地经济的繁荣。桥西侧便形成了一个古老的集镇——马涧桥街。马涧桥街长约300米,历为饶九通衢,清代称"马涧桥市"。1940年5月间,日本侵略军占领了马涧桥,石拱桥上的亭屋被日军放火烧毁。抗日战争胜利后,当地人在马涧桥上重修一层梁式结构亭屋。重修的亭屋共5间,全长18米,宽5.3米,高4.3米。马涧桥为县内唯一留存下来的桥亭合造古代建筑,现被列为县级重点文物保护单位。

石　嘴　桥

石嘴桥位于新妙湖(原北庙湖)东上游,因靠近石山嘴,故名"石嘴桥",是

一座十一孔桥。该桥一律用长 6 米、宽 40 厘米、厚 27 厘米的并排 5 块巨大的麻石做桥面，每段桥面均用 2 块麻石做护栏。桥墩由四方麻石砌成，桥体坚固，历经数百载行人、车马践踏，至今完好。其造型别致，每个桥墩旁皆有避让车马歇足之处，可见工匠独具匠心。其中一孔用厚木做活动桥面，以便过往船只通行。桥（含引桥）长约 80 米，仅次于千眼桥。

石嘴桥在历史上因其所处的地理位置而闻名。在古代，该桥是左里、苏山、徐埠、春桥、北炎、张岭等都昌半个区域的水路交通咽喉，又是九江、星子（今庐山市）与多宝等地去瓷城景德镇古道上的必经之桥，得天独厚的地理位置使得桥岸边的地区曾有过一段繁荣时期。那时，湖边桅帆如林，贸易畅通，商贾云集，店铺、客房错落有致，茶楼、酒肆鳞次栉比，生意通于四海，繁荣不亚于都市。

石嘴桥又是湖畔一景。入夏时节，曙光初放，独立桥墩，晨风送爽，观水中游鱼，尽争上流，顿时意畅心怡。待夕阳西照，金波荡漾，炊烟绕岸，渔歌唱晚，湖光山色，尽收眼底，令人陶醉。

改革开放后，为满足社会快速发展的需要，在石嘴桥上游 300 米外，政府拨巨款，建造了一座高质量、宽阔平坦的现代化四孔带护栏水泥钢筋混凝土公路大桥。古老的石嘴桥虽然告别了交通历史使命，但它见证了新旧时代翻天覆地的变化。

大 沙 桥

大沙桥位于大沙镇，据明正德版《南康府志》记载，此桥始建于元代，全长 11 米，宽 1.65 米，高 4 米，通体以粗长的麻石条构成，下部用两块条石呈人字形插入水中做叉脚，顶部横置块石，以五根条石拼成桥面。全桥两叉三孔，两端以石砌护坡式墩承托桥体。此桥结构简单，但由于巧妙地利用了三角形的稳定性，加之叉脚面迎水面小，雨季激流对桥身冲击力不大，故屹立数百年不倒。

十 八 高 桥

十八高桥位于土塘镇东偏南 0.5 公里处,为清顺治年间(1644 年—1661 年)刘金玉捐款建造,是一座墩平桥和叉脚引桥相结合的石桥,全长 60 米,宽 1.6 米,高 2.5 米,两段叉脚引桥较长,共 18 孔,叉脚与横梁均由花岗石构成,以红条石拼成桥面。

寡 妇 桥

寡妇桥位于大沙镇彭家畈村南面约 500 米处。该桥建于 1921 年,是一座清代墩式梁桥,南北走向,由麻石砌成,原长 33 米。其建造者是一位得到当时朝廷表彰、守节 80 年的寡妇詹兰香。该桥是一座不多见的"贞节桥",当地人称之为"寡妇桥"。20 世纪 90 年代,该桥被洪水冲坏,后经重修。重修后桥长 16 米,宽 1.6 米。

里 泗 桥

里泗桥是一座墩式梁桥,位于大港镇里泗街以南。据明正德版《南康府志》记载,此桥建于元代,共有 7 孔,正桥身有 5 孔,两端引桥各有 1 孔,每孔桥面用 3 块青条石平铺而成,5 个桥墩用厚重的青石块垒砌而成,平面呈六边形。桥全长 21 米,宽 3 米,高 2 米。石桥多以花岗岩的麻石砌筑,此桥以青石砌筑,故不多见。(曹正茂)

徐 埠 石 桥

　　徐埠石桥位于徐埠街。徐埠港临街而过,将镇埠分为东、西两区,徐埠石桥东西横架,将镇埠上、中、下街连为一体。桥下河道集全镇地表径流自东北向西南经新妙湖注入鄱阳湖。所以新妙大坝未建造时,徐埠镇舟樯林立,为五省通衢,是县内重要的水运码头。

　　石桥7墩6孔,用花岗石砌成,桥墩高约10米,呈船状。桥面用5根45厘米见方的长条花岗石铺架,桥两侧架设有34厘米见方的长条花岗石护栏。桥长44米,宽约2米,高10.4米,为都昌桥的代表作。

　　石桥为清代所建,虽多次遭洪涝侵袭,至今仍保持原貌,现为县级保护文物。

翰 林 桥

　　翰林桥坐落在徐埠镇东北部韩田村委会翰林桥庄自然村东北约 250 米的徐埠港上游港道上。

　　据翰林桥庄的老人记述,该村历史上曾是都昌西北部苏山至官桥等地通往鄱阳、景德镇官道途中的一个村落。为了港道的畅通,在村东北港道上架设永久性桥梁成为该村始迁先祖刘德观三代人的共同凤愿。据翰林桥头的庄友谱记述,桥梁始建时,屡建屡倒,令工匠几经周折且百思不得其解,后得一巡视经过的翰林学士指点,桥梁才得以顺利架成,并由此而得名"翰林桥",该村也因此得名"翰林桥庄"。后人因误读为"韩田"而使韩田彰名,而知翰林者极少。当地村委会也因此桥名为"韩田村委会"。

　　翰林桥其形制不算壮观,更不复杂,桥体全长约 12 米,5 墩 4 孔,尤其是桥墩仅凭 3 根 34 厘米见方的大理石成"兀"字形支撑,每孔上面铺设 3 根 34 厘米见方的大理石作为桥面。貌近拙陋的翰林桥历经两百余年的风雨洗礼和洪涝浊袭,屹立不倒,实为民间桥梁建筑史上之罕事。

因翰林桥特殊的人文背景,翰林桥庄后裔子孙顾名奋进,人才辈出,迄今已有硕士研究生 4 人、留美学生 1 人,成为当地的文化名村。

谭 家 埠 桥

谭家埠桥位于徐埠镇云步村委会老屋场自然村南 300 米处。该桥建于清代,东南、西北走向,横跨新妙湖汊,8 墩 9 孔,长 5.2 米,桥面宽 2.2 米,桥墩连桥面共宽 5.2 米,船形墩,由花岗岩砌成。桥西北头第 1 墩和第 2 墩之间为活动木板,方便来往船只过往。桥西头立有纪念碑 1 块,但字迹不清。

大 桥 港 桥

大桥港桥位于阳峰乡吉阳村委会大桥港巢柳自然村南侧。该桥建于清代,东北、西南走向,横跨大桥港,为青石单拱桥,桥面由青石块铺砌而成。桥长 24 米,宽 5.6 米,拱高 8.4 米,跨度 9.6 米,为都昌不可多见的一座单拱石拱桥。

株 家 桥

株家桥位于阳峰乡金星村委会嘴上罗家自然村南 30 米处,又名"金龙桥",属清代建筑,长 27.3 米,桥面宽 1.7 米,桥墩连桥面宽 4.9 米,3 墩 4 孔,由船形红石砌成,桥面由麻石铺设而成。桥西南 30 米处建有株家桥亭,亭内有青石石碑 6 块,上面镌刻有建桥序文以及捐款者名单。此桥为过去阳峰乡与外界连接的主要交通要道之一。

马 家 大 桥

　　马家大桥位于多宝乡马家堰村,建造于清朝中期,长约 22 米,宽约 2 米,有双梭形桥墩。桥面由长约 7 米的花岗岩块石砌成。

查 家 桥

　　查家桥位于万户镇东升村委会东边查家村,横跨于查家堰上,东西走向,是明代建筑,建造匠是查家村人,名叫查能柯。桥墩用红石砌成,2 墩 3 孔,3 孔皆呈拱形。东引桥长 8 米,西引桥长 3 米。桥身长 7.5 米,宽 2.3 米,桥高 3.8 米。孔宽 1.6 米,高 3 米。桥身南面略有坍塌。

都 天 港 桥

都天港桥位于中馆镇港西村委会余家义自然村,建于清代,东西走向,横跨都天港,长 37 米,桥面宽 2 米,桥墩连桥面共宽 3.7 米,6 墩 7 孔。桥墩为船形青石墩,桥面由 5 块长形青石与桥墩连接。该桥结构稳定,保存较好。

三汊港大桥

三汊港大桥亦称"大兴桥",清康熙时冯魁三建造。清乾隆三十年(1765年),众姓重修,清嘉庆时又重修并改其名为"大兴桥"。整座桥 6 墩 5 孔,用红石砌墩,以长麻石条做桥面,桥两边有麻石条护栏,东西向。东桥头有凉亭,凉亭南边建有商会会馆,可做临时集市。桥西头路面有红石护坡,路面铺设短麻条,伸延至湖洲,承接南坂大路,旧时可谓气势宏伟、壮观,成为一景。

第六节　古塘、古井、古堰

白　水　塘

白水塘位于徐埠镇北偏东 4.7 公里处,是都昌县最大的一口池塘,分上、下两塘,两塘相连。上塘有百余亩大,中有一小土山,为塘中之岛,树木繁密,时有禽鸟鸣驻其上;下塘面积亦近百亩。清同治版《都昌县志》载:"每春夏之交,雨多水涨,泛滥汪洋,望无际涯,故名'白水塘'。"塘水灌溉了周围几千亩农田,故清康熙版和同治版的《都昌县志》都将其列记于卷二《水利》中。(罗水生)

生　水　塘

生水塘位于北山乡北山村委会生水垅上首,离都昌县城 2 公里,面积为 6 亩,清澈见底,盛产乌鱼、石鲶鱼。塘内有泉眼 8 个。

生水塘形成于什么年代,无据可考。传说在唐代末期,此塘归祝姓人所有。祝姓人从河南搬迁至此处居住,至今在生水塘周边有祝家山、祝家港、金(仙)葫芦墩等地名。塘内 8 个泉眼年年涌出泉水,泉水冬暖夏凉,可提供塘以下三四百亩农田和几个村子百姓的用水。据说,早年泉水涌出量很大,生水垅常被水淹,后来人们疏水入杨家港,才消除了水患。奇怪的是,其中一口泉眼周围有石块向下伸入,曾浮出杭州市面上通用的油盐版,故古人言此泉直通杭州湾,直入

东海。还有传言说,生水塘周围曾生有一种名叫"犀牛草"的水草,有人看见犀牛经常从水中出来采食,并言祝姓人曾在塘东偏北处筑一土台[即现在的金(仙)葫芦墩],种植葫芦和嫩草,诱捕犀牛,犀牛草随即枯萎不长,犀牛也不再在泉中出现,泉水涌出量也减少了许多,祝姓村庄随后也销声匿迹,至明代天顺年间(1457年—1464年),吴姓人从县城迁居塘的周围,泉水依然涌出,为人们的耕作和生活提供了极大方便。(罗水生)

堰　上　井

　　春桥乡堰上村委会堰上自然村有一口水井,井水冬暖夏凉,甘醇清冽。

　　堰上建庄有500多年,该村择址建庄于此,就是相中此处清甜甘醇的井水。这井水从不干涸,用烧开的井水泡茶,茶水清香无比;凉水可直接饮用,解渴除乏。

　　堰上村古井水源充沛,取之不竭,每逢大旱年份,堰上村人以及邻村的人都挑井水灌溉。该村的井水还救过抗日战争时期都湖彭中心县委书记谢文珊的命。

　　谢文珊是谢献里人,小时投师于堰上村学篾匠。据传,1930 年,谢文珊、彭守义(春桥乡堰上村西庄人)所在的红军赣北第一游击大队在攻打徐埠靖卫团陆士郊的战斗中失利,谢文珊连夜撤到了堰上村的师父家中,用井水煎药疗伤。

橘　　井

　　橘井位于苏山乡元辰山山顶东南端的岩罅下。据晋代葛洪所著《神仙传》载,苏耽修炼得道后,乃跪别母,说:"某受命当仙,被召有期,仪卫已到,当违奉养。"母含泪说,汝去之后,使我如何存活?苏耽说,明年天下瘟疫,岩边井水,井旁橘树,可以代养,井水一升,橘叶一枚,可救活一人。次年,果然瘟疫横行。苏母用井水、橘叶救活无数人,亦得道仙去。后人遂称此井为"橘井",橘井遂名闻天下。唐代诗人杜甫曾有诗云:"敢忘二疏归,痛迫苏耽井。"橘井井壁由嶙峋花岗岩石构成,石缝渗水为井。井口大约1平方米,井深约1米。井水清冽甘甜,大旱之年亦不干涸。井水密度大于一般井水的密度,富含有益于人体的微量元素。附近有得病者多登山取水饮服,许多人竟得以痊愈。井旁岩石上藤萝缠绕,井畔荒草、奇花丛生。岩石上旧刻"橘井"二字仍清晰可见,但井旁橘树已不复存在。(罗水生)

尚 书 古 井

尚书古井位于蔡岭镇衙前村,为"衙前八景"之一,系曹彦约辞官返乡后为造福桑梓在故里尚书府邸门前开凿的。该井边有一个四柱擎天的凉亭,行人既可以到此遮风避雨,又能进入歇息休闲。

曹彦约辞官回故里后,带领族人寻找地下水,开源节流,挖塘蓄水,开渠引灌,开挖出来的上年塘、承家塘、大塘、五家塘等各占地十几亩,可灌溉几百亩水田。开凿出来的泉井(今叫"富金井")大旱之年也可灌溉几百亩水田,至今仍水源充沛,周边村庄都从中受益。

查 家 古 堰

查家古堰位于万户镇东升村委会西岸查家东与东岸查家西之间,包括三口古堰,北起胡家湾,南至余王村西侧的木秀湾,全长约2.5公里,宽约20米,深约4米,水流自北向南流入鄱阳湖。此堰共分三个水段,即上、中、下三口,每口堰之间均用红石建闸门蓄水、放水。三堰蓄水量约40万立方米,能灌溉1000余亩田地。中堰中央有一个约40平方米的小土墩,墩周围曾种养荷花,故名"荷花墩"。此堰原处有一条狭小的流水沟。相传,该水沟于元末明初由人工开挖而成。因多年失修,水沟逐年变浅,现在平均深度不足2米。

第八章 古树

幸福涧千年紫薇

在蔡岭镇幸福涧的深山中,有一棵古老的紫薇树。经林业专家鉴定,这棵紫薇树的树龄在 1000 年以上,在紫薇树中,该树已介"古稀之年"。为使这棵珍贵的古树免遭盗挖,2012 年 5 月,上冲林村民把这棵千年古树从山上移栽到山下村庄里,对这棵树进行了精心管理和保护。

鹊 桥 古 樟

南峰镇白水村有两株 600 余年树龄的古樟树。东边一株高 20 米,树围达 3 米,冠径达 9.8 米;西边一株高 18 米,树围达 2.2 米,冠径达 10 米。这两株古树都

被县文化局列为古树名木加以保护。传说600多年以前，有一余姓人来到这里定居开村并在屋的正南方种了棵樟树，意喻该家的香火如同樟树蓬勃生长，常年不衰。

在余姓人居住数年后，有一户周家人也搬迁至此居住。该户有一女青年与余姓一男青年互生爱慕之意，但女方父母一直反对他们交往，并将女儿关在家里，不许她出门。男青年不能忍受离别之苦，卧床不起，不久离开人世。离世前，男青年要求家人将其安葬在樟树旁，希望周姓姑娘能常来看他。周姓姑娘终日以泪洗面，整日盘坐树下，终有一天也随余姓男青年飘然而去。

众人为周姑娘的真情所感动。家人把周姑娘安葬在男青年墓穴的右边，又在周姑娘的坟旁种了一棵樟树。两棵樟树象征余、周两人的真挚爱情，深深打动着这里的善男信女。600多年来，前来参观的人络绎不绝。人们在两棵樟树前或烧上一炷香，或给樟树系上黄丝带，久久地瞻仰。

胸有成竹的古株树

　　蔡岭镇幸福涧内有一棵古树,这棵树的中部竟长出 4 根翠竹,令人称奇。据县林业局专家鉴定,此树是一棵树龄达 400 多年的株树,已至生命晚期,正在逐步老化,树旁的竹子根系发达,生长快,繁殖力强。随着古树的老化,竹根便攀上了古树的腹部,并长成参天翠竹,形成"胸有成竹"的奇特景观。

苏山连体树

　　连体树指两棵树的枝或根合生在一起,并不常见,而在苏山乡苏山村委会佑元湾村后的一片树林中,有五棵樟树的根部生长在一起,出现五树连体的奇

观,实属罕见。

千 年 银 杏

在都昌海拔最高的大港镇高塘古村生长着一批古银杏树,最大的一棵树高10多米,冠幅达20多米,树身需四人方能合力抱住,其周围有6棵200余年树龄的银杏如子孙一般生长在老树周围。这棵树至少有千余年的树龄,至今叶茂枝繁,果实累累,被当地村民奉为"镇村之宝"。

十方村的守护神——千年古樟

春桥乡堰上村委会十方自然村村南有一香樟,高数丈,枝繁叶茂,盖地亩余。

相传明万历年间(1573年—1620年),香樟正值壮年,十方始祖康一公路见此香樟高大,十分壮观。当时,正是三伏天气,奇热无比,康一公就在树下纳凉,稍时进入梦乡,在梦中看见偏西南方向有一旷地,值此顿悟——这正是梦中的庄园,此乃神赐予我的建庄宝地。于是,康一公选时择日建庄于此地,取名"白莲庄",因康一公排行第十,故又名"十房村",后改为"十方村"。几百年来,十方村民风纯朴,敬香樟为"守护神"。

都昌县林业局专家对十方村香樟进行了考察,经科学论证,证实该树生长于唐天祐年间(904年—907年),迄今有千余年的历史。2010年,十方村村民在完成新农村建设的同时,专为古樟设护栏,培土加以保护。

曹泗村古桂花树

曹泗村古桂花树位于西源乡长溪村委会曹泗村,已有700多年树龄,被列为"国家一级古树"。

长溪村古樟树

  长溪村古樟树位于西源乡长溪村,已有 550 多年树龄,已被列为"国家一级古树"。

吕家村古樟树

吕家村古樟树位于西源乡中塘吕家村,已有500多年树龄,已被列为"国家一级古树"。

徐家汉村古樟树

徐家汉村古樟树位于西源乡荽塘村委会徐家汉村,已有220多年树龄,已被列为"国家一级古树"。

青云庵古樟树

苏山乡马鞍村委会马鞍山山顶于元代中期建有青云庵,庵前有一古樟,相传立庵时此香樟已是枝繁叶茂。据此推算,此树至今约有800年的树龄。

余呈湾村古树

　　余呈湾村古树位于春桥乡余呈湾村余应桂的祖居地厅堂前。两棵古树被称为"左青龙""右白虎",一颗是古樟树,直径大约为 0.6 米;另一颗是古枫树,直径大约为 1 米。两棵树都至少有 400 年的历史,均高约 24 米。

罗家村千年古樟

　　此树位于阳峰乡金星村委会边,在罗家村始祖罗功勋夫妇合葬的墓园内。罗功勋在南宋初年由新建圆棚迁至都昌,殁于宋孝宗淳熙十二年(1185 年)。四年后,其妻范氏逝世,与罗功勋合葬于株桥东樟树下。此树至少有 800 余年的历史,至今枝繁叶茂,已被列为"国家一级古树"。

第九章　古遗址

第一节　古城址

郫阳城遗址

郫阳城遗址位于周溪镇泗山村委会大屋场邵家自然村以南,为湖洲地。城

址最南端有城头山,高 20 米,山顶面积约 800 平方米,山顶地面平坦,山顶的东南侧有人工修筑的长 20 米、高 2 米、宽 4 米的土城墙。在山顶西端平坦处有圆形洞口,直径约 1 米,深 10 多米,疑为古井。遗址分布面积约 10 万平方米,呈长方形,南北长 500 米,东西宽 200 米,涨水季节,被全部淹没在鄱阳湖水中。该遗址是江西仅存的汉代豫章郡少数县城遗址,对研究江西历史与鄱阳湖地理的变迁有重要的价值。

据传,公元前 201 年,汉高祖刘邦派灌婴追杀淮南王英布至泗山,遂于此建城立县鄡阳,以志其事。又据《读史方舆纪要》卷八十五记载,鄡阳城府城(即饶州城)西北百二十里,汉初置县,到宋永初二年(421 年)废县。这说明鄡阳从建县至废县经过了 600 余年,宋永初二年(421 年)后,城址逐渐"销声匿迹",至今约 1600 年。人们对城址的消失主要有两种说法:一是地震或地面沉陷使繁华兴旺的鄡阳古城一夜之间从地面上消失,从此,当地留下了"沉鄡阳,浮都昌"的千古奇说;二是鄱阳湖湖水南侵及河床升高。经都昌县文管所实地考古和初步发掘,第二种说法是比较科学的,并可以从彭蠡湖的逐步消失和鄱阳湖的不断形成那里得到印证。现在,我们在古城址唯一能见到的标志就是城头山,山的北边为一开阔地,即古城址。山脚南边有一条横港河,河紧邻鄱阳湖。从城址所处的地理位置来看,古城地处水运中心,西通九江,南抵南昌,东达鄱阳、景德镇。可以想象,当时的古城一定非常繁华,否则,就不会有古城中有一条打金街的说法。正因为地理位置如此特殊,随着鄱阳湖湖水的不断南侵和河床的逐步升高,湖水越过横港河,直逼鄡阳古城,迫使古城搬迁。现在,当水位在 18.5 米以下时,古城址就裸露在鄱阳湖上的湖洲上。古城址上的文化积层十分深厚,地表暴露有大量绳纹板瓦、筒瓦,并有万岁瓦当、长乐未央瓦当、陶网坠和陶片等。城址南端的城头上有残存的人工修筑的土城垣,城内东侧有手工业作坊遗址,城址以北的山边高地上有汉墓群,墓室用对角纹、网纹纹砖堆砌而成,并有"永元七年三月十四日"纪年砖。研究人员在墓群中发现的文物还有五珠钱、铜

180

剑、铜簇、铁簇等。这些遗迹和文物见证了古城曾经的辉煌与繁荣。鄡阳古城址 1987 年被列为省级重点文物保护单位，现在已是全国重点文物保护单位。

古 王 市

公元 421 年，鄡阳县被废，其土地分属彭泽、鄱阳两县直至公元 621 年，其间整整 200 年。在这期间，因所属县的管辖区域过大给封建统治者及乡民带来了诸多不便，唐武德五年（622 年），洪州都督安抚使李大亮来县巡视。李大亮见此地土地肥沃，人口众多，但水路阻隔，道路遥远，乃上奏疏割彭泽、鄱阳部分土地置都昌县，将县治设在古王市。古王市又名"王家市""王街市"，地址在今蔡岭镇原北炎乡洞门口。据《郡县释名》记载，县有都村，南接南昌，西望建昌，故名"都昌"。这是都昌县县名的最早记载。

通过考古调查，研究人员在旧县址古王市发现了不少南朝至隋唐时期所建造的大型建筑的遗物，并发现了刻有"王街市"字样的砖石。我们由此可知，从南朝至隋唐，古王市曾有一段繁荣兴盛时期。在古代，这里地势较低洼平坦，并有水运条件，水路能与徐埠、新妙相连，直通鄱阳湖。经调查，研究人员在旧县址发现部分土城垣遗迹。县址最宽处长度有五六百米。城北端有石桥，桥北有较宽阔的场地，那是当时的宗教活动场所，包括"鬼神坛""城隍墩"等遗迹；桥南则是大观楼城门。据民间家谱记载，清代当地仍保留有大观楼，进此门即为城区内的市区，又名"边街"，城内街道南北走向。古王市为县治约 150 年，后来地理变迁，水位下降，水土流失，河道淤滞，造成运输困难，难以满足当时发展的需要，于是在唐大历年间（766 年—779 年），县城搬迁到彭蠡湖东，即现在的县城所在地。

第二节　村落遗址

船丘山遗址

船丘山遗址位于土塘镇刘云村委会横渠口自然村南,是一处商代遗址。遗址在山坡地浅丘地形上,呈梯形,又北头高且宽,南头低且窄,呈船形,故得名"船丘山"。遗址南北长 50 米,东西宽 41 米,面积约为 200 平方米,文化堆积层厚约 30 厘米。遗址地表有陶片、石斧、鼎足等,为商周文化遗存。

背后岭遗址

背后岭遗址位于三汊港镇铁炉村委会前山村背后,南头 100 米处有樟树林,东西岭下有湾里村,北面约 100 米处是江家山,西边 140 米处有新桥沟自北向南流注鄱湖。该遗址系商代遗址,于 1976 年被发掘,在山坡地地形上,长 30 米,宽 20 米,面积为 600 平方米,文化堆积层厚约 50 厘米,土壤颜色为灰白色。研究人员在遗址中采集到石斧两件、陶片 20 余块。陶片多为灰色软陶、硬陶和红色软陶,纹饰有蕉叶纹、网纹、方柱纹等。研究人员还在遗址北端 100 多米处发现了两只印纹陶罐,一陶罐为侈口,鼓腹,圆底,双耳,高 19.5 厘米,最大腹径在下部,为 18 厘米,底略平,肩以下饰云雷纹;另一陶罐为直口,沿外翻,球形腹,圆底,双耳,高 15.5 厘米,腹径为 17 厘米,肩以下通体饰漩涡纹。

两陶罐均系灰质陶,保存完好,属一级文物,现为都昌县博物馆馆藏文物。
（王友松）

小张家遗址

小张家遗址位于蔡岭镇村委会张荣恩里自然村。遗址在山坡地地形上,呈长方形。遗物为商代文化遗存,散布范围较大,分布面积为 3000 平方米。文化堆积层的深度差异较大,大体上为北厚南薄,堆积最厚处为 2.5 米。九景公路自遗址东北穿过。为配合公路建设,1998 年 10 月 23 日至 11 月 27 日,江西省考古研究所、九江市博物馆、都昌县博物馆、樟树博物馆、德安博物馆联合对该遗址进行了抢救性发掘,清理面积达 1050 平方米,获得了一批重要的遗物。此次发掘的文化遗址以灰坑为主,还有房基、陶窑、墓葬等;出土遗物以陶器为主,研究人员从地表拾到的陶片有硬陶和红陶,陶片上的花纹有云雷纹、绳纹等。此次发掘工作出土小件和复原器物近 30 件(由都昌县博物馆收藏)。

第三节　窑址

周 溪 窑 址

周溪窑址主要分布在周溪镇黄湖、虬门、油山这几个村。其中,黄湖村周官嘴窑址高3米,堆积面积约为240平方米。从采集到的标本来看,周官嘴窑址的遗存多为碗、盆、坛罐、钵、瓶、壶、盘、盅等日常生活用品,器物釉色晶亮,施釉不及底,大部分为蟹壳釉和黑色釉,也有少量浅黄釉。同时,研究人员还在窑址发现了支座轮、垫托等窑具。经鉴定,周官嘴窑址为唐代窑址。

鸦宿嘴窑址

鸦宿嘴窑址位于周溪镇黄湖村委会鸦宿嘴,是一处唐代窑址,分布面积约为1200平方米,地形为浅丘陵地,基本呈三角形。窑址中随处可见暴露在地表的陶片,文化堆积层分布厚度深浅不一。

周官嘴窑址

周官嘴窑址位于周溪镇黄湖村南,是一处唐代古窑窑址,东北距张七房村500米,南距岩头坎约300米,西南紧靠周溪大港。窑址坐落在紧靠鄱阳湖的陆

地,水路交通极为便利。周官嘴遗址高 3 米,堆积面积为 240 平方米,出土窑具有陶质碾轮、圆通式空心垫座、轮轴帽等;烧造器物有坛、缸、执壶、盘、钵、碗等数十种之多。器物釉色晶亮,有蟹壳釉、黑色釉、浅黄釉等,烧造火候很高。

大 前 窑 址

大前窑址位于和合乡大前村委会。明初洪武年间(1368 年—1398 年),奉朝廷旨意,县府组织抽调全县窑工在此修筑砖窑 108 座,应南京修筑城墙缺砖之急。当时,这些砖窑是沿鄱阳湖就地势简单修筑的,使用时间不长,且因年久,现仅存窑址 4 座。窑洞洞口口径为 2.5 米,窑址分布面积为 500 平方米。在当地村民家中,我们仍可找到从窑洞挖出的有铭文的城墙砖。

第四节　书院遗址

　　都昌人自古崇尚耕读。宋朝时,都昌本土名儒名士辈出,仅宋代,进士就有140余名。他们著书立说,创办书院,教化乡里。宋朝时,都昌已有汇东书院、经归书院、宝林书院、黄坤书院、张元贞书院,至元朝和明朝时,又添讲堂、书舍、学馆多处,都城四处皆闻琅琅书声。自宋至清,都昌文士著书立说2000多卷。

经 归 书 院

　　在宋朝末年,都昌有一叫陈澔的饱学之士。他淡泊名利,研究理学,入元不仕,布衣著书,并担任白鹿洞书院的经师数年。明永乐年间(1403 年—1424

年),明成祖朱棣表彰六经,取陈澔所著的《礼记集注》为全国各类学校的"御定课本"。为表彰陈澔的"扶世立教"之功,明弘治十四年(1501年),当地立祠于都昌县西南1公里处的西山山麓,以祝陈澔。因元学士虞集题陈澔墓额为"经归",知县王珀遂题"经归书院"于祠旁石上,遂又称祠为"经归书院"。书院占地六亩余,背山面湖,风景幽静,"诸生以时读书习礼其间"。明兵部侍郎余应桂为秀才时曾在书院中求学问礼。他有诗记其事:"西山面貌入青冥,潜德悠悠始复旌。学道无闻鬓未变,还从筵桷授遗经。"经归书院经数百年沧桑,屡圮屡建。20世纪30年代,其建筑为四正两厢,旁造厨房和工友住室,装修宏丽,设备齐全,保留了历代许多名家所作的楹联,文化积淀十分深厚。1942年6月,经归书院被日本侵略军损毁。县城西区开发前,经归书院仅剩下两间旁屋和遍地的断砖残瓦在默然地控诉日寇当年犯下的罪行,而书院背后青苔斑驳的大山石上则依然留有"经归"和"云住"的铭刻。如今,都昌县政府在书院旧址上建设了都昌县新一中。(罗水生)

南 山 书 院

南山书院初名"汇东书院",元朝始建,清初重建,清康熙九年(1670年)更名为"南山"。清康熙五十四年(1715年),知县沈有润集资重修书院,筑有戟门、棂星门、左右廊庑、泮池等。当时,书院院产有店铺20间,所收租银被作为书院每年修葺之费用。从此,书院内弦歌不绝,曾有"都邑人士朝弦而暮诵""周朱道学赖以昌,纲常名教赖以振"之赞。清咸丰年间(1851年—1861年),书院遭兵毁。清同治十一年(1872年),知县狄学耕集资重建书院于界石。重修的书院横宽约85米,纵深约30米,四周有围墙,前有门楼,内有文昌岩、觉斯堂,旁列崇德、攻二祠及号舍58间,并有学田。中华民国初年,书院废,屋舍入民间。

矶 山 书 院

　　矶山书院位于县城西南的大矶山南面的大峡谷中,学馆坐北朝南,依山傍峡而筑,主室四楹三间,东西两边合围主室而建厢舍,后侧是厨舍。整个建筑系木头结构,柴扉木棂,既简陋又庄重。学舍门前的一片大院子是无尘俗之忧的一处读书圣地。学子读书于院中,可观鄱阳湖波涛云水缥缈,又可眺松门沙蒿莽扬风光。

第五节　其他遗址

青家嘴遗址

青家嘴遗址位于徐埠镇象山青家嘴,西距徐埠镇 500 米,正南约 30 米处有港,北面 60 米处为蜈蚣山脉,东面系低洼平地。遗址坐落于高山港南面 20 米的山坡台地上,面积为 2500 余平方米,土壤颜色为灰红色,文化层堆积深度约 0.6 米至 0.8 米,遗址东建有砖瓦窑,大部分保存较好。该遗址属商代中晚期至西周初期文化遗址。

研究人员在遗址地表采集到了石器、鼎足、印文陶片等。其中,石器有石刀 2 件、石铲 1 件、鼎足 4 件;印文陶片分泥质红陶、泥质灰陶、夹沙灰陶 3 种,陶片上有云雷纹、绳纹、席纹、曲折纹、叶脉纹、弦纹、方格纹 7 种纹饰。

大岭上遗址

大岭上遗址位于徐埠镇象山青家嘴遗址以东约 120 米处,南北长 60 米,东西宽约 50 米,面积约为 3000 平方米,土壤颜色为红褐色,文化堆积层厚约 0.3 米,因雨水冲刷,保存较差。该遗址的地表暴露遗物有印纹陶片等,陶片具体为灰色硬陶、红色软陶和夹沙陶等,陶片上的纹饰有绳纹、叶脉纹、云雷纹、方格纹,器型有高颈罐和堆纹炊器。大岭上遗址与青家嘴遗址处同一时期。

上边岭遗址

上边岭遗址位于土塘镇原杭桥乡东北 1.5 公里处的横渠虎山西南上边岭,西北紧靠香炉山,西南面临河港。遗址长 100 米,宽 50 米,面积为 5000 平方米,土壤颜色为红灰色,文化层堆积厚 0.3 米至 0.4 米,地表暴露遗物有石斧、印纹陶片。陶片为泥质灰陶与红陶,纹饰有云雷纹、席纹、蕉叶纹、曲折纹,以云雷纹居多。该遗址与船丘山遗址相距不远,二者同属商周时期文化遗址。

余家墩遗址

余家墩遗址位于蔡岭镇原北炎乡余家墩,东距曹文清村 50 米,南距红旗港 20 米,西距磨鹰岭 120 米。遗址长 40 米,宽 40 米,面积约为 1600 平方米,地形为山坡地,土壤颜色为灰白色,文化堆积层厚 0.6 米。文化堆积层受垦荒和历年基本建设干扰严重,其中夹杂的大量各个时期的陶片及碎砖瓦砾,系多代村落遗存,最早可上溯至商周时期。

江桂岭遗址

江桂岭遗址位于土塘镇原杭桥乡江桂岭,东距岭上亭约 20 米,南距坂上垅 15 米,西距张家山 10 米,北距竹林 15 米,西南约 100 米处有港自西向东注入土塘河。遗址在山坡地地形上,面积约为 2100 平方米。因雨水冲刷严重,文化堆积层仅厚 0.2 米至 0.3 米。遗址中出土的遗存多为灰陶片,纹饰有网纹、叶脉纹、席纹和方格纹。该遗址的文化年代当在西周至春秋时代。

王爷庙御亭遗址

王爷庙御亭遗址位于鄱阳湖东部紧靠周溪镇的柴棚嘴上。这里原有一座庙宇叫"王爷庙",当地渔民和农民常来此祭湖,祈求免除水患。柴棚嘴是一个深入鄱阳湖的十来里长的半岛,地势险要,当年朱元璋大战鄱阳湖时,常在此挥军作战,号令三军。明洪武十一年(1378 年),当地人在紧邻王爷庙处建造一亭,取名"御亭","御亭"二字由明太祖朱元璋亲笔题书。200 多年后的明万历十年(1582 年),都昌县令王天降得知御亭倒塌,只留下残垣断壁,便重修了御亭。

鄱阳湖古战场遗址

都昌地势雄峻,水道险要,历史上时起烽烟:汉高帝六年(前 201 年),刘邦派灌英追杀淮南王英布于泗山;三国时,周瑜练水军于鄱阳湖;晋代,卢循兵阻击左蠡;元初,杜可用第一个揭竿反抗忽必烈;元末,朱元璋与陈友谅大战于鄱阳湖上的康郎山、南峰洲、龙望垴、大矶山、马鞍山、老爷庙、屏峰湖;明末,吴江驻兵于大矶山抗清;晚清时期,太平军驻都昌与清军及团练进行血战;抗日战争时期,日寇入侵鄱阳湖,沿湖一带多遭烧杀抢掠。至今,鄱阳湖周边仍留有许多古战场遗址,金戈号角之声,犹闻于耳。

瓦屑坝遗址

和合乡黄舍村委会境内有一长达数百米的堤坝,坝的西边存有数十座砖瓦窑遗址。当地村民说,祖上称这堤坝为"瓦屑坝",称坝东侧所濒临的港湾为"砖头湾"。据调查考证,这座坝有上千年的历史,不仅年代久远,而且与600余年前明初发生的大移民事件紧密相关。

公元1368年,朱元璋建立大明王朝后,便着手发展经济,稳定社会,增加国家财政收入。他采取的一条重要措施就是移民屯田,开垦荒地,兴修水利,发展农业生产。移民的原则是把农民从窄乡移到宽乡,从人多田少的地方移到人少地广的地方。北方以山西洪洞县大槐树为移民集散地的代表,移山西民到安徽凤阳和河北等地置屯耕种。南方大多从江苏、浙江、江西等地移民到安徽、湖北等地居住、屯田。据《明太祖实录》记载,明洪武三年(1370年),江南十四万户移于凤阳,其中,江西饶州、南康、南昌、九江等府县的老百姓就曾集中移民,而当时著名的移民集散地就是鄱阳湖上的瓦屑坝。如今,它成了江西移民后代回来寻根问祖的关键线索和主要地点。瓦屑坝成了江西移民后裔的梦中故园。

和合瓦屑坝所在的黄金嘴向南伸入鄱阳湖中,紧临主航道,即使冬天湖水退缩,这里依然可通行大吨位的船只,是来往于余干、鄱阳等地的船只的必经之处。东面的砖头湾水深面阔,夹于黄金嘴和大田嘴之中,适于船只停泊和躲避风浪,自古以来就是出名的水运码头。据都昌吴姓的《吴氏宗谱》记载,南宋理宗端平二年(1235年),吴应中考取进士,担任国子监学录,全家在瓦屑坝上船随其赴任,后来其子孙散居在安徽等地。明熹宗天启年间(1621年—1627年),离瓦屑坝不远的施家村一个名叫"施桓"的人。他利用瓦屑坝这一鄱阳湖中有名的古码头,以操舟水运为业,逐渐积累了巨额家财。因为承运官粮,施桓决心打造一艘大船。他在瓦屑坝上搭起工棚,聚集数十名工匠,耗时三年在砖头湾打造了一艘长约60米、宽约20米、装载量达千余吨的大船,从瓦屑坝码头开出,经鄱阳湖入长江进运河前往北京通州,装载了南康府四县和淮安粮仓的官粮运往京城,声势轰动江淮。民谣说:"施桓施桓,量港打船,一府四县,顺带淮安。"瓦屑坝之名也随施桓之名广泛传播。

瓦屑坝所在的黄金嘴面积约为2平方公里,土质厚重,极适宜烧制砖瓦。在鄡阳县城址以东距黄金嘴约6公里处,对角几何花纹砖、卷云纹瓦、绳纹筒瓦俯拾皆是,说明早在西汉年间,这里的砖瓦烧制业就十分发达。宋代以来,黄金嘴烧制的砖瓦因水路运输快捷方便,运输成本低廉,远销沿湖各府、州、县,成了鄱阳湖上有名的砖瓦烧制地。砖瓦的烧制和搬运产生了大量的断砖残瓦,人们便用断砖残瓦铺成了一条长达三四百米的堤坝,用残破砖块堆叠成一处南向的半月形港湾,以便客货船停泊和避风。明洪武初年,朱元璋令江南各府县烧制城砖,将城砖运送到南京修建京城城墙。黄金嘴上当时建有上百座砖瓦窑,窑火熊熊,似百条火龙飞舞在鄱阳湖上空。大量高质量的城砖从瓦屑坝装船经鄱阳湖入长江被运往南京,至今南京城墙上所砌的砖上还有"南京府都昌县"的字样。许多人都从瓦屑坝旁的砖瓦窑址中挖出过或捡拾到有铭文的砖块。显然,千百年间这里砖瓦制造的红火局面是瓦屑坝、砖头湾形成的主要原因。

瓦屑坝在古代是一个扼控鄱阳湖主航道的古码头,客运和货运业务十分繁忙。从这里通过水运搬迁外出的民众很多。尤其是在明朝开国后,朱元璋推行移民政策,官府给迁徙的农民牛具、种子和路费,设立集中移民点,进行大量移民,地理位置优势巨大的黄金嘴上的瓦屑坝自然成了官府指定的一个移民集散中心。在近期兴起的联宗修谱的潮流中,就有家族组团来黄金嘴瓦屑坝实地察看、寻根问祖。湖北鄂州邱姓人于2007年10月组团来瓦屑坝寻根。他们除了燃香致祭,还在许多古砖瓦窑遗址中捡拾了多块印有阳文的砖头,砖头上面有清晰的"南康府都昌县提调官用,郑×直选"等字样。随后,安徽宿松刘姓族人亦来瓦屑坝觅祖寻根。笔者虽然未做详细调查,但从所了解的情况可知,在自南宋至清代的七八百年中,民众从瓦屑坝外迁者连续不断。中华民国时期,因瓦屑坝地扼鄱阳湖水上交通咽喉,当时的政府曾设税卡对商民船舶抽取税费。抗日战争时期,国民政府曾驻军于此,抗击日寇的侵犯。现在,因时移势异,瓦屑坝昔日的作用已经不在,但瓦屑坝仍伴着一湖清水宁静地享受着清明盛世、和风雨露的拂煦与滋润。(罗水生)

第十章　古寺庙

县城的庙宇

在旧社会,人们把消灾降福的美好愿望寄托于神灵,从原始社会对图腾的崇拜发展到对神的偶像崇拜。因此,县城庙宇竟达 20 多幢。中华人民共和国成立前夕,可查考的就有 9 大庙宇和 48 所土地庙。

文庙:又称"圣庙""学宫",地址在学前街,旧名"芦花滩",现为公安局所在地。据清同治版《都昌县志》载,文庙始建于唐代咸通年中期,元末毁于兵燹,明代又进行了重建,清代进行了扩建,为儒学基地,故称"学宫",规模较大,占地面积约为 10 亩,粉墙灰瓦,飞角飘檐,其主要建造群体包括:①棂星门:在大城门前,有石柱木栅门,有屏墙,两端有下马碑,棂星门内有一泮池(童生考取了秀才名为"入泮"),池上有半月形阙梁石栏,俗称"状元桥"。传说,只有中了状元才得开门过桥。②大成殿:长约 14 米,宽约 22 米,高约 13 米,中奉至圣先师孔子位,南面左右列祀十二哲(孔子学生)四圣(复圣颜子、述圣子思、宗圣曾子、亚圣孟子)。③明伦堂:在大成殿左侧,后面为文昌祠。④魁星阁:旧在学宫正中,魁星阁于道光年移建明伦堂门外左边,象征"夺魁"。以上楼台亭角中,藏有儒家的祭器、乐器、射器、典籍等文物。

关帝庙:地处西街老菜市场,有关羽、关平、周仑的神像。明万历四十五年(1617 年)建庙,清朝初期扩建。有大殿及东西廊,前楼 3 间,后楼 5 间,大殿前有戏台。

陶公庙:在邵家街(现实验小学处),宋朝以前兴建,几经兴废,清代重新修建,神像为东晋名臣陶侃,并祀陶母于贤母祠。

城隍庙:在县城斗街,明嘉靖六年(1527年)建庙,几经废兴,原有楼台五间、西廊及戏台,匾额上书"现身说法""英灵显赫"。城隍庙内,前面有一人高的四大金刚、十八罗汉,正殿有城隍菩萨,后殿有观音殿、大佛殿、十八阎罗王、牛头马面及地狱图景,特别是进门时有一活动板,稍不慎踩上,会闪出一青面獠牙、赤脚穿草鞋、形容可怖的菩萨,手握蒲扇,蒲扇上书有四个大字"你也来了",菩萨劈面打来时,吓得人魂不附体。

财神庙:地址在东街柳树堰。

龙王庙:在小南门(现航运公司)处。

华佗庙:在原水电公司(现西湖公园)处。

大神庙:在北门杨家岭,旧为瘟神庙,现名"莲花寺"。

准提阁:在东门外,内供菩萨祖师。

土地庙:为各街道、巷口管地方主神,有吴家街土地庙、彭家角土地庙等共48处,内供土地公婆,有的庙仅一个石庵,可是香火不断,是街道群众的家神。如吴家街土地庙写道:"这一街许多笑话,我二老总不作声。"又如斗星街土地庙的对联"斗转年丰稔,星辉福照临"等,反映了当地民众的心声和愿望。

以上的庙堂除土地菩萨为群众自己塑造的形象外,还有纪念表彰人物的、封建道德性质的以及纯属迷信的,一般多是兼而有之。属于纪念表彰人物的,如关帝庙是为纪念三国时义薄云天的关羽的,陶公庙是纪念东晋名将陶侃"惜寸阴"的,华佗庙是纪念三国医德高尚的神医华佗的,大神庙是纪念为尝毒井水身亡舍己救人的吕姓先生的。属于封建道德性质的文庙是纪念孔子的,代表中国古老的封建道德文化。属于迷信色彩的,如城隍庙是宣扬行善惩恶、因果报应的,财神庙是供人祈求发财致富的,龙王庙是祈求行船安全和天旱降雨的。

一些庙宇有特定的"祭期、祭仪",即菩萨生日纪念日,如大神庙的祭期为四月十八日,陶公庙的祭期为六月二十日,关帝庙的祭期为五月十三日,财神菩萨的生日为三月十五日,土地神的生日为二月初二。在这些日子里,庙里都要进行隆重纪念。如土地神的生日时,在土地庙前写上"土中生万物,地里出黄金""保一方清洁,佑四季平安"的赞语,家家户户到土地庙前烧香祭祀,用"土地会"经费吃酒,请戏班演戏唱曲。财神生日时,要扎台阁,抬财神过街,过街的匾额上写"财可通神"四个大字。有钱人的小孩身佩珠宝金银坐台阁,进行"赛富",庙内演戏庆祝。关公磨刀日即关公生日时,也要抬关公神像过街,商人焚香鸣炮祈拜。各庙宇都有庙会,有进行祭神活动的经费。

老 爷 庙

都昌老爷庙位于多宝乡龙头山山上,故称"龙王庙",五代时就有关于此庙的记载,明代初改名为"定江王庙",后俗称"老爷庙"。庙右侧有石阶曲折东延,左侧有羊肠小道,可登沙山极顶。庙基以花岗石条堆砌7米高,庙群总面积为 650 平方米,分主庙、龙王殿、同仁堂、大小客厅等,附属建筑分布于主庙两侧。主庙高 9 米,进深 23.5 米,面阔 13.75 米,面积为 320 平方米,系穿斗与架梁式混合结构,硬山顶,共 52 个立柱。

老爷庙是一座三进式殿堂,后殿供奉着神像、菩萨,中殿是露天式台阶,两旁是回廊。走进庙门,迎面一只大巨龟趴地,四趾伸展,背负高 3.4 米、宽 1 米、厚 34 厘米的千斤大碑,上面有朱元璋御笔书写的"加封显应元将军"7 个金字,熠熠生辉。庙的两侧墙壁嵌有两块石碑,右为"鼎建左蠡元将军庙记",左为"加封显应元将军庙记"。正殿前有方形花岗岩石立柱,上阴刻对联,上联是"数百年庙貌重修偏颂吾王功德",下联是"九万里威灵还显顿平蠡水风波",庙门平台两侧有石狮一对,庙后有朱元璋"点将台"和"插剑池"遗址,庙左岩上有"水面天心"摩崖石刻,相传为明太祖朱元璋题。据旧《都昌县志》记载,清康熙二十二年(1683 年)、嘉庆十五年(1810 年)和光绪辛巳年(1881 年),此庙进行过三次维修和扩建。清光绪辛巳年(1881 年)改称"定江王庙",群众把王爷称老爷,故后人一直称此庙为"老爷庙"。1938 年,老爷庙遭日寇炸毁,1946 年,僧人在来往船商的捐助下,按光绪时的模样重修。1983 年,县政府又进行了修缮,并将其列为省级文物保护单位。1996 年,县政府决定将其作为道教活动场地开放,并引进资金修复,设立显应宫道院。修复后的老爷庙保持了原庙的古建筑风格,庙前建起了高约 15 米的门梯,庙后山顶修起了望江亭和宝塔,总建筑面积近1000 平方米,占地面积达 20 余亩。

"老爷庙"的神秘之处,还因为它是"东方百慕大"的所在地。长期以来,凡过往"老爷庙"水域的船民,无不自动敬香、上供、放鞭炮、磕头膜拜,祈求定江王保佑,老爷庙成为"东方百慕大"的镇湖之神。

链接一：

定江王庙显应元将军

定江王庙矗立在鄱阳湖北岸龙头山山上。庙宇北倚沙山，临风面湖，位处高峻，气势雄伟。走进庙门，便见前殿有一巨龟趴地，四趾伸张，背负着一块大石碑，碑上是明太祖朱元璋御赐的"加封显应元将军"七个金字。相传朱元璋与陈友谅在鄱阳湖康郎山大战失败后，向北退逃，至老爷庙水域时，突然一只像船一样的大头鼋(巨龟)浮出水面，挡住了陈友谅追赶的战船。朱元璋的船眼看就要沉入湖中，这时，大头鼋游过来，将朱元璋驮到背上并把他送到了老爷庙。大头鼋返回时，化作一个道人立在浪上，长剑一挥，湖面顿时狂风四起，恶浪排空，数不清的大鼋一齐冲向陈友谅的船队，大小战船被一艘艘掀翻在湖中。陈友谅被吓出一身冷汗，急忙跳上救生木排逃命，一路悲号："这是天败我也！"朱元璋登基后，为感激大鼋的救命之恩，重修了庙宇，赐封大鼋为"定江王""元将军"，老爷庙也更名为"定江王庙"。

链接二：

水面天心、插剑池及点将台

定江王庙东南岩壁下有朱元璋题写的摩崖石刻"水面天心"四个字。庙后的山崖上有一泉池，再上崖顶，岩石平展如台，长宽均为十多米，站在这里，视野宽阔，湖面江道尽在眼底。相传这里是当年朱元璋的插剑池和点将台遗址，传说朱元璋得大鼋施救后，来到一岩壁下，挥剑刻下"水面天心"四字，意为水面化险乃天之心意，继而又转到庙后，挥剑向一岩石崖插下，当即有岩泉涌出。朱元璋甚为惊奇，心想，莫不是天意让我涌泉相报？他顿时感到此处很有天缘灵气，若得天时地利，何愁大业不成。朱元璋当即选定山崖顶上那片平展如台的岩石为点将台，重整水军，砺兵谋策，终于在屏峰湖大战告捷，陈友谅军全军覆没，陈友谅也中箭贯睛穿颅而死于泾江口。

链接三：

老爷庙的传说

传说一：北宋熙宁年间(1068年—1077年)，沈括写有一篇《彭蠡小龙记》：

"彭蠡小龙，显异至多，人人能道之，一事最著。熙宁中，王师南征，有军仗数十船，泛江而南。自离真州，即有一小蛇登船，船师识之，曰：'此彭蠡小龙也，当是来护军仗耳。'主典者以洁器荐之，蛇伏其中。船乘便风，日棹数百里，未尝有波涛之恐。不日至洞庭，蛇乃附一商人船回南康。世传其封域止于洞庭，未尝逾洞庭而南也。有司以状闻，诏封神为顺济王，遣礼官林希致诏。子中至祠下焚香毕，空中忽有一蛇坠祝肩上。祝曰：'龙君至矣。'其重一臂不能胜。徐下至几案间，首如龟，不类蛇首也。子中致诏意曰：'使人至此，斋三日然后致祭。王受天子命，不可以不斋戒。'蛇受命，径入银香奁中，蟠三日不动。祭之日，既酌酒，蛇乃自奁中引首吸之。俄出，循案行，色如湿胭脂，灿然有光。穿一翦彩花过，其尾尚赤，其前已变黄矣，正如雌黄色。又过一花，复变为绿，如嫩草之色。少顷，行上屋梁，乘纸旛脚以行，轻若鸿毛。倏忽入帐中，遂不见。明日，子中还，蛇在船后送之，逾彭蠡而回。此龙尚游舟楫间，与常蛇无辨，但蛇行必蜿蜒，而此乃直行，江人常以此辨之。"宋人江少虞撰的《宋朝事实类苑》一书中的《彭蠡龙君》条目下还有一则故事：冯校尉浩赴江西漕，过松门口，众传有小龙王者甚灵，冯之不信。俄顷，有小蛇出于船下，亦不为怪，续又渐有大蛇，亦不信。顷之，有蛇矫首见形，如水桶大，冯乃焚香祷之，蛇作去势，一引身，长数十丈，湖水为之两分，冯方惧焉，亦不为他害而去。

上述传说，为左蠡龙王庙中的龙王找到了原型。现在龙王庙仍在，与老爷庙一墙之隔。船舶来往庙前湖中，必定到庙中焚香，燃放爆竹，杀鸡祭奠，与当年冯浩的做法一样。这就为老爷庙罩上了神秘的光环。

传说二：苏东坡之弟苏辙在北宋元祐年间(1086年—1094年)过都昌问禅南山后，顺湖北去，晨泊彭蠡湖口(苏辙是"暮发鄱阳市"，木船一夜走60里，刚好到老爷庙前），遇大风雪，写下了当时湖区的景况："划舟未及深，飞沙忽狂走。晴空转车毂，渌水起冈阜。众帆落高张，断缆已不救。我舟旧如山，此日亦何有？""初疑邱山裂，复恐蛟蜃斗。鼓钟相轰阗，戈甲互磨吅。"诗人的笔下把冬季老爷庙前湖区的大风描绘得惊心动魄。这是"魔鬼三角"的真实写照。

传说三：老爷庙湖区沉船特别多，船舶过此犹如过"鬼门关"。风平浪静、云影波光的湖区说翻脸就翻脸，狂风怒吼，浪涛汹涌，成为一个诡异的"魔鬼湖"。据说1945年4月16日，侵华日军一艘2000多吨的"神户号"运输船，装满掠夺来的金银财宝和中华文物行驶到这里突然沉没。驻九江的日海军派出了技术精湛的潜水员前来打捞。数名潜水员下水后，只有一人生还，面色苍白，当时吓得说不出话来。事后说，只见湖底一道白光横扫过来，他便什么都不知道地浮了上来。当地的乡民们说这是"老爷对日本鬼子的惩罚，老爷放一个人回去带信：'中国人不是好欺负的！'"。（罗水生）

清 隐 禅 院

清隐禅院位于都昌县南山上，旧名"清隐寺"。唐咸通年间（860年—874年），县令陈杲改筑于南山西南山麓，其下有谢灵运翻经台遗址和野老泉，松竹繁茂，山石嵯峨，清幽奇绝，成为禅宗在都昌的一个著名道场。

在随后的近两百年间，因"守者非其人"，清隐寺香火不旺，冷落破败不堪，直到北宋熙宁七年（1074年）甲寅，县令王师孟请庐山僧建隆主持寺中事务，改名"清隐禅院"。北宋熙宁九年（1076年），建隆逝世，长老惟湜自庐山来接手主持寺中事务，并精心募资，对寺庙进行修葺，僧太琦相助淮提，经八年"宫殿崇成"。禅院面对万顷鄱湖，景色旷远秀美，不但礼佛之人络绎不绝，而且引来许多文人名士游览歌吟。北宋元丰六年（1083年），黄庭坚至都昌登南山，游禅院，作《清隐禅院记》，盛赞道："余得意于山川以来，随食南北二十年矣，未尝不

爱乐此山之美。故嘉叹清隐之心,赏风月而同归。"北宋元丰七年(1084年),苏轼往筠州(今高安)看望弟弟苏辙,舟过彭蠡,绕道至都昌访南山,见惟湜长老,题刻野老泉三字于岩泉壁间,作《过都昌》绝句,感叹道:"水隔南山人不渡,东风吹老碧桃花。"元祐初年,苏辙再谪筠州,又绕道至都昌,登南山,并作诗记其事;"谁道豁岩许深处,一番行草认元昆。"

由于历经风雨,庙宇多次重修。明嘉靖年间(1522年—1566年),邑人邵义道重修;明万历四十四年(1616年),邑人邵传一重修,并更名为"古南寺",后改称"南山寺"。1926年春,刘越、刘肩三、刘聘三等人在庙内左边楼屋内开会,成立了中国共产党都昌党小组。古南寺成了都昌的革命纪念地。1984年,该禅院被列为县级重点保护单位。

中华人民共和国成立后,古南寺正殿内供奉释迦牟尼佛等三大佛像,佛像两边排列着十八罗汉塑像。庙门前竖立着四大天王塑像,右边山岩上有一个观音阁。整座庙宇依山挂势,小巧玲珑,丹桂、翠竹等环绕于庙的四周。"文化大革命"期间,庙中佛像全被焚毁。打倒"四人帮"后,古南寺被修缮一新,寺名恢复为"清隐禅院"。寺院坐东朝西,砖木建筑,穿斗式结构。面积为170平方米,分为三大间。右边为僧房,正殿供养三尊大佛:正中为释迦牟尼佛,左边为药师琉璃光佛,右边是阿弥陀佛,均高三米。主寺右侧的悬崖上重建一座观音阁,雕梁画栋,中供送子观音。清隐禅院已成为都昌善男信女礼佛的主要场所之一。

(罗水生)

北　庙

北庙位于县城以北20里处,故称"北庙",当年与位于县城的南庙并称为"都昌南北二庙"。北庙临湖而立,位于汪墩乡细桥村委会东北方向的飞凤山。所谓飞凤山,不过就是一条由陆地伸向湖心的余脉,有山之名而无山之实,只能算是鄱阳湖边一座半岛。三面环水,一面朝岸,庙就在这半岛之尽头。由于北庙的存在,那片湖域也被称为"北庙湖"。

北庙建于何年,已经是一个难解之谜。据清同治版《都昌县志·艺文志》记载:"北庙在治北二十里飞凤山上,有庙九十九间,今废。但未传其鼎建时代,元至正四年县丞翟复重修有记。"后来,民间为了敬仰和纪念陶侃,在原庙址上建庙祭祀陶侃,故又称北庙为"陶公庙"。

北庙构造宏丽,大殿有大龙柱四根。后因湖水浸淹,庙遂圮废,龙柱全部沉落于湖中。为防湖水冲刷,1922年,此庙被重修,从原庙址凤嘴山北端被迁至现今庙址,湖中被打捞出的2根龙柱被立为新庙之柱。龙柱系花岗石雕刻而成,高 3.23 米,直径为 0.74 米。柱身浮雕一巨龙从海水中盘旋飞腾,直冲云霄。龙从海出,波涛翻滚,巨龙升空,云随风涌。海水、白云、巨龙形象逼真,画面生动,整个柱身构图显现出一种壮观向上、动人心弦之美。柱身为上圆下方的础石,高为 0.22 米,长约 0.8 米,上刻精美的莲花纹,与龙柱相衬,相得益彰。2 根龙柱在 1500 年岁月风霜的磨砺下,虽然已显得粗糙,但其深厚、伟岸的神韵使人们看到了南北朝时期匠工们的精湛技艺。(罗水生)

大 神 庙

出县城往北约两里处有道岭叫杨家岭,这里如今已是满山花果。就在那桃红梨白间掩映着一座红砖红瓦的古庙宇,庙里原供有一尊青面可怖的菩萨,虽非佛非道,烟火却鼎盛一时,远看是"大神庙",近观则是"天神庙"。其中蕴藏着一段曲折感人的故事。

县城濒临鄱阳湖的今造船厂一带,明万历年间(1573 年—1620 年)曾极为繁华,唤作"古街";街头有一井,唤作"古井"。当时街上有所私塾,先生姓吕,老家在北门郊外,因家中贫寒,无力上京赴考,做官不成,便以教书为生。先生心地善良,为人厚道,邻里无不敬重,尊称其为大先生。有一年农历五月十七日晚,先生忽做一噩梦,梦见一条毒蛇缠绕古井,并将毒液喷入井中。惊醒之后,他不敢再睡,赶至古井守护。次日黎明,街邻们纷纷挑桶来到井边,或要挑水,或要洗菜,可吕大先生死活不肯,一个劲地向众人说起梦中所见,众人只说他迂腐,无论如何也不相信他所说的话。吕先生想,若是井中无毒,岂不误了众人工夫,若是万一有毒,又是性命关天的大事。吕先生百般无奈,只得对众人说:"打桶水上来,我喝口试试,若是无毒,汲水无妨,倘若有毒,务必将这井淘过后方可汲水。"众人只得依他。待水提上来后,先生果然抢着舀了一碗喝了,但见这水一喝下去,先生脸色立即由红转白,由白变青,七窍流血而死。先生为众街邻慷慨捐躯，见者流泪闻者伤心。县人纷纷凑钱，要将他盛葬厚殓，送回老家安葬。出殡时，全城老小泪泣相送，谁知灵柩抬至杨家岭，就怎么也抬不动，问卜，说是即葬此地。为纪念大先生恩德，县民还特地在墓地建了一座庙宇祭祀他。县城及近郊四十八屋都自愿捐了庙产，并照先生遗容塑像一尊，敬称"大神"。此后，每逢五月十七先生忌日，县民就自动集合祭奠。是日，县城附近，无论士农工商，家家户户都做米粑作供品，然后将那大神菩萨从庙中请出，由西门抬进，至古井后，大家依次跨井而过，以寄哀思，再由西向东，穿街而行，最后出北门回庙，过街时，号鼓齐鸣，铳炮掀天。道旁香烟袅袅，市民顶礼膜拜。

晚清咸丰年间（1851年—1861年），太平军进占都昌，县内儒、道、佛教祠庙给烧了不少，却未动此庙一砖一瓦。后来，太平军官兵从老百姓那里打听到此庙的来历后，无不被吕先生舍身救人的精神所感动，连说吕先生真是天神，应将此庙"大神庙"改为"天神庙"。太平军本来要为这座庙重刻一块庙额，只是因为军务繁忙，便匆匆借来梯子，用兵器在"大"字上镌刻了一横，因为镌刻不深，远处看依然是"大神庙"三个字，近了才可看得清是"天神庙"。

水 月 寺

水月寺位于都昌县城正南，濒东湖北岸而建，都中公路临寺门而过，交通便利，闹中取静。

300多年前，这里并没有寺庙，相传一年大水浸城，不知道从何处漂来一块横匾，上有"水月寺"三个字，当地人于是就在湖边泊匾处建庙一座，名叫"水月寺"，并有人为大殿题赠一联："水面文章风写出，月中诗句夜传来。"这就是水月寺的由来。

1999年初夏，时有俗籍本地僧人释常维从湖南回都昌，矢志驻锡故土，弘扬佛法。他择地结庵时，看到该寺荒废，痛心之余，发心修复。重建的寺庙占地五

亩多。一栋两层的寮房和200多平方米的大殿及佛像已经竣工。此外,斋堂、库房、客堂、念佛堂等都逐步建成。

水月寺乘僧佛共铸的怡、淡、律、爱之风名播邑里,信众倍增,朝客络绎不绝,成为游人信士净心礼佛的圣地。

灵　峰　寺

灵峰寺坐落于大矶山之巅,建于宋朝,原名"苏许庵",经多次兵燹,又屡建多次,到清朝时,才初具规模。清乾隆四十六年(1781年),修建苏许庵的碑文记载,苏许庵由住持回妄大师偕徒弟悟西、徒孙青云、徒曾孙祖传到全县各地化缘募银修建而成,并改名"灵峰寺"。这座古庙延续香火160余年,于1942年被日寇的飞机炸毁。日本投降后,由于昇(中坝王村人),王学源(竹林咀村),王纯儒(曹家山王村人),余式钦、余和金、余祖金(余家湾村人),黄翌泗等人集资

再次修建,这次修建把灵峰寺由原来的位置移至山巅,并建有大殿及厨房、客房等附属建筑。但在后二十多年间,庙殿失修,庙前墙及厨房客厅倒塌,于1967年秋季被矶山人民公社拆除。1997年,由王平豹等人倡导,灵峰寺再次重修,先后建灵峰寺大殿、观音阁、东大门楼、客厅、住房及厨房等附属建筑,整座庙宇共占地1600平方米,殿堂面积为260平方米。

　　当你站在矶峰之巅,你会感觉大山如屏,障烟似雾。向南看,万顷鄱湖尽收眼底,来往船只徐徐地向上游和下游驶去;向西看,小鸡待旦,静静地注视着松门山,曾几何时,大鸡小鸡齐啄断蜈蚣精,出现松门与吉山的断腰;向北看,万亩鱼池波光闪闪,阡陌有序;向东看,夜雾笼罩下的都昌县城,高楼林立。缥缈中又见灿烂的灯光,显示着繁华与静谧。纵观大矶山的全景,仿佛是一只已展翅欲飞的大凤凰。(王旺春)

古　愚　寺

古愚寺又名"二赋庵",位于县城东芙蓉山山麓,始建于唐朝,至明朝,有名僧古愚主持该庵,重新改建,故名"古愚寺"。民间盛传该寺的观音菩萨极为灵验,每年"观音会"时,信女们从四面八方汇集寺中,诵经之声朗朗,是为盛事。届时,更有寺前万年台开台演戏。

新中国成立初,寺内菩萨被毁,寺庙也被陆续拆毁。20 世纪 90 年代释慧定主持该寺,苦心孤诣筹集资金,大兴土木,建造了雄伟的大雄宝殿和其他建筑。现有观音殿、寮房、厨房、斋堂,占地面积 500 余平方米。观音殿内供养了 2 米多高的贴金观音菩萨,左右有贴金善财圣像、龙女护法圣像、珈蓝菩萨圣像。

佛古禅林寺

佛古禅林寺坐落在北山乡东南方的芙蓉山下皇赐涧山谷中,这里三面环山,寺前是一小岭。寺门前有一硕大铁铸香炉,寺的周围绿树成荫,红花绿草点缀,绚丽非凡,可谓风景秀丽,景色宜人。寺前还有一小溪,水流缓慢,清澈见底。寺中尼师即寺庙的住持是一位 1959 届的九江师范毕业生,名叫刘素珍,77 岁,她曾是襟带中心小学(北山中学前身)的老师。

佛古禅林寺是一座历史悠久的古寺。寺名"佛古禅林"是由清帝乾隆赐名并御笔书赠的。它建于明代英宗时期(1436 年—1449 年),盛于清代。

据说,清乾隆年间(1736 年—1795 年),乾隆帝忽然心血来潮,于是再次下江南。时值阳春三月,乾隆巡视江南路经芙蓉山麓,闻传山顶白云庵有一高僧讲经说法时,乾隆帝心情很好,心想巡视多时未听过高僧讲经法,听说江南经法颇有声誉,不亲自去视听一番,实为憾事,后命随从同往。未走多远忽雷声大作,下起倾盆大雨。乾隆帝受到惊吓,转身躲进一寺中避雷雨。大雨将乾隆帝浑身淋湿,结果大病一场,只得暂住寺中疗养,随从、住持精心照料半月,病愈回京。乾隆爷大赞此寺和住持,于是拨黄金白银万两,并御笔书赠寺名"佛古禅林寺"。由此佛古禅林寺大兴土木,建有茶厅、客厅、方丈室、厨房、佛殿、藏经楼等。寺周围环境也非常不错,前有荷塘观龙鲤,后有翠竹引凤凰,左有花苑与菜园,右有柳荫好纳凉。青烟缭绕,紫气氤氲,一派兴旺发达、香火鼎盛的太平景象。消息传进京城,乾隆爷非常高兴。在历史长河中,东海扬尘,清朝末期,清政府腐败,民不聊生,于是爆发了太平天国农民起义。佛古禅林寺遭长毛挖烧,仅剩前后正殿,日寇侵华时又遭劫难,"文化大革命"时期破旧立新,寺院荡然无存,前殿被用作牛栏,后殿改做猪圈,"佛古禅林"被作为北山知青农场。

改革开放后,宗教信仰获得自由,芙蓉山下十三社乡民及信士继承文化遗产,重唤佛教光芒,群策群力,众志成城,解囊相助,捐物捐资,重修了观音殿,重建了佛古禅林寺前殿,重塑了观音、佛祖及前后殿许多神身,建起了许多配套设施,如活动场地、住房、厨房、客厅。如今,刘素珍尼师及五位女信士、居士常住寺中,念经,做功课,做道场,布道。每逢初一、十五,许多百姓、信士前来寺中朝拜,络绎不绝,平时游客也不少,香火旺盛。

苏　仙　庙

苏山乡元辰山顶有一平台,呈长方形,大约3亩,为苏耽结庐修炼之处。此处旧建有一庙,主要祭祀苏耽,众人呼之为"苏仙庙",其年代无考,"文化大革命"中遭拆毁,现又重建。平台南边有2块大石,一块大石上有2个茶杯大的小潭,传说能出油盐,仅供庙中僧人一天之用,后来庙僧贪心,将其凿大了一些,遂不再出油盐,仅留遗迹在石上。另一块大石上有一圆形白洞,碗口大小,白洞内壁一侧有深刻条纹,苏耽修道时常在此捣药,用以治病救人,此药臼至今仍完好,水贮其中不涸不腐,令人称绝。站在庙前平台上向四方眺望,鄱湖烟水,匡庐云峰,白帆绿岛,历历在目;百里沃野,星罗村镇,大千世界,全入胸中。(罗水生)

青 云 寺

青云寺位于马鞍山山巅,坐北朝南,建于明朝洪武年间(1368 年—1398 年),毁于清朝咸丰年间(1851 年—1861 年),重修于清朝光绪年间(1875 年—1908 年)。重修后,庙宇恢宏,香火鼎盛,加上住持僧法圆大师"精通焚典,博览群书,周易地理,神而明之",更使青云寺融佛教文化与风景名胜为一体而声名远播。

青云寺西北面的山凹间有一花园,园子依山势而建,最上面是一栋小佛堂,佛堂前面是圆寂归真的僧人的墓茔。墓用花岗石圈叠成圆形塔状,墓前立有长方形花岗石墓碑,共列三排。花园塔林周围用岩石垒成了 1 米多高的围墙。墙门面湖西向,出门有石阢,逐级而下,穿过竹林、松林,直达山脚湖岸,路长 300 多米。天旱时,僧徒从这里下湖挑水,浇花种菜。1966 年,青云寺被拆毁,所幸花园塔林保存完好,成为青云寺的历史见证和佛葬景观。

2001 年,马鞍山村村民捐资助工,由胡振雄等老人牵头负责,在青云寺原址上建起了大佛殿,力争在几年内恢复青云寺的原貌。这一善举使马鞍山的登山道路畅通,竹木花卉茂盛,古迹景观得到了保护,游览者络绎不绝。(胡东春)

旧 山 庙

旧山位于左里镇西南部,海拔 144.1 米,因其外形似一只蹲伏的狮子,故古称"狮子山"。传说在西汉年间,湖南郴州人苏耽携母在此山上的一座小庙内修行,此庙古时叫"广福庵"。后苏耽去苏山修道,将"狮子山"唤作"旧山","旧山庙"因此得名。东晋元年,吴猛在此庙中修行,宋徽宗曾册封吴猛为"神烈真人"。据《神仙传》记载,明正德三年(1508 年),济深大师将佛教传入旧山,并建造"凌云阁",故"旧山庙"又称"凌云寺"。后来,旧山的三清教主让位于释迦牟尼,道庙变为禅宇。自此,旧山山顶上佛钟频敲,悠扬的钟声送走了几百个春秋。

明朝以来,旧山庙虽曾衰败,但香火从未间断。1940年,驻守在旧山山顶的侵华日寇扫荡了旧山庙,并将庙中的隆修长老活埋于庙前菜地里,旧山庙自此被废。

改革开放以来,政通人和,百业俱兴。2001年,地方精英重修广福庵凌云阁于旧山南麓,于2002年农历九月十九日竣工,历时一年又五个月,占地700平方米,耗资约15万。所需经费由台商主捐,民众解囊相助。

重修后的旧山庙前后茂林修竹,新庙左右鸣鸟茵花。入庙阶梯,层层尽拱秀;护门栏杆,面面通清风。阁上宝塔,大雄宝殿居中,楣上横书"凌云阁"。大门左右,双狮雄立。阁顶有琉璃装点,殿内红柱交辉。下殿正柱上书"千年香灯照亮沧桑世界,一声钟鼓惊醒名利凡夫"。上殿正中,三尊大佛,肃穆慈祥;中殿两侧,四大天王岿然不动。十八罗汉更是栩栩如生。向上华佗,面如满玉;朝下弥勒,脸似乾坤。广福庵内莲花台上,慈航普度,迎面书陀,执剑护法。庵前山门上的"广福庵"三字韵逼云天。庙前崖上，雕龙香炉，描金点翠；双龙盘柱，腾雾驾云。炉之两侧写着："净地何须扫，空门不用关。"

庵内阁中香烟缭绕，晨钟暮鼓声中，善男信女络绎不绝。如今，凌云阁为左里、多宝等地一处有影响的宗教场所。

多 宝 寺

多宝寺地处多宝乡政府驻地北陈村以北 1.5 公里处。据清同治版《都昌县志》载，唐乾元三年（760 年），马祖道一大禅师率领智常、法藏等弟子历尽艰辛来都昌弘法，先后倡导主持兴建五处寺庙，闻名遐迩的多宝寺属其中之一。据考证，多宝寺原名"伏牛院""资福寺"，因传冀神赐宝，后取名"多宝"。近代著名文学家、史学家蔡东藩著《明史演义》载："朱元璋微幸多宝寺，见幢幡上写多宝如来佛号，因语侍从道'寺名多宝，有许多多宝如来'；学士江怀季闻言，知其意在属对，便脱口而出'国号大明，无更大大明皇帝'。"明嘉靖年间（1522 年—1566 年），李、吴两姓牵头，在原址上重建面积达 300 平方米之寺庙。20 世纪中期，多宝寺被占做他用，佛像、经典等荡然无存。1972 年，"文化大革命"期间，多宝寺被拆毁，原址建学校，信众无可奈何。1985 年，当地民众集资，于其原址后的山岗上，修建面积约 10 平方米的小庙。信众、乡民深感遗憾，故此，重建多宝寺，恢复其规模，以孚民愿。2008 年春，由热心公务者组织倡导，偕全乡信众、乡民，筹措营谋，捐资助力重建寺庙，通过精心建造，数月后，寺庙完工。寺庙长 21 米，宽 11 米，高 7.6 米，建筑总面积为 230 平方米。大殿内释迦牟尼、观世音菩萨、十八罗汉等佛像栩栩如生。自此以后，香火鼎盛。（夏国初）

枫树庙（陶王庙）

枫树庙又名"陶王庙"，位于多宝乡北端。据传，枫树庙始建于南宋初年，时天下大乱，战争频繁，民不聊生。其时，江南一带瘟疫蔓延，遂请来陶侃神像镇邪压妖。镇妖船开至白尾港时，陶公显灵，立马风平浪静，民生得救。恰遇一位得道高僧云游于此，高僧发现此地山清水秀，层层枫林间紫气氤氲，遂在此结庐，行医问药，广施善缘，深得民心，最终修炼成仙。为纪念陶王镇邪之功，也为感谢上苍遣仙人救弱于水火之德，乡民遂捐资于此建庙堂一座，依山傍水，千百年来，岁岁香火不断。此后，庙宇几经扩建修缮，至明清之时规模最大，民国初期，此地人山人海，盛况空前。庙前有天灯树，船进白尾港，起航标作用，还有积谷仓和金银库等。科举废除后这里还办过学堂。后因战乱，又经"文化大革命"，岁月沧桑，几度兴废。庙后之古枫树林也在大炼钢铁时砍伐殆尽。

2009 年 2 月，多宝乡民捐资五十余万元，在旧址上重修庙宇，历时八月有余，至 2009 年 10 月竣工。新建的庙宇立于老址之上，坐北朝南，庙前白尾港碧水清清，自西向东经九曲十八弯注入鄱阳湖。正面是猪、鸡、鲫三座神山。庙宇总占地五至六亩，大门左右雄狮双立，真可谓"一阁雄锁江心月，双狮威震湖面风"。整座庙共有前后三大殿，东旁有厨房、住房和杂房。庙之前殿，陶公一身正气，怀抱朝筒；中殿韦陀菩萨，手执三尺青峰宝剑，护神法，斩妖魔；上殿大佛，慈眉善目，莲台座上普度众生。整座庙堂佛光灿烂，一尊尊神像全都点漆装金，栩栩如生。（段嗣贵）

报 恩 寺

报恩寺位于苏山乡土目狮子山山麓，寺庙坐北朝南，占地十余亩，始建于宋朝。传说有一残疾老妇在风雪夜捡拾到一弃婴,便抱回家中,靠织麻纺纱,含辛茹苦将其养大。弃婴得一教书先生的教诲,努力读书,考取功名,做了大官,便将养母和恩师供养终老,并建一报恩寺以昭示后人。鄱阳湖水从报恩寺西面经土目港进入,一溪绿水横亘寺前,与南来的十里陶家冲涧水汇合于此。溪上至今犹存一花岗石平桥,古朴典雅。溪旁稻田时有白鹭翻飞。寺庙东、南、北三面群山环抱,绿树成荫,山花烂漫,鸟语空山,十分幽静。从元朝至民国,寺中设有一书院,由于环境优美,成为一绝佳读书之地。方圆百里的人们多将子弟送至此处读书。明崇祯朝兵部左侍郎、三边总督余应桂在十六七岁时,就到离家30余里的报恩寺中求学。传说他曾在寺中大殿前坐在一"蒲团"上映月读书,月落起身,才发现"蒲团"乃一大蛇所盘成。由于余应桂聪慧勤奋,连考连捷,一举成名。旧寺在"文化大革命"中被毁,现已重建。(罗水生)

东 岳 府

龙华山东岳府坐落于原杭桥乡横渠村委会东北角。该寺系高僧直来和尚(1886年—1948年)四处募捐,多年筹备,于20世纪40年代建成。寺的正殿面积为200平方米,殿内奉有大小菩萨百余尊;殿旁建有观音堂,面积为200平方米,殿内奉有观音和罗汉等菩萨几十尊。寺坐东朝西,前有樟木,后有竹林,东边有山塘大小各一口,山清水秀,自然环境甚是幽美。当时寺内有新老和尚十余人。方丈叫直来,住持叫传启,还有和尚传化、传谱、传庆、净尘、海惠、海航、海念氏、九僧、直性等。是时,寺内香火鼎盛,参拜之人络绎不绝,盛况延至"文化大革命"前夕。

"文化大革命"时,庙宇被毁,全寺所有的菩萨被砸碎了,寺内和尚也四散逃亡。1969年,东岳府寺的整个正殿还被拆去建礼堂,寺前的两棵大樟树也被砍倒了,一代名僧直来和尚多年的心血化为乌有。

改革开放后,村人香客又陆陆续续去东岳府寺的原址朝拜,香火日盛一日。鉴于此,当地的乡民几经商讨,成立了龙华山东岳府寺重建小组,主持寺庙重建工作。1998年,东岳府寺的正殿在原址上建成,面积与原正殿相等,并保持了原风貌,重修菩萨十几尊,并把砖木结构改为砖混结构。

2006年,在县民宗局的支持下,东岳府寺又建成了长达50米的围墙,同时建有厕所和两层的门楼。中国书法协会会员、景德镇市陶瓷学院教授、江西省书画家徐文明先生亲笔为东岳府寺题写寺名。这里仍彰显着昔日深厚的佛教文化底蕴。

长 庆 寺

长庆寺坐落在佛殿山,位于县城东北25公里处。佛殿山海拔364米,山清

水秀，风景奇丽，气候宜人。长庆寺现建有大雄宝殿、三圣堂、观音堂、地藏殿、寮房、斋堂、柴房、厕所等设施，总建筑面积为 540 多平方米，道场占地 260 多平方米，菜园占地 180 多平方米，总占地达 20 余亩。

远在宋太祖赵匡胤时期，此地就有佛殿庵。元朝有一位外号"歪嘴和尚"的僧人，在此建长庆寺，掌管周围的 108 亩土地及分布在全县的 48 个小庵。寺东边的山峰是墓葬和尚的塔山。塔山上有五层高塔，后随长庆寺毁于战乱。西边平坦之处乃是跑马场（现在都叫马窝），是众僧跑马射箭的习武之地，西边还有"贡井"，长年喷水，久旱不枯，保洁则喷，染污则枯。

明初邑人刘庭芳于旧址上重建佛殿庵。名扬全国的憨山德清大师曾在此任过方丈，并将历史概况刻成"古尼碑"一块。现存的残碑上还有"松声泉响，皆演法音，永为菩提道。晨钟暮鼓……憨山大师释德清"，字迹清晰可辨。

1925 年，一位佛法高超的"上直下来和尚"来此，在废墟中找到了残碑，把残碑抱在怀里失声痛哭，靠着树干打造三天三夜，立志复兴。他主持重建的长庆寺有正殿、寮房、斋堂、菩萨等，大都装贴了金身。

1945 年，国逢战乱，该寺又被毁于信和垅大地主刘绪宽的手中。

1982 年，当地佛教信徒刘圣书、周时琏、刘显淦、刘祖铭自发组织，在遗址上建造了简陋的长庆寺。

1983 年，北炎乡镇下谢家村带发修行的王修善来到佛殿山，在当地群众的大力支持下，先后扩建了正殿、观音堂、地藏殿和住房、厨房，重塑菩萨，再贴金身，从此香火又渐盛。1996 年 3 月，县宗教事务办公室批准开放长庆寺。

2001 年 3 月，王修善仙逝后，经县宗教事务办公室和佛教协会批准，由尼师达根（俗名"程豆娥"）任住持。退休女教师刘素贞（现已出家）是菩萨戒居士，常年护法，并坚持早晚课。长庆寺 2001 年改建了观音堂，2003 年扩建了雄伟壮观的大雄宝殿，2003 年新雕刻了高大的三尊大佛——千手观音、文殊、普贤，并将包括韦陀、地藏王在内的佛像贴真金。佛堂设备一应俱全,面貌一新。

吼　月　寺

　　狮山乡的西北有座状如一头雄狮的高山,它卧于狮山、鸣山、土塘、中馆四个乡镇之间。高山南北走向,绵延 20 余里,主峰狮脑尖位于狮山乡境内,海拔315.8 米,东南半山腰处有一块数十亩的较平缓的坡地,松竹杏林葱绿,花草繁茂,吼月寺就坐落于其中。

　　吼月寺始建于何时,已无从考证。相传一云游道人到此驻足三天,饥食山果,渴饮山泉,困宿树下。一晚,道人梦见观音老母问他为何在此睡下,观音叫他应往杏林安身。翌日,道人寻得一处开阔平缓又有杏树的地方,即在此砍树割草搭一茅舍。历经数年,道人募得金钱建起了一座寺庙,当时人称"杏林庵"。后来香火日盛,信众数百,几经扩建,寺庙设施齐全,曾更名为"云山庵"。寺庙内塑有观音菩萨和多尊神明金身。元朝末年,陈友谅与朱元璋鄱阳湖大战后期,陈、朱大军就先后驻扎在距寺庙不足十里的大脑坡打鼓墩一带,朱元璋曾到庵内敬香朝拜,将"云山庵"更名为"吼月寺",并题联:"吼定从新开世界,月明依旧照山川。"寓意为他将开创一个新的王朝。

　　数百年来,吼月寺曾成为狮子山周边数十里善男信女和百姓的精神寄托的场所。时光流逝,民国时期,寺庙曾遭两次兵匪洗劫,附属建筑被烧,仅剩寺庙正屋前厅,住持道士也只剩下主持段林山道长一人。中华人民共和国成立前夕,一位人称张师母的女道士在寺内住了一段时间,此后亦不知去向。

　　20 世纪 80 年代以来,吼月寺周边群众积极筹集资金修缮了寺庙,并修通了两条几公里的上山公路。(邵猷道　曹达淼　于承功)

嵩 林 寺

　　嵩林寺始建于明永乐九年(1411年),原是宗祠,祠堂占地100多平方米,山林占地10余亩,四周有石为界。前方多植绿竹青松,四季如春。清道光二十一年(1841年),宗祠被改为松林庙,从此有和尚住持,香火鼎盛。清咸丰元年(1851年)添建庙堂,奉佛五尊,事神三人,昼夜香灯,奉茶供饭,众人甚诚。1997年,松林庙在旧址上重建,2004年改名为"嵩林庙"。新的嵩林庙占地约300平方米。现在,每月初一、十五和菩萨生日时,三宝弟子和信徒数百人集于佛殿,诵经受道,礼佛从善之风蔚然。

水竹禅林寺

　　周溪镇后湖刘村有一高墩,本名"白沙嘴",又称"圣驾墩"。墩上有一座古刹,名叫"水竹禅林寺"。前殿中有佛祖释迦牟尼像,两旁排列十八罗汉。后殿中座有三姑神像,左华佗,右观音;后殿之前两侧有韦陀、二郎神等神像,左壁挂华佗药签,右壁挂吉凶之签,殿中匾额甚多。前殿是古钟和大鼓。宝殿外有御亭,寺前又立一数丈高的天竹竿,指示湖中航船。周溪水竹禅林寺,原名"水月庵"。清同治版《都昌县志》记载:"水月庵在六都。"又载,明万历十年(1582年),都昌县令王天策所作《重建柴棚御亭碑记》:"县治东六十里有一墩,名'圣驾墩'。"《豫章志》载:"高皇帝常与诸将战友谅于鄱阳湖,系舟柴棚憩息观衅。"高皇帝就是明太祖朱元璋,"柴棚"就是周溪西部濒湖,北起白沙嘴南至邵家村,长约九里,俗称"柴棚杠"。为纪念朱元璋观战"圣迹",后人于明洪武十一年(1378年)在此地造一"御亭"。继有一尼慕名云游至此,化缘造一庵于御亭之侧,名"水月庵"。至明万历十年(1582年),亭庙颓废,县令王天策着意重修之,兼植修竹环护,将主体建筑更名为"水竹禅林寺"。

棘 池 寺

　　棘池寺坐落于万户镇杨桥村委会的大岭上,始建年代不详(传为唐代僧人善庄建),该寺占地约百亩,前后三进,有大雄宝殿,寺顶为金字塔形。太平军入都昌时,寺庙被焚毁。清光绪十七年(1891年)重修,系穿斗与抬梁混合构架,砖木建筑,上下两幢,中有天井,规模较大。中华人民共和国成立后用作小学学堂,"文化大革命"中,其中一幢被拆除,剩下一幢做了红星小学,后寺庙因属危房弃之未用。1997年春,由曹姓筹资万余元,曹端友等人监建重修,香火一度又兴旺起来。1998年,大洪水将寺庙淹没,佛像毁坏,至今仅留残迹。

灵 峰 阁

　　灵峰阁位于南峰镇南峰居委会梅树泉自然村,处于美丽清婉的南峰湖畔,始建于宋朝,经岁月风霜,已多次修缮,最近的一次是在2010年,已再现当年辉煌。全寺占地约5亩,阁院坐北朝南,内侧配殿是供奉观世音菩萨、地藏王菩萨的殿宇和放置镇寺宝藏的房屋和寮房。整座寺院金碧辉煌,气宇不凡。重修后的灵峰阁在恢复历史风貌的基础上,还增加了碑林、经幢等石刻文物,增加了钟鼓楼、金钱眼、佛缘斋堂等新建筑和装饰。

　　相传当年天下大旱,农民跪拜在南峰湖畔祈雨,突然一道亮光划过天空,似一条蛟龙从天而降,电闪雷鸣,顷刻下起了大雨。龙王降临的传说不胫而走,善良的人们在此修建庙宇,以谢上苍,并命名为"灵峰阁",从此风调雨顺,年年丰收。灵峰阁成了人们祈求美好生活的祈福地。

莲 花 庵

莲花庵位于大港镇漂水村境内的黄金山山顶上的一块平地上,四周山峰连绵,向四方延伸,恰似一朵盛开的莲花。明朝时期,这块平地上建了一座庵,因地势而被命名为"莲花塘",庵的西南方生长着一棵500年树龄的古枫树。莲花塘在"破四旧"运动中被捣毁,现在,当地村民自发组织重新修建了该庵,香火颇盛。

蟠 龙 殿

蟠龙殿位于鸣山乡九山村委会平石岭峰顶、都鄱交界之处,四面环山,常年青绿,是九条山脉走向与流水汇集之处。这里来往行人频繁,是都鄱一角的必经之路。

蟠龙殿始建于元朝至正元年(1341年),建文帝南巡经过此庙,观看九条山脉汇集和流水汇合之处,赐封此庙为蟠龙殿。

蟠龙殿第二次重建于清嘉庆二十四年(1819年),当年八月十二日落成。倡导人有段青俊、杨全喜、张世海、杨基贵等人。当时的蟠龙殿甚为雄伟,面积约有300平方米,木质结构,雕龙画栋,有前后两大正殿、两偏殿和较大的厨房。佛像有玄妙大神、观音圣母、两大天王、韦陀等。

鸣 山 观

鸣山观位于县城东部47公里处的鸣山山顶上,海拔324米,以祭礼许真君。鸣山观年代久远,朱柱青瓦粉墙,掩映在绿树翠竹之中。观中有一古钟,每当敲响,钟声悠扬,山鸣谷应,震动四乡,百姓因此称此山为"鸣山"。道观旁有一棵古银杏,为宋时种植,腰围要三人合抱,枝叶繁茂浓绿,果实累累。古树周围已生长起一圈小银杏树,形成一种儿孙绕膝的"公孙树"奇观。最为奇特的是,观前有一棵仙茶树,高约3米,株围约6米,叶面阔大、厚重、油绿色。茶叶经佛水泡后,汤色明亮鲜绿,芳香四溢,入口味甜。一般茶叶经三次冲泡后味已淡薄,此茶经四五次冲泡,茶叶仍然香甜醇厚。传说在明代初年,寺观内有一道士曾从苍鹰口中救下一翠鸟,并加以疗伤喂养,待其痊愈后,将其放归山林。一日,翠鸟口衔一株茶苗插于庙前地下。道人用井水浇灌,遂长成一棵茶树。道人常年饮此茶,目明身健,寿逾百岁而终。此茶树不开花不结果,数百年仅此一棵。现在,人们用扦插方法繁殖此茶树。十余年来,人们用此茶树的枝条在鸣山山顶上开辟了一个面积近60亩的茶园。茶叶经有关部门化验,确认其中含有丰富的维生素和对人体有益的微量元素,有健身明目之功效。(罗水生)

都昌县是江西省宗教工作的重点县,宗教文化颇盛。宗教界充分发挥"和合"思想之精神,为构建和谐社会做出了积极贡献。因本书篇幅有限,都昌寺庙不能一一概述,如大树乡的圆通寺、篁竺寺,和合乡的太子庙,阳峰乡的华严寺、禅山寺,三汊港丁仙垴的能仁寺,周溪镇的万福庵,土塘镇的团峰寺,芗溪乡的观音堂,武山上的丁仙庙,蔡岭镇的五显庙、秋迁寺,春桥乡的观音庵,苏山乡的破山寺,徐埠镇的龙池寺、平塘庙、高桥庙,汪墩乡的大源寺、紫藤庙、丁萱庙等,这些寺庙在都昌佛教协会编的《钟鼓和音》中有介绍。

第十一章　历代墓葬

第一节　商周墓葬

观音岭墓葬

观音岭墓葬位于中馆镇双桥村观音岭,墓区西南为蛇山,东面为中馆通往南峰的公路,东北靠近叶家港。墓群就坐落在观音岭的坡地附近,墓有土坑墓和砖石墓两种,由于人工开路和雨水冲刷,墓葬器物裸露地面,经清理,发现有云龙纹高颈罐1只,并发现了席纹、绳纹红陶片。此地西北60米处又发现了花纹砖的砖室墓3座,但3座墓均已被破坏。此处还有部分同类型的砖室墓,但封土堆已被挖平,被开垦为耕地。观音岭墓葬系商周至汉时期的墓葬群。

第二节　汉墓葬

七星包古墓群

七星包古墓群位于蔡岭镇洞门村平岗山，系汉代墓葬，共有墓冢 7 座，零星分布，以平岗水库为中心，水库正南方 20 米处有 2 座，北 50 米处有 5 座，分布形状为曲线形，每座墓冢呈椭圆形，分布面积为 60 平方米，保存较好。

七星墩古墓群

七星墩古墓群位于汪墩乡七星村委会东北 1000 米处，系汉代墓葬，墓群坐落在七星埂和杜家岭上。墓群所在地为山坡地，墓群呈长方形排列，墓群处有喆桥公路通过，最大的墓堆直径为 10 米，高 2.5 米，共 7 座墓堆，其中 4 座保存较好，3 座部分已被破坏，但墓形尚存。

窖缸里古墓群

窖缸里古墓群位于原张岭乡东平石岳村附近，东近张岭水库上山公路，北靠梨树林，南朝张岭水库渠道。1972 年，石岳村村民在窖缸里挖砖瓦窑至 2 米处时，发现此人字纹花纹砖砖砌墓室，出土器物有陶缸、黄釉缸、铁盖、铜镜和陶体等。

张七房村墓群

　　张七房村墓群位于周溪镇黄湖张七房村。当地农民在开荒、平地、建房时经常发现有墓葬。据调查,在1平方公里之内,发现被严重破坏的砖室墓就达14座之多,保存较好的唯有江陶学校背后墓。虽封土堆已被挖平,但墓室结构未动,文物普查工作结束后,划定了该墓群的保护范围。

第三节　晋墓葬

陶　母　墓

陶母墓位于都昌镇西河村委会赵家墓山,坐北向南,封土堆仅存高 0.5 米、直径为 2 米的小圆堆,墓碑多年前被群众盗走。陶母为古代四大贤母之一,其子陶侃为东晋时著名的军事家、政治家。

东晋陶侃之母湛氏在陶侃父亲陶丹死后,携子在鄡阳(今都昌县)耕织度日。湛氏教子成才、截发款宾的故事脍炙人口。陶母死后,被葬于面临鄱阳湖的石壁山下,距都昌县城约 3 公里。墓前鄱湖烟水,浩瀚百里,浪舸风帆,鹤鹭云集;墓后群山叠翠,是著名的山环水抱的"鹤吊地"。

旧说陶母墓有 5 处之多,唐人舒元舆所书碑铭则确证陶母墓在都昌。舒元舆在其所写的《陶母坟坂文》中说:"太岁在卯,小子汎彭蠡,见谢灵运石壁。壁东南行百步许,有高坟嵯峨,坟前有碑,书迹照湖。小子蹶起疾眩视之,则陶母之字存。"舒元舆为唐元和年间(806 年—820 年)进士,后任平章,其所亲见足可证明早在 1200 年前的唐代,都昌就有陶母之坟。陶母墓碑在 20 世纪 50 年代遗失,其封土堆还在。当地农民说,此坟清明时节未见有人加土,而坟堆只高不低。这一奇观竟与舒元舆当年的祈祝相符:"西江悠悠,东湖滔滔。彭蠡有竭,斯坟更高!"(罗水生)

第四节　宋墓葬

江 万 里 墓

　　江万里墓位于土塘镇港东村委会沙石湾白石山西麓,系宋代墓葬,墓坐东朝西,墓地山形叫飞鹅贴壁,呈圈椅背形。墓原用紫砖砌成,立碑于坟后。民国初期,墓被盗挖。现已将墓重修,墓冢呈圆形,直径为 8 米,墓形高大。墓前为半圆形平地,视野开阔,面积为 50 平方米。江万里墓已被列为县文物保护单位。江万里(1198 年—1275 年),字子远,号古心,都昌县阳峰乡府前江家村人。南宋宝庆二年(1226 年)进士,是南宋末年的重臣,最高官职任左丞相。江万里寓居饶州时,元兵破城,他率全家投止水殉国。噩耗传到临安,全朝震惊,御旨加封太师、益国公,谥文公。后因兵革倥偬,其真枢 6 年后才葬于此地。

江 万 九 墓

　　江万九墓位于阳峰乡龙山社区居委会下南洲自然村,系宋代墓葬,坐东北向西南,长 5 米,宽 3.5 米,封土堆高 1.5 米。江万九为南宋丞相江万里的大哥,生于南宋庆元二年(1196 年),死于南宋咸淳七年(1271 年),为理宗以乡贡补太学教授。

彭梅坡夫妇墓

彭梅坡夫妇墓位于春桥乡十方村委会,系宋代墓葬,并列有墓冢2座,为彭梅坡与夫人陈氏之墓。墓坐西南向东北,两块墓碑均在清乾隆三十七年(1772年)重立,碑高1.2米、宽0.8米,石质为青石。封土堆均宽2米、长4米、高1米,占地面积为20平方米。彭梅坡曾任宋吏部尚书,墓碑正中刻"宋吏部尚书理学彭梅坡公墓",其夫人墓墓碑上刻"宋赠一品夫人彭府陈氏墓"。彭梅坡生于宋高宗绍兴乙丑年,殁于庆元庚申年,与黄灏、冯椅、曹彦约并称为"朱门四友"。

彭 方 墓

彭方墓位于春桥乡新舍村北黄湖寺南30米处。墓堆原用花岗石砌成,"文化大革命"中,墓碑与花岗石均被拔掉,仅存高1米、直径为3米的封土堆。彭方,谥号文定,据《彭氏家谱》记载:"敕厝副厅级不仅仅开国子文定公墓,南宋淳祐七年(1247年),王子死于正寝遗封土进明年戊辰二月,敕葬于黄湖里宝林山之原。"出土的其夫人刘氏墓志铭记彭方为"中大夫新除尚书吏部侍郎兼修玉牒官兼侍讲,都昌县开国男食邑三百户,赐紫金鱼袋"。

黄俊伯、黄询谋合葬墓

黄俊伯、黄询谋合葬墓位于春桥乡凤山村委会彭井舍村背后山,系宋代墓葬,坐西北向东南,墓冢为锅状,原为花岗岩石盘结成鸡公顶,现为混凝土结构,墓高4米,直径为11米,分布面积为110平方米。黄俊伯官至比部郎,黄询谋官

至左司郎,墓碑于 1999 年成立。

詹 珍 墓

詹珍墓位于大港镇繁荣村委会下埠村,系宋代墓葬,坐西南向东北,墓堆长4.8 米、宽 3.8 米,封土堆高 1.6 米,墓碑有前后两道,于明嘉靖十三年(1534年)立。詹珍曾任南宋兵部尚书。2008 年,詹氏后裔捐资对詹珍墓进行了修缮,并新建有墓门,扩建后,陵园面积为 100 平方米。

伍 知 章 墓

伍知章墓位于北山乡芙蓉村伍家湾,系宋代墓葬,坐东朝西,碑高 1.5 米,墓后处有清光绪三十二年(1906 年)立的墓碑。此墓主人为伍知章。伍知章,号敬堂,都昌本地人,北宋熙宁六年(1073 年)出生,36 岁考取进士,后被皇帝钦点为翰林院侍讲,曾教过太子。伍知章死后,皇帝念他教诲太子有功,敕赐御葬。墓长 6 米、宽 6 米,占地面积约为 36 平方米,墓冢由火山石堆成,碑文为"奉旨御葬",原有的墓堆已被破坏,现在的墓地已全部用水泥封装保护。

高 光 墓

高光墓位于多宝乡罗垅村委会高村,系宋代墓葬,坐西南向东北,墓碑于清嘉庆二十三年(1818 年)重立。碑首为山字形,碑高 1.3 米、宽 0.95 米,封土堆长 4.3 米、宽 3 米,原墓由花岗岩石砌成,1991 年,高姓后人对墓堆用混凝土进行了保护。

罗功勋夫妇合葬墓

罗功勋夫妇合葬墓位于阳峰乡金星村委会嘴上罗家村内,属宋代墓葬,坐北向南。墓主罗功勋殁于南宋淳熙十二年(1185 年),其与夫人范氏为都昌及邻县罗氏基祖。墓堆现存有清嘉庆二年(1797 年)立的墓碑,一株国家一类保护植物千年古樟长于墓堆旁。2000 年,罗氏族人集资对墓堆进行了修缮,砌建了围墙,并于墓后增立了一块墓碑。

查政化夫妇合葬墓

查政化夫妇合葬墓位于三汊港镇梅西村委会查家庙山山腰处,系宋代墓葬,坐东南向西北,墓主人查政化出生年代不详,死于公元 1205 年,为都昌五都查姓始祖。墓冢保存较好,封土堆高 1 米,墓堆呈椭圆形,直径为 4 米,新修的墓碑高 3.5 米,占地面积为 20 平方米。

刘彦诚夫人墓

刘彦诚夫人墓位于鸣山乡七里村委会老君山自然村,系宋代墓葬,坐西南向东北,墓主人为刘彦诚夫人。刘彦诚为北宋开国元勋、散骑常侍、光禄大夫。此为北宋彬国夫人刘姓始祖赵老太君之墓,分布面积为 20 平方米,墓堆高 1.7米、长 5 米、宽 4 米,墓堆原由青石砌成,被破坏后,1999 年,刘氏后裔重修,将封土堆用混凝土封存。

第五节　元墓葬

陈　澔　墓

陈澔墓位于蔡岭镇洞门村委会平岗水库西侧 10 米处的平岗山山上,系元代墓葬,坐西北向东南。墓冢呈覆斗状,高 1.5 米,宽 2.8 米,长 6 米。原有清同治六年(1867 年)重立的墓碑,碑上竖刻"宗先儒经归云住先生陈澔字可大墓",但墓碑已被村民拔走。陈澔(1260 年—1341 年),都昌人,字可大,号云住,又号北山叟,系朱熹四传弟子,元代著名理学家。其人不求闻达,博学好古,潜心于礼著,曾在乡里创办云住书院,学者崇之称其"经归先生"。他对《书》《易》《诗》《礼》有研究,尤精于《礼》,著有《礼记集说》。《礼记集说》是明、清两代各类学校的"御定课本"之一,清雍正二年(1724 年),祀孔庙为先儒。1984 年,其墓被列为县级文物保护单位。

陈 德 成 墓

陈德成墓位于中馆镇大塘村委会营里自然村,系元末墓葬,坐东朝西,墓堆呈椭圆形,封土堆保存较好,墓堆四周用青石砌成,长 7.4 米,宽 6 米,高 0.8 米,墓堆上长有一棵 600 多年树龄的樟树。墓主人陈德成为陈友谅的叔父,陈友谅与朱元璋鄱阳湖大战时在该村驻扎兵营,陈德成战死后被安葬于此。2004 年,村民在墓堆前建德成庙并把他作为神来祭拜。该墓具有一定的文物价值。

第六节　明墓葬

于　光　墓

于光墓位于狮山乡斗山居委会上坟峦东南方向 520 米处,离武山冯村仅 50 米,系明代墓葬,坐北朝南,长 7 米,宽 5.6 米,封土堆高 1.6 米。墓原由青石堆砌而成,多年来,石块大多被拔去,1990 年重修,用水泥封固。墓前碑石正中刻有"明故怀远大将军之墓",两边阴刻为"洪武四年三月上巳征戍将军怀远为南康府都昌县人,葬旧故里神岭之东"。于光为狮山乡西边山村人,为明朝大将军、朱元璋爱将,战死后,被埋葬于此。《于氏宗谱》记载:"于光,字大用,号暗修,磊落有大志,元兵兵起,卒众归附。尝从明祖征九江,战鄱阳湖,降武昌,皆与有功……追封怀远大将军,赐金头银手,凑成全躯。"该墓已被列为县级重点文物保护单位。

余　应　桂　墓

余应桂墓位于都昌镇西河村委会西山,系明代墓葬,坐北朝南,墓冢长 6.4 米、宽 3 米,封土堆高 1.5 米。原墓碑已被破坏,2000 年,该墓已被修缮,据传,该墓为衣冠冢。余应桂,字二矶,明万历四十七年(1619 年)进士,历任知县、御史、巡按、巡抚、兵部侍郎和三边总督,为人清正廉洁,劝奸爱民,是崇祯皇帝的军国重臣。清顺治五年（1648年），他在都昌起兵响应金声桓、王得仁在江西反清复明，与清军大战于左里镇和都昌县城，终因力量悬殊，城破被俘。他被押解至南昌城外清军统帅固山额真谭泰营中，余应桂怒骂不降，被清军肢解。家人招魂葬其衣冠于万茅山。此坟面向南昌方向，距鄱阳湖100米，似乎时时刻刻在呼叫余应桂"魂兮，归来！"1984年，该墓被公布为县级文物保护单位。

余　濂　墓

　　余濂墓位于都昌县苏山乡坡垅村委会与汪墩乡新妙村委会交界的新洲山坡上。此地旧有一座安定庙，现庙已不存。余濂，字宗周，号空夫，明天顺七年（1463年）癸未九月十三日戌时生于都昌县（今苏山乡坡垅村委会新屋余村）。明弘治五年（1492年）中举，次年会试登毛澄榜为进士，时年30岁，初任行人司行人，后转升为浙江道御史。明弘治十五年（1502年），余濂奉差巡按辽东，植柳安民，受到老百姓的赞颂。后因张天祥案被东厂所冤，被贬官。明正德元年（1506年），余濂复至江苏武进县（今江苏常州武进区）任县令，明正德五年（1510年）补授苏州府同知，不久辞官病卒于家。其墓在"文化大革命"时被挖开，墓中除余濂骨骸外只有一把宝剑，墓碑也被人抬去水塘边当洗衣板。现在，墓碑被重新竖在余濂墓前。（罗水生）

第七节 清墓葬

海演山古墓群

　　海演山古墓群位于苏山乡马鞍村委会海演山,系清代墓葬,坐西北朝东南,每块墓碑高 1.45 米,宽 1.25 米,封土堆高 3 米,墓碑占地面积 21.6 平方米。海演山古墓群为清知府戴凤翔家族墓,并列墓冢有三座,中为凤翔的三弟宣龙之墓,右侧为凤翔的奶奶杨氏之墓,左侧为凤翔父母的合葬墓。墓碑为灰色石块,为当地特有。墓顶阳刻有凤、鹿等动物图案。宣龙为清道光年进士,生于 1764 年,死于 1836 年,曾任贵州安南县知县,改授赣州府儒学。

第八节　陵园

武忠公陵园

武忠公陵园位于鸣山乡源头下舍村,是因宋彬国公刘彦诚而命名的。刘彦诚殁谥武忠,并赐葬于都昌县黄金乡二十都留先桥杏花园木瓜墩,立武忠陵园,现陵园已荡然无存。都昌县历史名人研究会于1995年发起对祖籍都昌的抗金名将刘锜的研究,1997年出版了《刘锜研究》,并在原武忠陵园所在地重修了人们敬仰的武忠公陵园。通往陵园的是一条长50米、宽4米的林荫大道,与景湖路相接。进入陵园大门,顶端是原县委书记陆元初书写的"武忠公园",门的两侧柱上雕刻着:"叔侄十人,五卷春秋五卷易;弟兄八个,四条金带四条银。"门的两侧精雕着醒目的"宋代名将,民族英雄"8个榜书大字。

整个陵园占地360平方米,系仿岳飞墓的圆形结构。园后有长15米、高5米的碑廊,陵顶是珠红琉璃瓦,顶脊上有双龙戏宝图;廊内正中镶嵌着1.6米高的"赤心报国"四个大字;下面陈列着泸州军节度使刘仲武和东京副留守武穆公刘锜父子的神道碑。碑廊前面的两边内墙上有全国政协副主席毛致用、江西省军区司令员冯金龙、江西省社会科学院名誉院长姚公骞、台湾中华和平统一大同盟创盟主席易苏民和著名戏剧评论家刘乃崇等党政军领导、历史学家和社会名流的题词。(刘伯溪)

灵芝山陵园

灵芝山陵园位于南峰镇石桥村中部的灵芝山,是都昌县境内规模最大的由民间修建的安葬民族名人的陵园。陵园内安葬了南唐户部尚书冯延鲁及夫人吴氏等的灵柩。陵园地理位置气象非凡,坐东朝西,状如太师椅,背靠山岗主脉,正面平缓舒坦,两翼伸展对称。十步之外,陡坡高坎,宛如新月;正面远望,气势雄伟。门前河道,源远流长,绿水淙淙。陵区清泉如注,久旱不涸;夏日荫凉宜人,驱炎解暑;冬天烟腾雾绕,温暖可浴。

陵墓始建于11世纪初,当时宋天禧进士冯公甫官居饶州郡守,道经鄱阳湖,遇飓风不可抗御,行舟被打入湖湾,受惊遇险却无恙,风息上岸,登高视察,见山川秀丽,林木茂盛,地产灵芝,随指物命名该地为灵芝山。他谙熟易学,悟其为祥瑞,钟灵必毓秀。冯公甫之前,数代为官,漂泊不定,社会动乱,性命有虞,官场倾轧,累及家人,瞻前顾后起念在此定居,并谢政筑室。尔后将其曾祖冯延鲁及夫人吴氏从南唐国都洪州迁葬于灵芝山。冯公甫定居于此,生活有常,教习有方,兴学授徒,声誉远播,千里之外,皆有学子。据不详尽考证,其后代在宋朝七世之内出了16名进士,各有诏任,还有3名贡举,1名判事,1名岭南教授。发祥于此的冯氏后裔深受祖宗福泽,珍陵墓如命脉。冯延鲁及夫人安葬于此地后,历经近两百年,无人敢葬陵区之内。

明洪武年间(1368年—1398年),江姓迁入,人丁繁衍,增以扩舍,近陵而居。为防祖陵遭践,清乾隆三十八年(1773年),冯氏后裔在陵区修园,以保祖茔安然肃穆。陵园占地进深62米,正面宽17米,为对称长方形。以红石墩砌,前牌门高2米余,左右高1.4米,后高1.7米,墙头用拱形红石板压盖,飘出成檐,防止滴水渗损墙基,庄重坚固,锄镢难入,火炮难摧。陵园依自然地形设为3级,高为陵墓,中为拜堂,低为祭扫谒拜来人及礼仪物品摆放之所。1954年大

水,由于济渡所需,依陵园墙渡流船码头,水淹浪击,船撞人挤,园墙受损,年久失修,一角坍塌。1958年兴修水利时,陵园石料被用于河堰水库滞口涵管建设,碑刻石雕无一遗存,古木巨树砍伐为薪,后只见陵墓不见陵园,自然侵蚀和人为破坏日甚。重修陵园是众人多年的愿望。直至2008年,灵芝冯氏宗谱续修委员会倡导并负责对陵园进行了重修,得族人鼎力赞助,顺利竣工,立碑记事,新园虽不及原有规模,但彰显了历史文化,对文物古迹也是一种保护。(冯唐波)

第十二章　红色遗存

都昌县第一个党小组成立旧址

　　都昌县第一个党小组成立旧址位于南山风景区内。1926年春,刘越、刘肩三、刘聘三、戴希广等人在南山古寺召开秘密会议,成立都昌县党小组,由刘越任组长,直属中共南昌支部领导。会议决议以汪家墩、徐家埠、左里的湖洲山一带为据点开展农民运动,由刘肩三同志负责。不到几个月,党小组通过办平民夜校和在教育界活动,吸收了一批知识分子和农民入党,极大地提高了工农群众参加革命活动的热情,并秘密组织农民协会迎接北伐。南山寺坐东朝西,砖木结构,硬山顶,面阔三间,建筑面积为 50 平方米。1984 年,都昌县第一个党小组成立旧址被公布为县级文物保护单位。

都湖鄱彭中心县委旧址

都湖鄱彭中心县委旧址位于蔡岭镇望晓源。1934 年 10 月,红军主力被迫长征后,南方各省的革命形势急剧恶化。1935 年 6 月,田英率部至望晓源开展游击战争,建立中共都湖鄱彭中心县委,田英任书记并组织红军都湖鄱彭游击大队,兼任政委,开辟了以武山为中心的都湖鄱彭游击根据地。都湖鄱彭四县中心县委依靠当地人民群众的支援,进行了艰苦卓绝的三年游击战争。1937 年12 月,田英率 250 余人的游击队伍到浮梁接受陈前同志领导的"瑶里改编",编入新四军一支队二团三营七连,奔赴抗日前线。

新四军都昌留守处旧址

新四军都昌留守处旧址位于大港镇大港老街上,原是一石姓地主家的棋盘大屋,砖木结构,四周风火墙到顶,至今还有部分保存。1937年12月初,中共赣北特委委员、都湖鄱彭中心县委书记田英率领红军武山游击队赴浮梁瑶里改编成新四军。根据陈毅同志安排,田英率领中心县委成员于1938年1月下旬回到都昌,在大港街设立新四军都昌留守处,积极开展国共合作、联合抗日的活动。国民党反动派视田英等人为眼中钉、肉中刺,欲除之而后快。1938年4月6日,他们派出300余人武装包围了大港街的新四军留守处,残酷地将田英等7位同志杀害,制造了震惊赣东北的惨案。周恩来同志指示《新华日报》先后发表消息和社论,对国民党政府在都昌制造的惨案提出了严正抗议。

新中国成立后,田英等烈士的遗骨被移葬于大港街西南0.7公里处的烈士陵园。园中矗立的革命烈士纪念碑上写着"革命烈士永垂不朽"。这里成了都昌一个重要的革命教育基地。（罗水生）

都昌革命烈士陵园

都昌革命烈士陵园位于南山西面的山腰上,陵园有烈士墓及革命烈士纪念亭。墓建在360平方米的长方形平台上,上有革命烈士刘聘三、刘肩三、向先鹏墓,墓为钢混结构,墓冢呈半圆形,高2米,直径为3米,三座墓呈一字形排列,墓前立有大型墓碑,上面刻有烈士的生平。墓前有拜台,拜台前为栏杆,栏杆下方垂直面浮雕有毛主席手书体"发扬革命传统,争取更大光荣"十二个大字。平台由一条长约50厘米的麻石台阶贯穿,上通革命烈士纪念亭。亭为木结构,六角垂檐,上盖琉璃瓦。亭正中竖有一碑,上有邵式平同志的题词:"人民英雄永垂不朽!"亭正面檐下挂有"革命烈士纪念亭"匾,两边还刻有"芳名不朽,浩气长存"八个字。整个陵园松柏环绕,绿树成荫。1984 年,都昌革命烈士陵园被列为县级文物保护单位。

阳港后垅革命烈士纪念碑

阳港后垅革命烈士纪念碑坐落在汪墩乡阳港后垅村,建造于 1976 年 3 月,纪念碑高约 10 米,底座占地 16 平方米左右,周围树木掩映,绿树成荫,环境幽静,是为纪念后垅村刘肩三、刘述尧等老一辈革命先烈而建的。他们为都昌的

革命事业抛头颅、洒热血,前赴后继,坚持真理,不怕牺牲,这种大无畏的革命精神得到了传承,为都昌的解放事业做出了卓越的贡献。后垅村作为当时都昌县传播革命火种的发源地之一,在大革命时期至中华人民共和国成立前夕,共有革命烈士40余名。

大港烈士纪念碑

在离县城42公里的大港镇以南约一公里处有座王家佬坟山(又名"南瓜山"),坟山高出地面约20米。为纪念在国内革命战争时期壮烈牺牲的田英、陈光林、刘国明、苏远全等11位革命先烈,都昌县人民政府于1957年元月份在此山山顶建了一座纪念碑。山脚公路边有20多级台阶直通到纪念碑,整个碑占地55平方米,周围有一米多高的护碑墙,正中矗立着高4米、宽2米的纪念碑。碑的底部有高70厘米的台基衬托着,碑略呈扁形,纪念碑正前面有毛主席手写

体"人民英雄永垂不朽"8个浮雕大字。整个纪念碑为水泥砖石结构,坚固美观。(王友松)

冯任纪念碑

冯任纪念碑位于南山革命烈士陵园内。冯任(1905年—1930年),名世法,字秉伊,号任之,土塘镇冯家村人,1924年加入中国共产党,1926年起先后担任共青团南昌地委书记、组织部主任和中共江西地区省委秘书、省委委员、秘书长,1927年12月任省委常委,1928年6月任省委宣传部部长,年底,代理省委书记,主持召开中共江西省第二次代表大会,并两次代表江西省委向中央汇报工作。1930年1月,他被调任中共湖北省省委常委、宣传部部长兼农委书记,后代理湖北省委书记,同年6月17日被捕,7月10日在武北壮烈牺牲,年仅25岁。

冯任是九江市大革命时期在我党任职最高、影响最大的早期革命家。为纪念这位伟大的无产阶级革命家,1999年春,冯任纪念碑在南山烈士陵园竖立起来。该纪念碑设计造型新颖精悍,以钢筋混凝土为主体结构,外贴天然花岗岩。碑形上半部为旗状,正面刻有党徽、冯任的头像和生平。旗碑的板材为状元红,生平碑文的板材为蒙古黑,其他的为芝麻白。冯任纪念碑的建造,融思想性、艺术性、观赏性为一体,是缅怀先烈、教育后人的革命教育工程。(曹正茂)

曹应龙烈士纪念碑

曹应龙烈士纪念碑位于西源乡。曹应龙出生于1904年7月12日,系西源

乡长溪村委会曹泗村人。1920 年,曹应龙入南昌省立师范匡庐中学攻读,在校时深受五四运动的影响,组织学生自治会,同革命先驱方志敏、邹努、向法宜等致力于革命活动。曹应龙秉性正直,意志坚强,才学冠群,尤善演说,1926 年加入共青团,次年加入中国共产党,以省委特派员身份来赣东北等地领导农民运动。他先从都昌开始,在西源、三汊港、沙岭、周溪、多宝等地首创红色政权,成立区乡农民协会,建立农民自卫队,开展武装斗争,轰动全县。由于蒋介石发动"四一二"反革命政变,曹应龙落入魔掌,解赴南昌,入狱两年有余,受尽酷刑,最终英勇牺牲,年仅 26 岁。

第十三章　石刻

第一节　摩崖石刻

野老泉摩崖石刻

　　野老泉摩崖石刻位于南山西侧的半山腰上。这里悬崖峭壁,岩下有一泓泉眼,泉口长 1.3 米、宽 80 厘米、深 60 厘米。宋元丰七年(1084 年),苏东坡游至此地,见岩下石缝中出泉水且泉水清洌甘美,即使大旱也不干,深爱此泉,乃手书"野老泉"三字刻于岩石上,字体遒劲有力,字径为 40 厘米,字与字间隔 10 厘米。

"云住""空远"石刻

　　"云住""空远"石刻原位于都昌镇西河无花山山顶,坐北朝南。"云住"石刻,字径 1 米,字体为正楷,高 2.8 米,宽 2.5 米,落款为"正德五年三月吉日,××邵日熙立",有两字模糊不清。邵日熙为明正德十四年(1519 年)贡生,官至四川六番卫招讨参军。2004 年,"云住"石刻被都昌县人民政府列为县级文物保护单位。"空远"石刻,为覃锟于明正德五年(1510 年)三月吉日书刻。因西区开发,现"云住""空远"石刻已被成功切割并安放在南山滨水西区新建的县一中校区内,实行永久性保护。

饮马池石刻

饮马池石刻位于蔡岭镇望晓源村委会下冲村仙人大座山。石刻坐东南朝西北，为正楷繁体字阴刻，"饮马池"三字字径为 35 厘米，字间距为 15 厘米，落款为"军直"二字，为民国湖口县县长曹军直书写。

试剑石石刻

试剑石石刻位于蔡岭镇望晓源村委会石家大屋自然村，坐东北朝西南，"试剑石"三字为正楷繁体阴刻，石刻总长 1.2 米，为民国湖口县县长曹军直书写。

复兴岩石刻

复兴岩石刻位于蔡岭镇望晓源村委会下冲自然村野猫洞山西南边的石壁上，"复兴岩"三字为正楷繁体阴刻，石刻长 2.2 米，单字长 60 厘米，宽 40 厘米，

字间距约 15 厘米, 为民国湖口县县长曹军直书写。

望晓源石刻

　　望晓源石刻位于蔡岭镇望晓源村委会上冲自然村野猫洞山, 西南向, 该石刻正中为"望晓源"三字, 字体为正楷繁体阴刻, 自上而下书写, 石刻长为 2.2 米、宽为 1.2 米, 单字长 60 厘米、宽 40 厘米, 左侧为"中华民国三十四年抗战胜利纪念", 右侧为时任中华民国湖口县县长曹军直的题词。

第二节　碑刻

苏东坡诗碑

苏东坡诗碑为青石质地，长1.35米，宽60厘米，厚3厘米。字径为10厘米，字体为正楷阴刻。诗题为《过都昌》，诗文为"鄱阳湖上都昌县，灯火楼台一万家，水隔南山人不渡，东风吹老碧桃花"。落款为"眉山苏轼书"。苏轼撰书原嵌在县衙门外墙壁上，后被移至南山。

江万里梓里碑

江万里梓里碑坐落在原化民乡石牛岭亭子内。1983年修复南山时，迁至南山碑廊内。碑长2.3米，宽1米，厚0.4米。江万里梓里碑系青石质地，字体为正楷阴刻，清秀刚劲，碑上方篆刻有《宋丞相江公梓里碑记》。正文由会稽进士南康府知府叶云初撰。明万历二十九年（1601年）立碑，后赐进士出身、翰林院庶士、都昌县知县陈煦于清嘉庆十六年（1811年）重立碑石。

江万里纪念碑

江万里纪念碑位于南山风景区内。1995年10月,为纪念江万里殉难720周年,南山风景区竖立起了江万里纪念碑。碑高3.76米,宽1.32米,重21吨,碑的正面是由原江西省社会科学院院长姚公骞挥笔题名的"江万里纪念碑"几个大字。背面刻有江万里的头像和生平。纪念碑雄壮威武,是江万里高贵品质的再现,是后人瞻仰江万里、接受爱国主义教育的基地。(曹俊林)

李伯农墓志铭

李伯农墓志铭由郭沫若撰写,熊式辉、杨杰撰写碑联。该碑于1969年立,青石质地,碑首为鱼状,右联为"为国家育材虽死无憾",左联为"以身殉教其贤可知",现藏于都昌县博物馆。

宋故郡君令人刘氏墓志铭

宋故郡君令人刘氏墓志铭《宋故郡君令人刘氏圹记》一篇,1982 年于都昌县出土,彭方撰书,墓志高 1.13 米,宽 65 厘米,楷书,19 行,满行 35 字,现藏于都昌县博物馆。墓主人刘氏,江西都昌县人,为吏部侍郎彭方之妻。

宋进士黄景通墓志铭

宋进士黄景通墓志铭《宋进士黄景通圹中记》一篇,1982 年于都昌县出土,墓志高 75 厘米,楷书,20 行,满行 23 字,现藏于都昌县博物馆。

都昌建城记石碑

都昌建城记石碑为青石质地,长 2 米,宽 1.25 米,厚 75 厘米。周边刻有 80 厘米宽的莲花缠枝花边。全碑正文共 645 字,直排,楷书,阴刻。正文前为"赐进士第内国史院编修、进贤大畴万浩撰文;乡进士奉直大夫任湖广均州,邑人邵书丹;乡进士奉训大夫任国子监助教,邑人陈忠烈篆额"。落款为"明嘉靖四十二年秋月吉旦署县事本府通判梁典县承柴大吉。主簿陈廷南、典史周天挺同立"。都昌建城记石碑现藏于都昌县博物馆。

"汇东文翰"碑

"汇东文翰"碑现藏于张岭谢相村,高 1.74 米,宽 76 厘米。"汇东文翰"四字为横排楷书,字 26 厘米见方。周围刻以花卉边框,左下角已被损坏。据说,此碑为崇祯皇帝所书,赠给兵部侍郎、三边总督余应桂的老师谢相。

第三节　石雕

北　庙　龙　柱

北庙龙柱有两根,在汪墩乡细桥北庙内,系花岗岩雕刻而成,高3.23米,直径74厘米,柱身浮雕一巨龙从海水中盘旋飞腾,云随风涌,形象逼真,整个构图显现出一种壮观向上、扣人心弦之美。此柱原在北庙风咀下的湖中,原庙因湖水冲刷倒塌,1922年,北庙重修时,龙柱被搬至现在的庙内做柱子。北庙原为陶桓公庙,为纪念陶侃而建,其庙始建年代不详,据《庙记》记载,元代至正年间(1341年—1368年),北庙曾被重修。

石　　狮

南山有一对石狮。石狮为石灰石质地,通高1.6米,宽55厘米。雄狮朝左,脚踏花球,雌狮向右,抚摸幼狮,幼狮戏球,造型生动,雕工精美,原为苏山乡马鞍村明代载凤翔进士坊上的石雕,1983年被搬至南山。

石　　象

南山还有一对石象,石象为石灰石质地,通高1.6米,宽55厘米,两象各立于东腰的基座上,形象精美,亦是苏山乡马鞍村明代载凤翔进士坊上的石雕。

马　　槽

　　马槽有两只,被放置于西源乡源垅村。马槽为花岗石雕凿而成,长 2.3 米,宽 60 厘米,高 50 厘米。

石　执　子

　　石执子有两只,现藏于土塘镇农科所黄远征家,系花岗岩雕琢而成,长方形,侧面凿有一对凹下去的把手。大的长 86 厘米,宽 24 厘米,重约 160 公斤;小的长 65 厘米,宽 24 厘米,高 38 厘米,重约 140 公斤。该执子系清代武进士黄开印经常使用的练武工具。

第十四章　馆藏文物

第一节　陶瓷器

商周双耳旋涡纹陶罐

陶罐高 15.5 厘米,腹围为 17 厘米,口径为 12 厘米,重 510 克,敞口,口沿外翻,环形腹,圆底,双耳残,肩以下通体饰旋涡纹。

商周云雷纹双耳陶罐

陶罐高 19.5 厘米,最大腹径为 18 厘米,口径为 11.5 厘米,泥质灰陶,侈口,鼓腹,圆底,双耳,底略平,肩以下饰云雷纹。

唐青瓷双系瓜棱罐

陶罐高 19.7 厘米,腹围为 19.7 厘米,口径为 14.7 厘米,重 1580 克,直口,短颈,腹圆筒形,微鼓呈瓜棱形,肩有双耳,平底,通体施青釉。

宋青釉瓷香薰

宋青釉瓷香薰于多宝乡出土,高10.8厘米,腹围为10厘米,口径为8.7厘米,球形,盖为半球形,镂雕卷枝菊花纹。盖与薰身为子母套合,内外施青釉,釉"吸烟"呈现灰青色,平底有釉,并有四处钉痕。1995年随景德镇官窑瓷珍品在日本大阪、东京、热海等地交流展出,该器已被日本大阪市立东洋陶瓷美术馆编入《皇帝的瓷器》一书,目前,宋青釉瓷香薰是我省最完整的一件。

宋青白釉四系带盖罐

宋青白釉四系带盖罐高33厘米,腹围为22.5厘米,口径为11.5厘米,重1800克,盘口,流肩,鼓腹,肩部均匀地分布着四系,皆为扁圆形,整个器物略长,玉壁底。盖为帽形,盖蒂为耳形,盖下有子口,子口与罐口相吻合,釉为青白色,胎体较薄。

宋青白釉花口碟

宋青白釉花口碟高4.5厘米,口径为10.7厘米,重300克,口沿略向外敞,为十折荷叶边,内底较平,通体施青白色釉,胎色灰白,胎体薄,做工精细,造型美观。

宋青白釉双系盘口执壶

宋青白釉双系盘口执壶高14厘米,腹径为12厘米,口径为6.5厘米,盘口,流口处残缺,腹部有双系,通体施釉,釉色青,胎色灰白,壶柄弯曲飘逸,造型秀美。

第二节　铜铁器

唐鎏金铜佛像

该组佛像铜质鎏金,大小不一,最大的高 11.5 厘米,重 216 克,最小的高 5 厘米,内有单身佛像、单身菩萨像、力士像等,有镂空底座,正面佛像头部佛光四身,余者形态各异,面部表情和善可亲,衣着线条清晰流畅。

春　秋　句

春秋句于大树乡出土,长 12 厘米,口径为 8 厘米,柄筒直径为 2.5 厘米,后端有凸起工形纹和乳钉,现藏于都昌县博物馆内。

汉　铜　斧

汉铜斧通高 11 厘米,口径为 13.2 厘米,宽沿,球腹,圆底,现藏于都昌县博物馆。

晋　铁　斗

晋铁斗高 11 厘米,口径为 13.5 厘米,足高 9 厘米,柄长 12 厘米,敛口,宽沿外撇,圆底三足,柄端呈兽头形,现藏于都昌县博物馆。

唐青铜豆

唐青铜豆1986年于狮山乡出土,高12.5厘米,口径为7.7厘米,底径为5.4厘米。盖顶有钮,喇叭形足,盖和器身共有五组弦纹,每组弦纹有三道,器型完整,现藏于九江市博物馆。

第三节　历代书画

蒋廷锡花鸟立轴

1984 年,陆余先生捐献。绢本,长 1.15 米、宽 56 厘米。工笔重彩,礁石突于溪边,泉水弯曲流过,石岩间点缀花草,两个黄鹂依偎在山茶花枝上,两鹧鸪在溪边草地上悠闲啄食,画面布局合理,画右上角书有“雍正元年秋八月既望南沙蒋廷锡制”。现藏于都昌县博物馆。蒋廷锡,字扬孙,号西谷、南沙,清代康熙举人,赐进士,官至文华殿大学士。

中 堂 对 联

中堂对联长 1.76 米、宽 44 厘米。上联为“当其酒力醒茶烟歇”,下联为“可以调素琴阅金经”,楷体书写,结构严谨端庄,凝重浑厚。该对联为清末县人石云星手书。

解缙书中堂

长 2.17 米,宽 0.6 米,上草书“山自丛丛水自深,焦桐泻出伯牙心。钟期去后今千载,谁复人间是尝音”,落款为“解缙”,字体挺健锋利,流畅轻松。解缙

（1369年—1415年），字大绅，明洪武进士，翰林学士，主持纂修《永乐大典》。

四 条 字 屏

长1.06米，宽26厘米，书《前赤壁赋》前段，行草，字体俊俏，书写流畅，作者刘铎。

雪山寒江图立轴

绢本，高1.1米，宽55厘米，画面重峦叠嶂，白雪皑皑，林泉溪谷，曲径通幽，作品具有王维的"诗中有画，画中有诗"的特色，耐人寻味。整个画面为茶褐色，画右上角书"元祐四年八月二日苏轼题跋"，画左下方书"王维"二字，画上下左右共盖大小印章40余颗。经专家鉴定，该画作系清代画院仿制，但仍有较高文物价值。

山 水 立 辑

织本，高1.5米，宽40厘米，画上远山耸峙，峭石嶙峋，深谷幽岩，虚实相生，松涛竹韵，雅致宜人。画右上角书"玉升明用意作寒林修竹远山自题云笔力不在郭熙之下于树石间写丛竹乃自肺腑中泳出不可以笔墨畦径观也　白百溪外史恽寿平在高云阁题"等数十字。

八高僧故事图长手卷

绢本，每幅高20厘米、宽63厘米，共8幅。每幅叙述一个故事，故事后附有后人行书对题的故事图解。该画人物描绘细腻，衣履卒笔草草，熔工正、豪放于一炉，标名作者为南宋画院侍诏（画师）梁楷，实为清代画院复制品。

人物山水图

画面长 72 厘米、宽 40 厘米，笔法工整，描绘细腻。清王翚所作。

大降甘霖图

画面长 73 厘米、宽 40 厘米，写意画。清末县人余炳熙（多宝乡人）所作。

朱 熹 手 迹

"亲义理"是朱熹知南康军期间为门人、挚友黄灏书写的匾额。黄氏后裔非常珍视这块匾额，他们每年晾晒一次，保存至今，称朱熹题写的匾额为"圣学千年统，家传三字符"。该匾额现存大沙镇黄家山村。

第十五章 最具开发价值的旅游风景区

　　都昌风光秀丽,人文荟萃,处于数条黄金旅游线上,与瓷都景德镇、彭泽龙宫洞相邻,并与庐山、黄山、九华山相距不远。都昌西望庐山,南环鄱阳湖,山景湖景尽收眼底。除了这些可借之景,主要旅游资源还有烟波浩渺的鄱阳湖、雄伟神奇的多宝沙山、变幻莫测的老爷庙水域、环境秀美的三尖山森林公园、风光秀丽的鄱湖岛链等,集大湖、名山、名岛、名城为一体,演绎出人气磅礴的水文化。都昌最具开发价值的旅游景区有六大景区。

一、老爷庙风景区

　　都昌境内的老爷庙水域被称为"魔鬼三角区""东方百慕大"。自古以来,无数的船只在这里倾覆,出现了一系列人们弄不明白的怪谜。"百慕大危魔鬼域,鄱湖也有类同区;离奇神秘舟船警,险象环生不是虚。"这片离奇神秘的水域位于江西省都昌县多宝乡西山,是鄱阳湖连接赣江出口的狭长水域,有"扼五水一湖于咽喉"之说。从大、小矶山到多宝西山,绵延约50公里的湖岸边有一片黄灿灿的沙滩,这里成了鄱阳湖边一道独特的景观,被称之为"江南戈壁滩"。这片沙地黄灿灿的,一望无际;山上的蔓荆子一片又一片,黄绿相间。多宝黄灿灿的沙山与隔河相望的葱绿庐山形成两条独具特色的色带,甚为壮观。其景观价值、历史价值、科考价值、开发价值都很突出,具有很好的综合效益。

　　老爷庙旅游区有老爷庙,有朱元璋的传说,有元将军的佛像,并且是明王朝的福地,是一个神圣的地方。此外,老爷庙旅游区还有神奇的江南沙山、老爷庙水域、李洞林村、马影湖候鸟保护区、骑士山庄、千眼桥、多宝风电场、鹤舍古村等。

老爷庙景区以帝王文化为主要文化主题,以道家文化作为具体项目的辅助内容,以帝王文化及老爷庙的渊源为主线,以具有一定知名度的老爷庙、沙山、鹤舍村等核心旅游品牌为龙头,通过优化旅游线路、道路升级和旅游产品营销,将周边如千眼桥、石树村围屋、名人故居等历史文化资源进一步开发整合集聚起来,作为该区域的核心人文吸引物集群。集中打造物质文化遗产旅游、乡村休闲度假、古镇文化体验、名人故居体验等旅游产品,在此基础上,根据区位条件优势,将骑士山庄、鄱湖人家、多宝沙山、游湖观鸟探险等生态休闲娱乐产品进行对接,开发旅游线路,以此作为重要的旅游收入增长点,最大可能地盘活地方旅游经济。

老爷庙风景区拟开发建设的项目有:老爷庙道家养生上善广场、"东方百慕大"探秘乐园、"沙场秋点兵"、多宝沙山游乐园、"骑士山庄"提升项目、"鄱湖人家"湿地候鸟观光休闲项目、新妙湖"朱陈大战"影视城、"鹤舍古村"提升项目、十里陶家冲鱼米农家、"石树围屋"提升项目、"苏山水库"提升项目、火烧山村沙地温泉区、马鞍岛国际度假岛、洪武戏楼。依托老爷庙水域可开发专业潜水、技巧艇、摩托艇、滑水、水上降落伞、快艇、海钓、水上自行车、水上摩托艇、水面滑翔翼伞、大型水屋翻斗乐、水滑梯、水上大风车、水秋千等设施,同时建设商业、餐饮、住宿等配套旅游设施。水上娱乐旅游项目的开发是对老爷庙景区生态观光旅游、历史文化旅游、康体养生旅游、农家乐旅游等的重要补充。同时,老爷庙水域还将建设魔幻百慕大水上 3D 主题影院,运用水幕、喷泉、激光、投影、火焰、音乐、烟火等国际流行的多媒体艺术和技术,向游客呈现出一场水与火、光与影的视听盛宴。

通过老爷庙、沙山、东方百慕大、鄱阳湖等优质景点的集聚效应,将"鄱湖人家"融入其中,设立空中热气球观景台,建设热气球用于春季观赏鄱阳湖湿地全貌和候鸟。建设"候鸟医院",设立候鸟科普教育博物馆和候鸟观察站,为游客、科研学者和候鸟爱好者提供观鸟、护鸟、爱鸟的系列科普知识。

老爷庙景区的新妙湖"朱陈大战"影视城是具有开发价值的主要项目。影视城主基地选在新妙湖,多宝沙山、鹤舍古村、石树围屋、湖中岛屿、老爷庙、千眼桥、马鞍岛等都可以作为影视城的拍摄基地,将河湖、沙地、古村镇、古建筑、草原(鄱阳湖枯水期)、现代商城、农村景观等全部囊括在内,可满足各种山水、河湖、农村、城市等影视题材的拍摄需求。在老爷庙景区将打造一个以明清文化、水上文化、战争文化为主题的国内一流的风景区,该基地拟建设码头和船只、古街道、古城墙、城门及炮楼;建设祠堂、民居、牌坊、城隍庙、古亭等建筑;建设无年代差别古城镇。在影视城附近,拟建设"鄱阳湖水师"水上主题餐厅、"鄱阳湖大战"水上表演场、"铁索横江"水上乐园等项目,满足各式各样的娱乐需要。

二、世外桃源风景区

依托鹤舍古村建筑,开发历史建筑观光和鉴赏等旅游产品;利用鹤舍古村的村落,精心布局溢香池等风水点,开发风水文化旅游产品;依托古村村民的原生态生活方式,加入体验元素,开发系列乡村生活体验旅游产品;利用流香溪的水资源,做好小桥流水文章,进行合理的景观配置,营造"流水潺潺,绿树夹岸,落英缤纷,书声琅琅"的富有生机的书香古村氛围;遵循生态系统的原理,盘活溢香池水系,使水体与古建形成动静结合的景观效果;利用村里周边田园打造田园野趣、科普教育、蔬菜种植与采摘等农事休闲活动;利用外围旱地、农田与山村,营造乡村田园景观,开展乡村休闲体验活动。立足千年书香这一历史底蕴和文脉背景,依托鹤舍村历史上的浣香斋(学舍)培养大量杰出人才的传统与事实,可打造一台古人从求学到应试中举甚至中进士,从寒窗苦读至金榜题名、衣锦还乡这一过程的实景情景演出,该节目可定期或不定期演出。对于有兴趣的游客,可装扮成登科的才子,参与一系列的庆祝活动,主要程序有登科报喜、背离迎韶、状元游街、衣锦还乡、礼立彩竿、回府谒祖、祖前呈榜、晋榜、读榜、加

264

冠、晋禄、礼谒文庙、礼谢恩师、勉励后进、送状元糕等,可在其中选择几个操作性和娱乐性比较强的活动举行,增强游客的参与兴趣和体验感。鹤舍村以浣香斋(学舍)闻名,这是核心吸引物之一。该村可还原古代学舍,把古代学舍作为国学文化的学习和研修基地,可打造琴、棋、书、画四类兴趣班,供城乡孩子素质教育之用,以小孩的礼仪教育、理想教育和责任感教育为主要目标,可把启蒙礼(拜师礼)、成人礼等的体验活动作为旅游活动之一。选取比较典型的民居,并布置好小型后花园、厢房等相应的场景,让游客与景区演员一起表演绣楼抛绣球择婿等古代婚俗体验项目,供游客娱乐。

晋代大诗人陶渊明的先祖就居住在都昌左里镇陶家冲,陶家冲是横亘在左里、苏山两乡之间的一条宽长的通道。新中国成立后,那里修筑了胜利水库。"十里陶家冲"景色宜人、山清水秀,可依托这里的人文和自然景观推出以世外桃源为主题的旅游产品,把该地区的历史名人充分融入项目中;拟重建陶侃故居,并将陶氏一族名人列传做成图片建设陶氏名人墙;利用当地的建材,建设有乡村特色的茅庐,供游客赏景和休闲娱乐。

石树围屋是都昌古建筑的典范,可建设石树围屋博物馆,让游客了解石树围屋的历史以及当地村落和家族的历史。依靠石树围屋的现有资源,打造居住体验区,按照3A级农家乐的建设要求,对石树围屋进行改造,把石树围屋打造成休闲娱乐的场所。将一些房间建设成宾馆,让游客体验乡村生活。对石树围屋周边的农田进行整体规划,打造不同类型的采摘园、垂钓园以及油菜观光园,供游客采摘、垂钓、观光、游玩。

依托苏山水库的资源优势,开发建设苏山山庄,提供当地的山珍、湖鲜等特色美食,以当地竹林就地取材建造竹林小屋,提供特色旅游住宿。开设水上竹排餐厅,以竹排为餐饮服务场地,给游客提供山水相间、美不胜收的餐饮体验。

徐埠港穿镇而过,形成了"一港两岸"的格局,因此,徐埠港可打造江南水乡沿河观光带,修复或者兴建数座古桥,打造古代江南游船,河两岸统一打造徽派建筑,沿河一带可打造油菜园等景观。徐埠镇祠堂众多,建造年代久远,打造祠堂群文化观光区,着力建设祠堂博物馆、家族历史博物馆等。

多宝乡火塅山村周边具有丰富的温泉资源,其温泉具有恒温、沙地的特点,具有显著的医疗保健的功效。凭借火塅山村优质的温泉资源,可以开发温泉疗养、温泉理疗、温泉度假酒店等旅游产品,与周边旅游资源形成互补优势,这是带动地方经济的绝佳项目。

依托马鞍岛的优美生态环境,可打造幽静、高端、原生态的度假天堂,建设原生态的山水度假、世外桃源风景区。

三、南山风景区

以"南山风景区"为主的山水文化旅游资源的开发为龙头,以古镇都昌为依托,充分带动山水、湖、城、历史文化及民风渔俗等旅游资源的保护性开发,重点发展生态养生度假旅游、生态山地休闲旅游、生态湿地观光旅游、历史文化复原展示旅游、湖滨渔俗旅游,将本景区打造成具有国际水准的生态休闲旅游度假基地、民俗文化旅游观光基地、湿地生态体验基地,规划建设一个重点项目——南山风景区;四个支撑项目——鄱湖国际珠贝文化创意产业园、湖滨观光休闲带、大矶山风情小镇、矶山湖游乐园。

围绕南山的自然与人文旅游资源,设计推出山地运动体验、森林主题演出、温泉休闲度假区、红色文化瞻仰区、宗教文化体验区、历史文化体验区等独具区域特色的旅游产品。利用东湖优质的水体,新建亲水项目,设立水上滑道、喷泉水景、源流池、水上翻斗乐、水幕电影等,打造集陆地游乐、湖水戏水于一体的游乐世界。依托南山广场、都昌博物馆、江万里大楼等现有设施,立足赣鄱文化的典型代表——都昌地方文化,以江万里为代表的都昌历史文化为中心,以"人文鄱都、江万里故里"为形象,打造赣鄱文化展示基地与廉政文化基地。依托南山的地热资源,把温泉养生引入景程大酒店温泉度假项目中,利用温泉的休闲养生价值,设计温泉造浪、温泉漂流、温泉游泳池、水上滑梯等温泉游乐项目。在南山东侧罗家与大咀头一线(黄金山)设置房车露营区,提供房车住宿以及自驾车露营场地,设置帐篷露营区、小木屋露营区、果蔬采摘区、野餐区等。依托清隐禅院和水月寺等寺庙文化,设计斋饭养生、节庆撞钟、祈愿长寿、祈求生子、祈盼财运等寺庙文化体验项目。将珠贝城文化创业产业园区建成与东南沿海及海外互补性极强、与鄱阳湖生态经济区关联度极高的世界级滨湖主题文化旅游体验度假全景精品展示区、国家级文化创意体验基地,把它打造成鄱阳湖特色文化休闲基地开发的经典、江西省主题文化休闲度假的标志性产品、九江文化体验休闲度假的核心区。陆续建成珍珠创意广场、创意珍珠店铺、加工珍珠体验店、珍珠与母爱主题博物馆、珠宝学院。改造提升现有南山环湖观光路并把南山环湖观光路延伸至大沔池,新建汽车营地一个,依托环鄱阳湖国际骑行大赛(都昌站)、鄱湖湿地花海观赏节大型赛事和节庆活动,推出自驾宿营休闲、生态农业采摘、湖滨骑行观光、湿地花海观赏等特色旅游项目。依托大矶山的雄奇山势、文化传说、风电景观,建设大矶山养老山庄与风情小镇,构建集休闲、养生、旅游、地产为一体的养生度假。依托"2799 项目"、松古山沙地,结合本地区的自然风光、养殖文化、历史遗存,打造国内一流的集沙滩娱乐、近水观光、渔俗体验为一体的湖滨渔乡风情体验地。

四、三尖源风景区

整合该区域的三尖源森林公园、大港水库库区资源、张岭水库库区资源、森林村落、古村落、太阳村、大港万亩菜园、高塘村、土目源村等高品位的旅游资源,打造高品质山水休闲度假养生区,拟重点开发人间仙境休闲养生、山里人家度假养生、大港旅游小镇养生三大养生方向。在近期把三尖源山水休闲度假养生区建设成集山养、水养、康养、疗养、禅养、泉养六大特色的"小庐山"式的养生产品集聚区,目标指向国家 4A 景区;在中远期把三尖源山水休闲度假养生区建设成集运动养生、食养养生、森林养生、乡村养生、文化养生、宗教养生、休闲养生、山泉养生八类度假养生主题功能区,打造"神妙"的养生意境,引爆度假养生市场,呈现"人间仙境,养生福地"的主题形象,目标争创 5A 级景区。创意项目包括极具吸引力的世外仙湖灵修湖、森林之家、山里人家、森林农庄、房车帐篷营地等。

利用大港和张岭两大水库的美丽的水域风光和三尖源的森林和山脉以及森林里原生态的自然景观,重点开发水、陆、山地立体组合项目,打造"人间仙境"休闲养生的意境,景区依托山水资源,对库区自然风景、红色景区、三尖源森林公园、古村落景区四个板块实行联合开发。对大港镇进行改造,规划特色旅游主题街、家庭度假主题街,形成以家庭民宿为特色,配套特色主题客栈、主题精品酒店、特色纪念品、娱乐设施、特色餐饮、爱心山村等产品的集聚区,打造极致自然环境、极致风俗、极致地域文化相结合的特色旅游镇,力争成为引领中国"生态养生旅游小镇"建设的典范。

五、渔乡风情风景区

渔乡风情旅游景区主要展示的是母爱文化和爱情文化,可用"神情"来概括。依托片区内渔乡风俗文化资源,开发多种类型的深度体验产品,以深度体验渔俗项目带动相关文化体验项目的发展,形成渔乡文化产业集聚,将片区打造成集珠贝渔俗体验、湖上休闲观光、滨湖度假、水上游乐、岛屿体验、古船体验于一体的综合体。该区以古船为主要旅游交通工具,打造"珠贝文化体验 + 渔俗文化体验 + 古船交通体验"三位一体的全景体验结构。在近期把渔乡风情文化体验建设成特色渔乡民俗风情体验基地和世界级滨湖深度文化旅游体验度假全景精品展示区,这里将形成渔俗和古船两大产业集聚体,这两大产业将呈现"神情渔乡,醉美都昌"的主题形象,成为都昌的特色产业,也是吸引中外游客眼球的重要吸引力。

　　风景区选址在万户镇惜光村和大屋村,以"创意渔村,艺术天堂"为主题形象,对现有的村屋和鱼塘进行改造提升,并把村屋和鱼塘作为接待游客的体验园。园内通过当地渔乡创意绘画、艺术摄影、写生、影视等渔乡作品及其他相关的艺术作品,突出"渔俗"和"水产"主题的综合艺术氛围;通过渔具展示、垂钓、喂鱼、捕鱼等活动,增加游客体验;把渔村改造成创意、创客渔村,使之成为写生、摄影、绘画全景式的艺术基地,开设渔乡画展、渔乡摄影展、影视展、渔歌唱晚、全鱼宴等特色项目。

　　芗溪乡井头村可配套建设"渔庄""渔舍""渔事体验"等体验区,展示渔民民俗风情,依照传统渔法,游客可以用丝网网鱼、用提网扳鱼、用踢网踢鱼、用捣网捣鱼、用扒钩扒鱼;也可以用钩钓,春钓龙虾,夏钓黄鳝,秋钓螃蟹,冬钓鲤鱼。选址在西源乡鸿雁养殖基地(半岛和岛屿),创造情侣岛,设置情侣果园、情侣树林、情侣花卉园、情侣草坪等。

　　周溪等珍珠养殖基地可开发珍珠科普园,淡水珍珠养殖生态体验场,珠贝加工体验园,竹雕、竹园艺术创意园;棠荫岛可建设成国际水生态体验岛,打造国家水生态文明科普教育基地和鄱阳湖国际水生态研究中心;打造"水上棠荫,湖中花园",打造特色"海棠园",整个蛇山岛遍植井冈杜鹃,以树成丛、花成片的方式打造映山红组团游。结合当地港口、渔村、渔船建筑和生活民俗等,修复和再现明清时期传统渔村风貌。围绕鄡阳古城的历史文化遗址,建立古城探秘区、古城花海观光区。在历史遗存的周边,开设现代花海观光地带,让游客游览鄱阳湖大草原,观赏花海。开辟湖上古船旅游项目,让游客畅游大千群岛,享古船风情。此外,还可以将三汊港镇、南峰镇打造成"古商代"风情小镇,将阳峰打造成"中国贡蒜之乡",把朱袍山打造成一个集各种鸟类的养殖、观光、保护为一体的鸟岛……

六、百里农业观光园风景区

该风景区选择鸣山乡、中馆镇、土塘镇、狮山乡境内的景湖公路、都中公路沿线区域,把该区域建设成"百里现代农业观光休闲长廊"。突出都昌田园乡村的特色风情,推进景城共融、景村一体、文旅互动。将沿线区域打造成集庄园体验、乡村休闲、田园度假、观光采摘、农产品销售为一体的乡村生态休闲度假旅游区。在沿线设立花卉苗木基地、果蔬采摘基地、田园垂钓基地、田园度假山庄、栀子花山庄等度假观光区,使沿线区域"处处都是景区,村村都是景点,人人都是风景"。

第十六章　历代名人赞咏都昌诗文

入彭蠡湖口

[南北朝]谢灵运

客游倦水宿，风潮难具论。

洲岛骤回合，圻岸屡崩奔。

乘月听哀狖，浥露馥芳荪。

春晚绿野秀，岩高白云屯。

千念集日夜，万感盈朝昏。

攀崖照石镜，牵叶入松门。

三江事多往，九派理空存。

灵物郄珍怪，异人秘精魂。

金膏灭明光，水碧辍流温。

徒作千里曲，弦绝念弥敦。

石壁精舍还湖中作

[南北朝]谢灵运

昏旦变气候，山水含清晖。

清晖能娱人，游子憺忘归。

出谷日尚早，入舟阳已微。

林壑敛暝色，云霞收夕霏。

芰荷迭映蔚,蒲稗相因依。

披拂趋南径,愉悦偃东扉。

虑澹物自轻,意惬理无违。

寄言摄生客,试用此道推。

谢灵运(385 年—433 年),陈郡阳夏(今河南太康县)人,南北朝诗人,谢玄之孙,晋时袭封康乐公,入宋降为侯,累官至侍中,西晋永嘉年间(307 年—313年)被免官。他旅都昌(时为鄡阳)依山筑精舍,面壁,翻经遗址犹存。

彭 蠡 湖 上

[唐]张九龄

沿涉经大湖,湖流多行泆。

决晨趋北渚,逗浦已西日。

所适虽淹旷,中流且闲逸。

瑰诡良复多,感见乃非一。

庐山直阳浒,孤石当阴术。

一水云际飞,数峰湖心出。

象类何交纠,形言岂深悉。

且知皆自然,高下无相恤。

张九龄(678 年—740 年),韶州曲江(今广东省韶关市)人,唐代诗人。

入彭蠡经松门观石镜缅怀谢康乐题诗书游览之志

[唐]李白

谢公之彭蠡,因此游松门。

余方窥石镜,兼得穷江源。

将欲继风雅,岂徒清心魂。

前赏逾所见,后来道空存。

况属临泛美,而无洲渚喧。

漾水向东去,漳流直南奔。

空濛三川夕,回合千里昏。

青桂隐遥月,绿枫鸣愁猿。

水碧或可采,金精秘莫论。

吾将学仙去,冀与琴高言。

下寻阳城泛彭蠡寄黄判官

[唐]李白

浪动灌婴井,寻阳江上风。

开帆入天镜,直向彭湖东。

落景转疏雨,晴云散远空。

名山发佳兴,清赏亦何穷?

石镜挂遥月,香炉灭彩虹。

相思俱对此,举目与君同。

李白(701年—762年),字太白,号青莲居士,绵州昌隆县人(今四川江油市),唐天宝十四年(755年)隐居庐山九叠屏,过湖来都昌凭吊谢灵运,作诗记其事。

逢雪宿芙蓉山主人

[唐]刘长卿

日暮苍山远,天寒白屋贫。

柴门闻犬吠,风雪夜归人。

刘长卿(709年—780年),安徽宣城人,字文房,唐代诗人,曾任监察御史等官,被诬远贬。此诗为其游历饶州(今鄱阳)道经都昌所作。芙蓉山,位于都昌城北郊,两峰并立,状若芙蓉而得名。

宿彭蠡馆

[唐]罗隐

孤馆少行旅,解鞍增别愁。

远山矜薄暮,高柳怯清秋。

病里见时态,醉中思旧游。

所怀今已矣,何必恨东流。

罗隐(833年—909年),杭州新城(今浙江省杭州市)人,唐代文学家。

赠彭蠡钓者

[唐]杜荀鹤

偏坐渔舟出苇林,苇花零落向秋深。

只将波上鸥为侣,不把人间事系心。

傍岸歌来风欲起,卷丝眠去月初沈。

若教我似君闲放,赢得湖山到老吟。

杜荀鹤(846年—906年),唐代诗人、诗论家,池州石埭(今安徽石台县)人。

春过鄱阳湖

[唐]贯休

百虑片帆下,风波极目看。

吴山兼鸟没,楚色入衣寒。

过此愁人处,始知行路难。

夕阳沙岛上,回首一长叹。

贯休(832年—912年),唐末五代前蜀画僧、诗僧,婺州兰溪(今浙江兰溪)人。

彭蠡湖春望

[唐] 项斯

湖亭东极望，远棹不须回。

遍草新湖落，连天众雁来。

芦洲残照尽，云障积烟开。

更想鸱夷子，扁舟安在哉？

项斯，唐诗人，江东人，唐会昌四年（844年）进士，未及第时以诗谒杨敬之，杨赠诗曰："平生不解藏人善，到处逢人说项斯。"成语"逢人说项"即从此而来。

彭 蠡 湖

[宋] 余靖

彭蠡古来险，汤汤贯侯卫。

源长云共浮，望极天无际。

传闻五月交，兹时一阴至。

飓风生海隅，馀力千里曀。

万窍争怒号，惊涛得狂势。

奔雷鸣大车，连鼓声初厉。

孤舟一叶轻，飘如游在缀。

所以沿流人，未尝轻既济。

逆犹上阪车，顺比飞鸿翅。

直待浮云收，乾坤廓然霁。

湖光万里平，波色连天翠。

然后榜兰桡，以避蛟龙害。

我愿修身者，听此操舟态。

长如履临时，终身不危殆。

余靖（1000年—1064年），北宋韶州曲江（今广东韶关）人，官至工部尚书。

经 鄱 阳 湖

〔宋〕赵抃

舍陆事川程，霜天晓色明。

长波万顷阔，大舸一帆轻。

静唱村渔乐，斜飞渚雁惊。

云披见楼阁，隐隐豫章城。

赵抃（1008年—1084年），北宋衢州西安（今浙江衢州市衢江区）人，曾任参政，有《赵清献公集》。

过 都 昌

〔宋〕苏轼

鄱阳湖上都昌县，灯火楼台一万家。

水隔南山人不渡，东风吹老碧桃花。

题都昌清隐禅院

[宋]苏辙

北风江上落潮痕,恨不乘舟便到门。

楼观飞翔山断际,松筠阴翳水来源。

升堂猿鸟晨窥坐,乞食帆樯莫绕村。

谁道溪岩许深处,一番行草认元昆。

除夜泊彭蠡湖遇大风雪

[宋]苏辙

暮发鄡阳市,晓傍彭蠡口。

微风吹人衣,雾绕庐山首。

舟人释篙笑,此是风伯侯。

杙舟未及深,飞沙忽狂走。

暗空转车毂,渌水起冈阜。

众帆落高张,断缆已不救。

我舟旧如山,此日亦何有?

老心畏波澜,归卧寒窗牖。

土囊一已发,万窍无不奏。

初疑丘山裂,复恐蛟蜃斗。

鼓钟相轰豗,戈甲互磨叩。

云霓黑旗展,林木万弩彀。

曳柴眩人心,振旅拥军后。

或为羁雌吟,或作仓兕吼。

众音杂呼吸,异出殊圈臼。

中宵变凝冽,飞霰集粉糅。

萧骚蓬响乾,晃荡窗光透。

坚凝忽成积,澎湃殊未究。

纻缟铺前洲，琼瑰琢遥岫。

山川莽同色，高下齐一覆。

渊深窜鱼鳖，野旷绝鸣鹋。

孤舟四邻断，馀食数升糗。

寒虀仅盈盎，腊肉不满豆。

敝裘拥衾眠，微火拾薪构。

可怜道路穷，坐使妻子诟。

幽奇虽云极，岑寂顷未觏。

一年行将除，兹岁真浪受。

朝来阴云剥，林表红日漏。

风棱恬已收，江练平不绉。

两桨舞夷犹，连峰吐奇秀。

同行贺安稳，所识问癯瘦。

惊馀空自怜，梦觉定真否。

春阳着城邑，屋瓦冻初溜。

艰难当有偿，烂熳醉醇酎。

苏轼（1037年—1101年）、苏辙（1039年—1112年），北宋文学家，四川眉山人。元丰时，苏轼弟苏辙谪筠州，苏轼省弟过都昌，游南山，留诗作，后苏辙道经都昌，亦留诗作。

经彭蠡湖

[宋]李纲

神禹治水江为最，逦迤委蛇东作汇。

泓澄不独阳鸟居，浩荡端使群川会。

群川已会江不湍，朝宗到海东南安。

烟收云敛望不尽,眼界始知天宇宽。

世传扬澜并左蠡,无风白浪如山起。

我今谪官此中行,何事恬然风浪止。

阳侯也是可怜人,不学世人皆世情。

好风已借一帆便,霁色更增双眼明。

晚来画舸鸣六舻,超忽千山如脱兔。

波心突兀见星宫,云际峥嵘望庐阜。

世间此景良不多,洞庭三峡真么么。

共浮太白期一醉,对此不饮当如何!

李纲(1083年—1140年),福建邵武人,官至宰相,著有《梁溪集》。

彭蠡

[宋]朱熹

茫茫彭蠡春无地,白浪春风湿天际。

东西捩柂万舟回,千岁老蛟时出戏。

少年轻事镇南来,水怒如山帆正开。

中流蜿蜒见脊尾,观者胆堕予方哈。

衣冠今日龙山路,庙下沽酒山前住。

老矣安能学伙飞,买田欲弃江湖去。

朱熹(1130年—1200年),江西婺源人,南宋哲学家、教育家,著有《四书章句集注》《太极图说解》。

古心堂集杜

[宋]文天祥

星折台衡地,斯文去矣休。

湖光与天远，屈注沧江流。

文天祥（1236年—1283年），吉州庐陵（今吉安人），民族英雄，江万里知吉州时创白鹭书院，文天祥曾就学于该书院，江万里殉国，文天祥赋此诗以悼。

舟中遇风吟

［宋］江万里

万里为官彻底清，舟中行止甚分明。

平生若有亏心事，一任碧波深处沉。

劝　农

［宋］江万里

农岂犹需我劝农，且从人意卜年丰。

喜闻布谷声声急，莫为催科处处穷。

父老前来吾语汝，官民相近古遗风。

欲知太守乐其乐，乐在田家欢笑中。

梅　花

［宋］江万里

草际春回残雪消，强扶衰病傍溪桥。

东风不管梅花落，自酿新黄染柳条。

荷　花

［宋］江万里

结亭临水似舟中，夜雨潇潇乱打篷。

荷叶晓看元不湿，却疑误听五更风。

江万里（1197年—1274年），都昌县人，宋代著名的政治家、教育家。

鄱 湖 战 捷

[明]王守仁

甲马秋惊鼓角风,旌旗晓拂陈云红。

勤王敢在汾淮后,恋阙直随江汉东。

群丑漫劳同吠犬,九重端合是飞龙。

涓埃未遂酬沧海,病懒先须伴赤松。

王守仁(1472年—1529年),明代哲学家、教育家,浙江余姚人,世称"阳明先生",官至兵部尚书。

庐 山

[明]解缙

扁舟过彭蠡,远远见匡山。

巨石危将堕,阴云去复还。

平铺三百里,高出九霄间。

久在风尘际,览观心自闲。

解缙(1369年—1415年),江西吉水人,永乐年间主持编纂《永乐大典》,任翰林学士。

谒陈云住祠

[明]林俊

白发三千丈许长,世缘牵掣又江乡。

两山抱郭地雄胜,二水会流天渺茫。

宿莽风烟谁步障,盘冈香火自祠堂。

东巡感忆苍生问,廊庙先忧出故肠。

林俊(1452年—1527年),福建莆田人,明都御史。

泛左蠡

［明］李梦阳

辞山意不悦，水泛暂可乐。

微风逗帆席，日竟展光耀。

扬歌荡溟昧，鼓枻极窈窕。

指顾异晨暮，俯仰改观眺。

出没湖中山，明灭海上峤。

素轻左蠡险，今觊石壁峭。

谢屐久已芜，陶矶寂谁钓。

解吟松门咏，令人发悲啸。

骑登谢址复舟观于石壁

［明］李梦阳

奋鹄有奇翰，古铎无追响。

游云迹易灭，鸣世情难忘。

昔吟瞻眺咏，今觌湖中赏。

松门既岑峙，川水深以广。

昏旦候自变，伊人竟焉往。

岩剿徒空嵌，堂基鞠为莽。

扉从不可识，愉悲异今曩。

石壁屹寒岸，葛崖啸魍魉。

揽驭意已极，登舟祇弥惘。

抱兹久延伫，遵渚路回枉。

彭蠡泽

［明］李梦阳

汉水亦太急，江浑只恁流。

何如彭蠡泽,清莹解人愁。

李梦阳(1473年—1530年),庆阳(属甘肃)人,明文学家,曾任户部郎中,因反宦官下狱,宦官刘瑾败,迁江西提学副使。

谒陶桓公庙

[明]陈述

桓桓长沙公,间气生英特。

挺抱文武才,举世无与敌。

饱读圣贤书,兼熟兵家策。

惜阴戒怠荒,朝暮运百甓。

尝梦登天门,祥应生八翼。

机明魏武豪,忠顺孔明匹。

方当横奔揲,抢攘少宁息。

苏峻谋不轨,肆然掠郡邑。

宗社皆震惊,杀戮血流赤。

我公建义旗,奋勇诛贼逆。

壮气横秋霜,忠贞贯白日。

斩馘氛浸消,旄头坠戈戟。

大庇福斯民,僇力匡帝室。

已任措天下,安固如磐石。

都督镇八州,生民被功德。

阃外日多事,笔翰无壅积。

孜孜励名教,缺坏力裨益。

时人尚清谈,放旷夸自得。

公乃叹末流,何为赴沈溺。

捕搏具投江,恳至加切责。

风节极颓波,中流砥柱屹。

所志在匡复,虽没无愧色。

大义天地知,耿耿昭竹帛。

无端蔓菲言,苍蝇污白壁。

诬公觊觎心,史氏胥有失。

紫阳朱夫子,上疏曾暴白。

请号加封勒,阳光破昏黑。

都昌公故乡,千载享庙食。

旱涝祷必应,神在今犹昔。

国朝启昌运,褒显新美额。

祀曲礼孔嘉,有祷神应格。

我因观风来,怀贤仰陈迹。

伟哉斯文风,允矣后人则。

我欲雪沈冤,惟公相冥默。

再拜歌此诗,灵飚恍叱精。

尺爽如何招,乘云下寥犾。

陈述,苏州人,明观察御史。

石 壁 精 舍

[明]徐登泰

卧拂石上云,经潘云下石。

午梦片时间,池塘春草碧。

江上无古今,精舍荒榛棘。

野 老 岩 泉

[明]徐登泰

石骨溢清泉,泠泠注江浒。

野老爱幽栖,酌泉洗心腑。

荣辱任去来,漱枕自寒暑。

陶 侯 钓 矶

[明]徐登泰

数尺桐江丝,半湖蟠江水。

未试扶日功,且钓西山雨。

不有庐江征,肯为苍生起。

苏 仙 剑 池

[明]徐登泰

剑气横秋霜,龙光射牛斗。

池空鹤梦闲,月冷松花老。

仙翁去不回,隔断红尘道。

矶 山 樵 唱

[明]徐登泰

山峰隐翠微,林木蔽青屿。

樵者不知劳,歌声白云里。

表出夷齐心,荡洗巢由耳。

彭 蠡 渔 歌

[明]徐登泰

烟波一叶舟,欸乃数声曲。

风雨细更斜,青笠映蓑绿。

本是沧浪流,不向红尘逐。

南 寺 晓 钟

[明]徐登泰

铁鲸开混濛,洪音觉幽幻。

紧缓百八敲,夜气亦平旦。

本是扬州声,不为王郎饭。

西 河 晚 渡

[明]徐登泰

急流送夕阳,栖鸦杂归客。

灯火已黄昏,往来犹未绝。

橹声两岸秋,棹破波心月。

徐登泰,明府判县署事。

吕 公 岭

[明]王天策

岭以吕公名,烟霞岁月深,

渴来泉当酒,不醉牧樵人。

王天策,永春人,明万历八年(1580年)任都昌县令。

谒江丞相祠

[明]胡天禄

先生罢相归来久,凿池"止水"芝山后。

结亭岂为游息谋,嗟哉心事人知否?

胡兵扰扰入饶阳,先生与国同存亡。

举家争赴止水死,积尸如叠诚悲伤。

先生尸独浮水上,英气勃勃如生样。

洁身不受胡尘蒙,贞心可并文丞相。

元家基业一时休,先生之名万古留。

止水亭前月朗朗,济忠祠下风飔飔。

风嗖嗖,月朗朗,精灵如在众所仰!

胡天禄,祁门人,明万历四年(1576年)任都昌县丞。

谒奠经归祠

[明]余应桂

西山庙貌入青冥,潜德悠悠始复旌。

功并洛闽家秉灿,文留天地岫云蒸。

吉蠲但酌鄱湖水,跬跻仍占太史星。

学道无闻冀未变,还从筵桷授遗经。

余应桂,都昌人,明监察御史。

有　　感

高致鹤

在星子夜澜不寐,忽闻雁声两声有感。

一九二八年十一月十一日夜写于流星旅馆。

其　　一

凄凉!唧唧虫声,断客肠。心伤,黑暗太猖狂,漫漫长夜,待旦无方。三七年华虚变,空自忙忙。恨难量!只剩得春泪两三行。凄凉!心伤!

其　　二

正似那如痴如醉,忽闻那寥天雁唳,禁不住汪汪泪珠,一会儿檐前滴滴,我的灵台被它滴醉。雨呀!你抱着润物的心理,可有何物把我的愁肠,润!慰!细思天公无道理,缘何万种凄凉,只付个人知!

高致鹤(1908年—1930年),都昌县城人,革命烈士,详见传。

过鄱阳湖赠战友

向先鹏

同船共命共邦运,三座大山压在肩。

革命逆流兴恶浪,狂澜力挽志须坚。

春 荒 暴 动

向先鹏

万工讨论绅合土豪,民脂吸尽吸民膏。

愤青误打误撞与溪流水,汇入江湖掀怒潮。

向先鹏(1907年—1930年),都昌县人,革命烈士,详见传。

寄 慈 母

黄徽基

懒作返家梦,分成身外身。

愿随征雁去,朝夕待慈亲。

沙陀山会议

黄徽基

沙陀挺立望西东,都爱丹枫遍地红。

古寺破教黄叶补,远山高被白云封。

黄徽基(1906年—1930年),都昌县人,革命烈士,详见传。

浣溪沙·都昌县(一九六〇年)

邵式平

星子乘船去都昌,新妙绕道观鱼场,饱赏山色与湖光。屈指恰好是重阳,无怪湖山尽秋装,人民公社收割忙。

浣溪沙·都昌县(一九六一年)

邵式平

革命都昌亦故乡,解放改造换新装,山田湖汊皆文章。三面红旗高举起,当前社队丰收忙,明年更大赛一场。

邵式平(1899年—1965年),江西弋阳人,时任江西省省长。

都 昌(一九五八年)

钱俊瑞

都昌城外鄱阳湖,烟雾迷漫多渔家。

水傲南山人竞渡,东风吹放满园花。

钱俊瑞(1908年—1985年),江苏无锡人,时为国家文化部副部长。

绿化县都昌(一九八五年九月十一日)

胡绩伟

清清堤畔栏碧水,郁郁丘陵绕黛山。

十载培苗滴滴汗,万民护树节节甜。

绿色银行慢慢攒,黄金湖岸年年繁。

层层荒岭变翡翠,颗颗丹心重史篇。

胡绩伟,第六、七届全国人大常务委员会委员,全国教育科学文化委员会副主任,新闻学会会长。1985年9月来都昌视察时作此诗。

八声甘州赞江西都昌粮援项目工程

肖 峰

余一九八七年冬,目睹鱼池工程壮阔豪迈,幸乐慰之。

噫吁,十万人洒江天,天公亦歌讴。见村姑斗泥,虎生炸砾,一代航舟,此处人地三分,唤醒洼荒洲。唯二七九九,无语风流。

陂塘顾长秀瘦,惹庐山狂笑,鄱湖娇羞。种黑麦苏丹,草催尾越游,细精养,鲤肥鲢跃,召来那,远客商贾赒,水泊园。凫逐鸥鹭,造化春秋。

肖峰,时为农牧渔业部水产局局长,1987 年冬来都昌视察"2799"工程时作此词。

野 老 泉

熊述隆

野老泉,在鄱阳湖畔都昌县南山之麓。

相传,由宋代苏东坡题名。

从岩壁间汩汩渗出,在石缝里默默流淌。夜深人静时,映一弯冷月清辉,萧瑟寒风中,伴几声秋虫鸣唱。或许,正是这幅惨淡的写照,触动了一位古代学士的衷肠,洒墨挥毫,赠给它一个苍凉的名字,刀凿斧镌,铭刻在斑驳的石壁之上;说它,像是人遗弃"野老",踯躅在荒郊里,孤寂而彷徨……

许多年,像流水一样地过去了,题名的学士,也早已不知何往。唯有潺潺奔流泉水,依然在山涧不息地吟唱。就像它冲洗的岩石,古老而年轻;就像它浇灌的草木,蓬勃而顽强。于是,后人觉得应该为它正名,掬起一捧清冽的山泉,细细思量……却猛见,手掌上托着广阔的涟漪,指缝间,飞泻出大浪奔涌的声啊!——哦,"野老"确实并不"老"呵,永恒的青春,流入鄱湖,汇入长江,点点滴滴,向着辽阔无垠的海洋……

熊述隆,江西南昌人,江西师范大学中文系副教授,中国作家协会会员,著有《雨窗集》。

咏 都 昌

刘极灿

鄡阳演化为都昌,苏子名篇万古长。

借得东风润墨砚,今朝胜迹写华章。

鄱 阳 湖

刘极灿

烟波浩淼几千秋,吞吐五江誉九洲。

日伴匡庐添秀色,夜含明月照寰球。

排除尘垢朝东去,搏击惊涛入海流。

任尔风霜多变幻,桃源侧畔过群舟。

都昌港口建设

刘极灿

请缨十日斗龙王,三万精兵会战忙。

借问龙宫何处是? 神舟涌进南山旁。

刘极灿,江西星子(庐山市)人,时为中华诗词协会会员,中共都昌县委书记。

苏 山 剑 池

[明]刘诚

池上铁龙腥,池底蛟龙蛰。

碧桃年年春,月冷露华湿。

刘诚,都昌县人,明洪武四年(1371 年)任本县教谕。

西 河 晚 渡

[明]邵康伯

昏鸦取次返垂杨,来往西河渡正忙。

两岸苍波浸渔火,满船红树载斜阳。

溪翁敲柱歌初静,水月涵空气觉凉。

景物恍然图画里,秋风秋雨即潇湘。

石 壁 怀 古

〔明〕邵康伯

康乐栖迟处,寒崖百丈悬。

松门当几杖,石镜隔云烟。

碧水还堪采,金膏未易言。

复来追旧赏,风雅尚依然。

邵康伯(1343 年—1418 年),明代都昌人。

暮 春 有 感

〔明〕邵达道

轻云匣匣雨漫山,大半春归醉梦间。

寄语东风休作恶,海棠无力不禁寒。

石 壁 精 舍

〔明〕邵达道

云外孤峰翠欲流,书台芜没几经秋。

地饶胜慨连庐蠡,江漾文光逼斗牛。

暮雨落花人寂寂,午荫啼鸟景悠悠。

谁来寻访先贤迹,故作西山汗漫游。

野 老 岩 泉

〔明〕邵达道

岩前如绣草芊芊,下有飞泉百尺悬。

石窦雨余翻蟹眼,潭心日暖喷龙涎。

自从混沌分源候,便是潺缓赴壑年。

几许登临思无尽,欲将洗耳听钧天。

邵达道,明嘉靖时(1522年—1566年)都昌人,曾任浙江上虞县(今绍兴市上虞区)教谕。

苏 仙 剑 池

[明]邵遵道

磨剑仙翁去不回,犹传遗迹水西隈。

春风丹灶苔空合,夜雨石坛花自开。

寒碧远涵汇泽润,龙光横射翻经台。

胜游谁有飘然兴,布袜芒鞋约日来。

陶 侯 钓 矶

[明]邵遵道

矶头风景不堪题,却笑陶侯坐钓时。

山势北来云匝地,阳光东起树交枝。

一梭跃水名犹在,八翼排天梦亦疑。

凭吊令人增慨慕,江风江鸟遍江湄。

邵遵道,明代都昌人,由进士任江苏盐城知县,转绍兴府通州,升湖广衡州府同知,升贵州兵备副使。

陶 侯 钓 矶

[明]邵贤道

未把英雄入网罗,丝竿三尺卧烟波。

自从受荐庐江后,夜夜神龙护钓梭。

乡 居 老 牧

[明]邵贤道

皓首徐徐上北山,乾坤容我此身闲。

四时风月吟哦内,满目烟霞笑傲间。

新草补裳鹦鹉绿,落花点笠鹧鸪斑。

终身不涉机关险,坦道无边任往返。

邵贤道,号北山,字文臣,明代都昌人。

矶 山 樵 唱

[明]邵有道

两厓蓊郁有平林,何处哎哑恣好音。

利斧迥临溪水曲,遏云清逼石岩阴。

步从岛屿青冥近,兴入烟霞紫翠深。

拄杖凌高闲著耳,蓦然销却利名心。

彭 蠡 渔 歌

[明]邵有道

欸乃清歌远近分,细听随口不成文。

芦花点帽风初急,鸥鸟冲帆日欲曛。

一曲遥从云散外,数声长傍月中闻。

也知无限乾坤趣,半在烟波与水云。

南 寺 晓 钟

[明]邵有道

声敲百八梦醒初,清隐鸣钟水一隅。

风澹白蘋霜气冷,云收碧落月华孤。

轻开鄡邑千家市,重震鄱阳万顷湖。

夜半山门有舟泊,愁绝不须更啼乌。

寓 武 城

[明]邵有道

孤舟夜泊武城西,犹想弦歌似昔时。

明月一天江水白,海棠枝上鹧鸪啼。

邵有道,号东汇,明代都昌人,明弘治丙辰年(1496年)举进士,历任海宁县知县,福建汀州府知府,修桥治水,吏民俱服,升云南兵备副使,乞休归里,著有《东汇集》。

陶 侯 钓 矶

[明]邵新远

清谈坐砥笑沉浮,一线竿头钓八州。

任是壁间梭化去,矶头且把五湖筹。

邵新远,明代都昌人。

陶 侯 钓 矶

[明]吴旺

数尺珊瑚竿,一片莓苔石。

藏器待时来,撼忠扶晋室。

吴旺,明代进士。

禅山寺感兴

[明]徐相

云锁禅关白昼闲,惟闻林外鸟间关。

坐来独湛冰壶体,偶契心斋陋巷颜。

路人康庄不用猜,心闲无地著尘埃。

寻山漫有光风兴,看水还多霁月怀。

新竹忽看随雨茂,野花空自对人开。

禅山春意知多少,莫负东风一度来。

治 病 有 感

［明］徐相

治病方知得病深，过时医药费追寻。

须知心病犹身病，谁下膏肓第一针。

徐相，字文卿，都昌人，明正德丁卯年（1507 年）举人，初任象山县知县，广东连州知州，建学校，兴利除害，务尽其力，后升广东敛事，不就而归隐。

新开寺次詹大理韵

［明］郑思孟

一泓止水对新开，说法群山送景来。

明月长悬灯不夜，千花香气绕莲台。

郑思孟，字道醇，明代都昌人，由恩贡任益阳县（今湖南省益阳市）知县，诸凡兴革，大有条划，民为之立生祠。

巡 边 插 柳

［明］余濂

十里边城十里台，塞下轻骑几度来。

且将杨柳深深种，他日桑麻此作媒。

余濂，字宗周，号空夫，都昌人，明代登进士，任浙江道监察御史，正直刚方，忠厚慷慨。

双 忠 祠

［明］许汝谦

北来戎马暗吴江，共守孤城兴国亡。

人以二颜为伯仲，天教群鲁识纲常。

气还止水波澜定，血染芝山土地香。

遗草收拾归太史,至今日月有余光。

许汝谦,字道益,都昌人,明万历六年(1578 年)参加乡试,中举人,任河南省洧州县教谕,升宝丰知县,清介自守,享年九十岁。

经归祠重新

[明]杜希中

尼山礼教一功臣,同志周朱翼圣真。

无力补天还闰位,有心淑世阐彝伦。

马陵碑碣犹仍古,汇水荒祠又复新。

任是诸家多著述,经归千载让斯人。

杜希中,字时之,明末都昌人,1632 年会试员生,任南昌府新建县(今南昌市新建区)训导兼乐安王府教授。

赠别朝阳庵非月和尚归庐山歌

[清]余靖献

元辰山下森绿玉,二十年前成荒谷。

樵夫牧竖日相过,两壁歆颓旧禅屋。

上人首属梦公祠,携母终养寻过轴。

披蓁翦棘走狐狸,几历严冬寒侵骨。

才得一把茅盖头,又拈茎草化丈六。

巍然结构迈旧观,色色精严小天竺。

草堂相近三里遥,常入云中须眉绿。

春深烧笋发龙吟,夜静分芋同牛宿。

年来得趣此间多,此峰此君未幽独。

功成忽思入庐山,慧眼由来善知足。

就中挟我诗魂去,元猿白鹤纷相逐。

遥修他日相忆时,一天冷月照飞瀑。

世外兴废亦何常,达观沧桑如转毂。

别后尚念十载心,时将平安报秫竹。

余靖献,名万里,明御史余濂之裔,清初都昌人,曾肄业豫章书院,举拔萃科,廷试不售而归,著有《拙园集》。

游南山寺

[清]邵宗宝

满林枫叶隐僧家,客到新烹石鼎茶。

见说严冬春不断,碧岩深处有寒花。

邵宗宝,字又贤,号静庵,都昌人,清乾隆丁巳年(1737年)进士,历任新昌新城等县教谕,著有《静庵诗稿》及《宦游草》。

野老泉

[清]谭鹤林

南山澹且闲,野老清复美。

声咽怪石中,影挂断崖里。

滚匕千尺雪,澄澄一勺水。

流出琴书情,濯尽古今滓。

玉女慢比肩,苏翁惯漱齿。

虽无孝感名,颇得清净理。

到此空人心,万虚净如洗。

出山灌滋溉,欲为苍生起。

谭鹤林,号徕松,晚清都昌茅垅谭家村人,著有《半房山馆诗集》。

入古南寺二首

[清]黄有华

其　一

此心于事不相关,坐石衣留碧藓斑。

倦容尘襟依故里,名流风节近秋山。

纷纷樵斧行歌去,泛泛渔舟载月还。

千树桃花一湖水,几人身到白云间。

其　二

偶随流水入禅关,残叶经秋渐欲斑。

半世星霜催短鬓,几人风雨拜名山。

冷冷石磬天朝暮,泛泛沙鸥日往还。

寄语交游如念我,也应翘首碧云间。

寺楼晚眺

[清]黄有华

寒山新雨后,天意晚来晴。

郭外烟初敛,峰头月已明。

楼台连水气,砧杵急秋声。

我正焚香坐,心清迹亦清。

游陶侃钓矶山谢灵运石壁精舍

[清]黄有华

清游不厌远,相携出僧舍。

高松涌怒涛,势与江流泻。

行行得壮观,应接乃不暇。

嵯峨钓矶山,石骨折天罅。

精舍遥相望,变灭风云化。

才子信奇特,英雄倍声价。

浮波滚滚来，滴翠纷纷下。

一片好湖山，千秋属陶谢。

我本湖上人，清漪泼楹榭。

年年打双桨，一竿消九夏。

春雨蓼花滩，秋风明月夜。

差幸草堂灵，可以免嘲骂。

身贱岂不耻，名高亦可怕。

何当脱尘鞅，买田任躬稼。

不折道旁柳，但种南山柘。

遥遥语陶谢，此味甘于蔗。

余亦同调人，相逢莫相讶。

陶 母 墓

[清]黄有华

惊波啮岸岸不崩，千年华表偎瘦藤。

团团寒玉东方升，荒烟野蔓如织绫。

游人过此恒兢兢，威侯之绩众所称。

不堕母教人谁能，老渔然竹不敢罾。

神梭夜夜波心腾，母之灵兮龙所凭。

有客招魂歌楚奏，松际一点如漆灯。

陶 公 侃 庙

[清]黄有华

老树高秋白露团，风云犹作大旗看。

及时事业成功易，震主勋名晚节难。

但恐先鞭输祖逖，几曾跋扈等曹瞒。

千年遗庙依彭蠡，犹有梭龙畏钓竿。

野 老 泉

[清]黄有华

石上名泉琢方玉，净洗山人看山月。

山中野老更何人，我亦生涯似樵牧。

潮生水落年复年，沧桑不到云中泉。

谁能识得仙源路，薄暮空潭即洞天。

石卫尉湖庄

[清]黄有华

珊瑚一树倚云长，楼阁参差水槛凉。

直遣良田开蠡左，不徒别馆在河阳。

囊金枉慕持筹客，诗纤终符掷果郎。

赖有美人心似铁，能将巾帼敌豪强。

石 壁 精 舍

[清]黄有华

两岸惊波溅沫圆，风流谁继谢临川。

偶来寓客原无意，看到遗踪亦可怜。

屐齿蹋余山上草，笔头开偏渚中莲。

远公精舍东林近，相望云间屋数椽。

罗 昭 谏 墓

[清]黄有华

一代高名跨海东，晚唐才笔更谁同。

愁生河朔风尘外，诗在钱塘烟雨中。

几见诸藩忧翠辇，独留处士励丹衷。

只今遗墓荒山下，尚有吟魂下碧空。

野 老 泉

[清]黄有华

南山名胜据东南,一滴清流万绿酣。

倚石安禅门不二,举杯邀月客成三。

神宗有道犹难悟,野老忘机信可耽。

若使仙坡同此意,也应无事到琼儋。

经 归 祠

[清]黄有华

谁从二戴接薪传,独守丹铅阅岁年。

万卷已归秦火后,一经如睹汉儒前。

阅来时事身能隐,感到兴亡史不编。

千载高贤生长地,荒祠弥望白云连。

左 蠡

[清]黄有华

携尊何处陟崔嵬,左蠡森然铁壁开。

孤棹帆依天堑去,大江风卷雪山来。

仙云远近窗三面,胜国兴亡酒一杯。

独有新词难属和,宰官谁并出群才。

黄有华,字仲实,清代都昌人,清道光壬午年(1822 年)进士,以知县分发山西,未到病卒。

重九登南山即景和舒白香原韵

[清]黄慎修

萧萧木叶下禅堂,有客高吟逼昊苍。

佳节大都宜酩酊,醉乡何用卜行藏。

微云不碍群鸦背,返照犹明百雉墙。

老辈风流名胜地,鄱阳湖上度重阳。

黄慎修,都昌县人,清道光进士。

罗隐墓和舒白香原韵

[清]黄慎德

浮云过眼悉成尘,留得残碑字独新。

万里长风供点笔,五朝羁宦几抽身。

但余诗骨终名世,何必桃源远避秦。

今日香师是知己,一般才命两仙人。

黄慎德,都昌县人,清道光岁贡。

古南寺听琴

[清]黄慎言

古寺嵌绝壁,阴崖郁灵怪。

坐客寂无言,窗竹发虚籁。

何人弄绿绮,琴心满香界。

萧萧万叶秋,漫漫九江派。

今古一逝水,乾坤眇纤芥。

游神入汗漫,心魂了无碍。

风泉有时落,和以松间濑。

恍与羲皇人,相期白云外。

黄慎言,清代都昌举人。

漱流亭同诸门人饮

[清]徐振静

商飚入席动凉襟,宾主徘徊意转深。

流水朱弦时一奏,满城桃李尽知音。

搔音凭栏发啸歌,壮怀此际竟如何。

篝灯老我垂丝鬓,且对樽前漱碧波。

徐振静,清代贡生,都昌人。

陶 侯 钓 矶

[清]刘柏

八翼排天门,一梭跃秋水。

竿头数尺丝,钓老西山雨。

刘柏,都昌人,清代贡生。

岁寒亭中汇东八景图暨辞人题咏

[清]刘希匡

谁将八景图亭中,题咏人多趣罕同。

未信岩泉私野老,须思钓石属陶公。

习勤晚看西河渡,戒旦晓惊南寺钟。

精舍已灰谢壁永,剑光不蚀苏池空。

渔歌彭蠡羞弹铗,樵唱矶山乐御风。

地以人灵匪且且,愧侬土著忒冬烘。

刘希匡,清代都昌人,增生。

野 老 岩 泉

[清]邵孔谕

石液流云绕径斜,净含冰玉绝泥沙。

滋将叠翠依岩草,漾出轻红坠涧花。

野老携来思洗耳,仙僧汲去试烹茶。

个中滴滴源头远，汩注楼台一万家。

苏 仙 剑 池

[清]邵孔谕

为想龙吟佩剑身，时临半亩溯山真。

虹光已带归瑶室，云气常涵间白蘋。

淬锷池边声历历，磨锋石上影粼粼。

几回掬取珠千点，化出光芒万丈新。

矾 山 樵 唱

[清]邵孔谕

斤斧随身入翠微，前歌后答兴遄飞。

乍疑古寺传仙梵，绝异登山赋采薇。

拂树穿云初婉曲，随风落谷渐依稀。

浮生却羡樵人好，石畔高吟没是非。

彭 蠡 渔 歌

[清]邵孔谕

不归彭蠡又三秋，欸乃渔歌纪旧游。

月下敲舷应共乐，风前弄笛自无愁。

曲终竟看青峰绕，笑罢群摇碧水流。

萍梗江湖空击楫，故乡好伴钓渔舟。

南 寺 晓 钟

[清]邵孔谕

柴门日日见南山，山晓晨钟到枕间。

鹁鸪初飞寻昨梦，蒲牢乍吼落人寰。

声随旭旦穿窗早，响递孤云出岫闲。

几度披衣倾听罢，苍松翠竹锁禅关。

西 河 晚 渡

［清］邵孔谕

残霞曳锦颂湖光，渡口人归唤渡忙。

白鹭溪头分暮影，紫骝树底驻斜阳。

波平恰爱孤舟稳，风定无嫌两岸长。

荒草断桥烟漠漠，柳阴来往日鸣榔。

石 壁 精 舍

［清］邵孔谕

声传空谷隐名贤，为结书庄石壁边。

洞口渔翁依小艇，江头秋水溅长天。

频来屐响寻幽径，更听禽声聒画眠。

胜地入诗兼入画，谢公芳迹照千年。

陶 侯 钓 矶

［清］邵孔谕

鄱湖昼夜水滔滔，几尺渔矶咽怒涛。

绕岸莓苔匀野色，满江烟雨谢尘劳。

惜阴最厌蒲樗戏，行乐聊将钓艇操。

指点陶公盘坐处，一群鸥鹭宿丛蒿。

登文昌阁三首

［清］邵孔谕

其 一

流丹飞阁瞰鄡阳，秋杪凭高兴欲狂。

风递琴声来县廨，鸟冲花影入书堂。

庐峰雨歇开真面，鄱水波空涤俗肠。

人物钟灵须记取，名贤不独重文章。

其　二

秀挹湖山气象雄,层檐铁马蹴天风。

万家灯火村烟合,五色彩霞云路通。

列宿斗魁皆拱北,文河巽水自朝东。

近来应有龙光射,碧汉深宵驾彩虹。

其　三

清晖城郭夕阳残,更上丹梯四境宽。

精舍旧居荒石壁,文生古塔影阑干。

长吟顿觉胸怀壮,舒气休悲骨相寒。

好把宗风齐振刷,云程九万起鹏搏。

邵孔谕,都昌人,清代举人。

访谢康乐石壁精舍

[清]邵孔诰

谢公爱山水,著屐来鄡邑。

睹此石壁奇,峭削临湖立。

凭巅构精舍,游踪且自辑。

朝夕娱清晖,幽情纪雅什。

渺渺千余年,望古心遥集。

乘闲访遗规,远渡江波急。

悬磴危堪攀,茂林深可入。

矍然到斯境,荒芜有谁葺。

徘徊故址间,烟云相掩袭。

胜迹杳无存,高风洵莫及。

邵孔浩,清代都昌人。

谒济忠祠

[清]黄德煦

襄樊已破不休兵,小寓芝阳恨未平。

误国无如闲宰相,全家谁复艳公卿。

光生日月双乔梓,气作山河两弟兄。

庙貌至今咸仰止,焚香顶礼不胜情。

黄德煦,都昌人,清代举人,做过南城县教谕。

重九登南山即景和舒白香原韵

[清]黄有章

碧水寒花卫草堂,古南香篆接青苍。

风回左蠡千帆出,雾隐层岩一豹藏。

两世交亲延古道,连宵秋雨隔重墙。

名山又喜添新句,不止夭桃斗艳阳。

黄有章,清代都昌县人。

渡彭蠡湖

[清]李秀峰

一艇轻于叶,浮沉万顷间。

湖宽天作岸,风猛浪为山。

柁硬舟偏软,帆忙桨自闲。

回头望匡庐,但见鸟飞还。

舟行杂诗(三绝选二)

[清]李秀峰

其　　一

日日鲜鱼入馔香,水程如此未嫌长。

舟行博得湖山趣,满载诗情返故乡。

其 二

风顺开船雨泊船,人生到处总随缘。

行舟一似行吾道,去往无心听自然。

李秀峰,都昌苏山人,任崇仁县教谕,从小爱写诗。

广福庵八景(原在新妙湖坝外)

[清]邵安甫

桥修十里纪钱公,庵畔园林桂一丛。

后港回流亭以外,团山特立水之中。

岸头樵襄迷残雾,渡口渔舟唱晚风。

五谷嘴前高处望,黄沙滩阔浪凌空。

邵安甫,都昌北山人,邑庠生。

吾邑李秀峰游南山题壁

[清]张志澄

南山高处豁胸襟,望似仙人下界临。

胜地得名原自昔,良朋聚晤恰于今。

千寻石壁留遗迹,万顷鄱湖涤俗心。

飒飒秋风吹薄袄,又警霜信到枫林。

张志澄,晚清诗人。

辛酉重阳后一日应邀登南山

[清]邵瞻伯

踏歌载酒上南山,地北天南指顾间。

木叶有声秋瑟瑟,浪花无色水潺潺。

携来良伴张诗胆,爱饮清泉悦醉颜。

赢得浮生闲半日,八仙不上叙仙班。

不踏南山已七年,重来又是菊花天。

山僧笑问曾相识,为我新烹野老泉。

偶来入座添佳士,傍醉狂吟倒昔贤。

七五老人寻后约,登楼望月续千圆。

邵瞻伯,都昌北山人。

九日乘扁舟同兄仁轩弟柏令渡河登南山

[清]万金城

小艇人三两,南山纪胜游。

风回千壑静,霜逼一城秋。

泉韵凭琴写,萸香入酒浮。

登临兴无尽,更上远峰头。

游 古 南 寺

[清]万金城

落日湖边寺,到来生静心。

长松蟠石古,老衲入云深。

遥把烟霞色,清传钟磬音。

何当此常住,朝夕快登临。

钓矶山怀古

[清]万金城

英雄未遇庐江蒿,数尺丝竿尚眷恋。

鄱湖浩渺水清涟,兀坐江头情网倦。

一朝风云会可乘,梭化龙兮信有徵。

八洲咸重边氛靖,厥功赫赫声逾宏。

我来游览西山下,巨石屹立堪警讶。

相传陶侯昔钓矶,千载茫茫感代谢。

吁嗟夫,淮阴子陵有钓台,于今遗迹委尘灰,

何如侯之垂钓地,令人凭吊几徘徊。

万金城,号丹凤,都昌诗人。

秋抄登都昌城南楼晚眺(四首)

[清]邵树型

其 一

联步南楼纵目望,蒹葭杨柳色苍苍。

整斜塞雁冲空碧,播落江枫送夕阳。

樵子负薪喧晚渡,渔人鼓枻宿寒塘。

秋深万象都澄澈,归路时间桔柚香。

其 二

淡烟漠漠雨潇潇,快意登临景物饶。

石壁余霞翻返照,长河落日咽寒潮。

关山岁暮警萧瑟,砚杆声残感寂寥。

闻道闽疆征战急,年衰世难倍魂销。

其 三

萧疏秋色耸吟肩,放眼乾坤欲问天。

摇曳菰蒲声瑟瑟,回翔鸥鹭影翩翩。

长城虹绕过残雨,野屋鳞稠起暮烟。

遣兴欲沽村店酒,囊空难觅杖头钱。

其 四

落日衔山水急流,吹笳声起又登楼。

斜阳左渡牵离绪,衰草长堤揽客愁。

鸦点寒星秦苑夕,乌啼落月汉宫秋。

名疆利锁都消尽,何用南冠学楚囚。

邵树型,都昌人。

题袁祖源《剑池诗话》二绝

［清］刘严吾

其 一

眼中谁可兴言诗,得句难求一字师。

欲振钟球传绝响,文章得失寸心知。

其 二

含今菇古徒然耳,暮述千秋孰不磨。

如此神州惟痛哭,倚天拔剑且狂歌。

刘严吾,都昌人,他的学生袁祖源说他"历掌法曹,守正不阿"。

登 沙 陀 山

［清］欧阳伯惠

游女如云理淡壮,也从高顶振衣香。

如何慷慨悲歌气,化作温柔欢笑肠。

他有名山钟显宦,我醒沉梦在禅房。

归来欲觅黄花酿,了此余生一醉乡。

欧阳伯惠,都昌人,拔贡。

述怀简浩森

［清］刘肃

满眼疮痍有泪痕,万家灯火黯都村。

稽天巨浸凭谁挽,莫望重湖问故园。

刘肃,号念庐,都昌人,在南昌为官14年后又任职赣南。

谒显应元将军庙

高润堂

炉香未息篆烟浮,步入禅堂谒比丘。

石壁嵯峨横屋角,雪涛汹涌压船头。

西观瀑布云初定,东望扬澜水急流。

估客往来资呵护,巍巍庙貌几千秋。

高润堂,都昌多宝乡人,历任左里老爷庙救生同仁堂董事。

彭蠡舟中

[清]胡雪抱

快随白鸟下晴氛,斜倚乌篷背夕曛。

帆影耸疑天外剑,水痕旋作画中云。

疏风阵阵无人语,小橹声声带雁闻。

四顾秋芳摇落尽,渺怀何处礼相君?

尖山登高憩留仙石

[清]胡雪抱

悬床高卧只宜仙,去后藤萝万绿牵。

古鹿可骑芝可食,我来闲憩亦萧然。

村居即事

[清]胡雪抱

水边萝薜隐幽村,难得居闲逸思存。

楹秃稍余明制宅,竹深犹护宋人坟。

一泓天外看帆影,万绿风前沃酒尊。

百炼此心见清旷,浮名腥腐更何论。

樵舍驿夜泊

[清]胡雪抱

萧条市驿旧行经,秃岸灯垂出树青。

爱倚鸟篷看夜色,水天凉月带疏星。

东 湖 客 思

[清]胡雪抱

销尽东湖菡萏香,深深丝柳鸟如簧。

小楼绣箔扃秋思,大道明珠放夜光。

风景十年曾旖旎,客游三月且彷徨。

相形识得儒冠贱,矜重吴姬照水妆。

胡雪抱,都昌人。

都 昌 印 山

吴 伞

坐镇鄱湖若等闲,嵯峨独立水云间。

一拳天地撑今古,万里风波任往返。

立定脚跟排怒浪,放开眼界守南关。

鄡阳自昔传沉陆,遗印谁知化此山。

吴伞,字济良,都昌北山人。

三村观桃花感赋

孙晓初

桃花万树接三村,掩映斜阳红到门。

前度刘郎浑似梦,重来崔子欲销魂。

莺莺燕燕还多媚,鹿鹿鱼鱼祇自烦。

不悟色空空即色,仙源洞口又留痕。

孙晓初,都昌人。

示儿六字诗

曹浩森

不大不小儿女,半乡半市人家。

一席无分主仆,满盘豆腐冬瓜。

曹浩森,都昌周溪人,曾任江西省主席。

晚渡鄱湖泊左蠡

袁祖源

极目连天水,湖光荡夕晖。

烟笼孤雁渺,帆带远山飞。

渔火燃青屿,樵歌隔翠微。

兴亡何足问,把酒对禅扉。

游 南 台 湖

袁祖源

轻舟荡漾小湖东,四面开窗趁好风。

有女如花娇打桨,云鬓不整酒涡红。

袁祖源,都昌苏山如岗湾村人,曾任横峰县、进贤县县长。

登 南 山

王玉抱

岁岁登高韵事悠,又开倦眼望中洲。

覆巢未易存完卵,大地殊难补缺瓯。

谁返疏林斜日照,我来老圃晚香留。

无聊更有非非想,欲掬岩泉洗国羞。

王玉抱,都昌人,老中医。

丁亥秋皆谱局朝伯诸同人登南山

邵醉窗

三年玉牒聚同堂,携酒登临兴转狂。

泉汲南岩翻具叶,支蕃东汇行甘棠。

舟虽过顺输鸥稳,云不能闲为雨忙。

秋菊岭梅看一例,故教十日展重阳。

邵醉窗,都昌县人,曾任警佐。

辛酉重阳后一日兴诸耆登南山

魏必大

终日埋头不出城,偶登绝巘觉身轻。

匡峰北顾云多幻,湖水南来浪未平。

仄经斜行缘地险,岩泉独爱在山清。

八仙石上论诗酒,第一知章是主盟。

魏必大,都昌三汉港人。

一九三八年重阳登元辰山

吴楚英

步行崎岖路,山灵笑我游。

逐流难濯足,壮志怯登楼。

丘壑多豺虎,云天一海鸥。

书兵未报国,杞虑望兵休。

吴楚英,都昌人,历任鄱阳、星子(今庐山市)、清江、峡江、浮梁等县司法
委员。

由南昌乘帆船回都昌遇顺风有感

吴击楫

偶泛鄱湖烟水间,风来四面可张帆。

当年谁送滕王阁,此日人回野老泉。

浪阔转教鸥影远,云高越见雁阵繁。

归桡未动轻舟快,感谢封姨送我还。

秋日同法宜兄汉城弟游南山即景

吴击楫

几个偷闲瞿铄翁,游山攀上最高峰。

情舒倦眼瞻霄汉,诗咏离怀寄客踪。

踵迹东坡留野老,追思洪武忆军戎。

碧桃谢后人归去,古希萧条悟色空。

吴击楫,都昌汪墩人,黄埔军校第6期毕业,曾任国军中将司令,生前任县政协委员。

和吴击楫兄游南山诗

向法宜

老泉茗友通家翁,联袂同游觅旧踪。

忠骨长埋恨世乱,晓钟久弃叹道穷。

云龙秋水连天白,日照山花初地红。

楚屋吴头多侠气,莫嗟身在夕阳中。

向法宜,都昌汪墩乡人,曾任都昌县县长、省政协委员。

第十七章　旅游线路设计

第一节　县城精品旅游线路

一日游精品路线

1. 鄱阳湖亲水探秘观鸟之旅：蔡岭/县城—苏山（马鞍岛、达子咀苍鹭观赏区、鹤舍古村）—多宝（老爷庙、"东方百慕大"、万亩沙山、湖底千眼桥、回民村、鄱湖人家、李洞林村、马影湖）。

2. 鄱阳湖森林养生、红色教育之旅：蔡岭（幸福涧、望晓源）/县城—大港（张岭水库国家级水利风景区、土目源、省级非遗打岔伞保护基地岗上村、漂水岩、太阳村鄱阳湖儿童救助中心）。

3. 鄱阳湖渔家文化深度体验之旅：蔡岭/县城—周溪（三山、泗山、鄡阳古城、棠荫国际水生态体验岛）。

4. 鄱阳湖山水文化观光之旅：县城（大小矶山、2799垂钓基地、印山、南山、黄金山、珠贝城、东湖游乐园、汪墩石树围屋）。

5. 农家乐、乡村旅游：蔡岭（幸福涧、望晓源）/县城—全盛山庄/徐埠良种场/大沙一品农庄/土塘潭湖栀子花山庄/矶山生态渔庄/省级非遗打岔伞保护基地岗上村。

二日游精品路线

1. 都昌县城—汪墩石树围屋—新妙湖大坝—老爷庙—多宝沙山游乐园—鹤舍古村—马鞍岛—沿湖水上游—南山风景区—都昌镇区。

2. 都昌县城—南山风景区—环鄱阳湖景观大道—国际珠贝文化创意产业园—棠荫岛国际旅游度假区—现代农业休闲长廊—三尖源风景区—徐埠古镇—都昌镇区。

三日游精品路线

1. 都昌县城—南山风景区—汪墩石树围屋—新妙湖影视基地—"东方百慕大"探秘乐园—老爷庙—多宝沙山游乐园—鹤舍古村—苏山水库—徐埠古镇—三尖源风景区—现代农业休闲长廊—棠荫岛国际旅游度假区—环鄱阳湖景观大道—都昌镇区。

第二节　十大主题精品游线

1.移动观鸟游:苏山乡达子咀村苍鹭聚居地—多宝乡李洞林村夏候鸟观赏点—马影湖候鸟观赏区—矶山白鹤观鸟点—龙潭湖湿地候鸟观赏区—西源乡西湖候鸟观赏区—小天鹅南洲村。

2.四季赏花游:南山景区—大沔池—马影湖、鄱湖蓼子花海(10—11月)—周溪镇—西源西湖—和合黄金嘴—土塘潭湖栀子花山庄(5—10月)—徐埠镇(油菜花,3—4月)—长垅水库(油菜花,11月至次年3月)—菊花(蔡岭、周溪,5—6月)—南峰百合花。

3.探秘寻古游:蔡岭茶盐古道—鹤舍古村—老爷庙"东方百慕大"水域—鄡阳古城址。

4.探奇探险游:多宝万亩沙山—老爷庙"东方百慕大"水域—湖底千眼桥—汪墩石树围屋。

5.魅力都昌游:都昌县城—南山风景区—龙潭湖湿地候鸟观赏区—国际珠贝城—都昌县城。

6.古风体验游:徐埠风情古镇—鹤舍古村—老爷庙—汪墩石树围屋—陶母祠。

7.山水养生游:蔡岭茶盐古道—张岭水库国家级水利风景名胜区—三尖源风景区—大港生态养生小镇—蔡岭镇。

8.珠贝渔乡体验游:国际珠贝文化创意产业园(周溪)—鄱湖渔俗文化体验

项目—棠荫岛—周溪镇。

9.产业体验游:现代农业体验长廊—国际珠贝文化创意产业园—土塘潭湖栀子蜜柚产业基地。

10.湖岛湿地游:马鞍岛—棠荫岛—矶山岛—沿湖水上游—南山风景区。

第三节　四季游专题旅游路线

1. 春季踏青赏花之旅

马影湖鄱湖人家(内湖湿地)—南山风景区—鄱阳湖湿地—土塘潭湖栀子花山庄—狮山现代农业示范基地(油菜花)—张岭水库国家级水利风景名胜区(山花)。

2. 夏季亲水养生之旅

老爷庙"东方百慕大"(水域探秘)—新妙湖(水上娱乐)—南山风景区(荷花)—苏山水库—张岭水库国家级水利风景名胜区—大港水库—高塘—土目源(避暑养生)。

3. 秋季美食休闲之旅

南山风景区(鄱湖鱼宴)—马影湖、鄱湖蓼子花海—周溪(龙虾、螃蟹)—狮山(有机蔬菜)—土塘瓜果采摘品尝—三尖源森林公园(山珍品尝)。

4. 冬季湿地观鸟之旅

马影湖候鸟观赏区—多宝(湖底千眼桥)—矶山白鹤观鸟点—龙潭湖湿地候鸟观赏区—西源乡西湖候鸟观赏区—小天鹅南洲村。

梦满梅枝总迎春

——代后记

转眼又是一年花落尽,片片纷飞的叶子残骸落入泥土,化作一缕生命的暗香。寂然辗转的时光把我们带进了浅浅的冬天。在这寒冷的冬天,追梦的脚步并没有停留。其实我们是同路人,都是追梦者。我们有一个共同的梦:竭尽全力编写、出版好《文化都昌丛书》。为了心中的目标,我们一样地义无反顾,一样地燃烧激情。如今,《文化都昌丛书》的编辑、校对工作已近尾声,丛书即将付梓与广大读者见面。这让我们心头涌起一阵阵温暖,仿佛春风拂面,梦满梅枝。

其实,出版《文化都昌丛书》是我们酝酿已久的事了。都昌是江西十大文明古县之一,受赣文化和鄱湖文化的影响,文化底蕴十分厚重。早在 2017 年的全县文化普查工作中,全县各乡镇就花了大力气,凝聚全力挖掘、搜集了大量有价值的文化资料,积累的素材数以万计,为编写《文化都昌丛书》打下了坚实的基础。在这里,我们对在文化普查工作中付出辛勤劳动和给予大力支持、配合的各级领导以及参与文化普查的工作者表示衷心的感谢,你们是梦满梅枝的奉献者。

编写《文化都昌丛书》是个系统工程,县委、县政府领导非常重视和支持,各部门、各单位全力配合,编写人员则呕心沥血地采访、编写,还有方方面面的人员提供相关稿件和精美图片。我们在丛书中采用的大量精美的彩色图片,一部分是本县摄影爱好者提供的,尤其是朱彼得、黄勇、杨帆等同志提供了很多有价值的照片;县政协、县档案局、县旅游局、县文化馆、县党史办、县志办等单位也为本丛书提供了大量的书稿资料和图片底片。特别值得一提的是,都昌文化界老前辈董晋同志把自己编写的历代名人歌咏都昌的诗词无私奉献给了本丛书,我们深表谢意。还有很多热心人对丛书的出版给予了关心和帮助。江西高校出版社从总编辑到责任编辑则对丛书进行了精细的编审,勘误了不少难以细说的误漏和差错。在此,我们郑重地对各位说一声:"谢谢了!"

为了表达谢意,我们唯有尽量将丛书做得完美、厚重。我们采纳了一些同志的正确建议,在文字的组织上,尽量做到内容翔实、生动、鲜活,使其具有传承的价值;在图片的选择上,尽量选用有视觉冲击力、构图新颖、富有动感、色彩鲜明的图片;在素材的选择上,尽力保证素材典型、真实、不虚幻;在丛书的结构上,尽力做到严谨、完美。整体而言,我们尽力使本丛书达到图文并茂、设计新颖、包装精美的要求,从而使其具有长久的传承价值。

编书的过程是孕育的过程,犹如十月怀胎,出书则像一朝分娩。梅花香自苦寒来,梦满梅枝总迎春。回顾《文化都昌丛书》面世的过程,我们永远不会忘记付出辛勤汗水的追梦人和鼎力相助的筑梦者。是你们用最美的语言书写生活的点滴,谱写出最美的音符,留下光阴故事里最寻常的足迹。

《文化都昌丛书》编辑委员会

二〇一九年一月八日